世界往何处去

Shijie Wang Hechuqu

[日]石原享一 / 著
梁憬君 / 译

世界知识出版社

图书在版编目(CIP)数据

世界往何处去 /（日）石原享一著；梁憬君译. —北京：世界知识出版社，2012.11
ISBN 978-7-5012-4392-1

Ⅰ.①世… Ⅱ.①石… ②梁… Ⅲ.①未来学 Ⅳ.①G303
中国版本图书馆CIP数据核字（2012）第285022号

图字：01-2012-8730号

责任编辑	张迎辉
特邀编辑	林 昶 白小薇
责任出版	赵 玥
责任校对	张 琨
书 名	世界往何处去 Shijie Wang Hechuqu
作 者	[日] 石原享一
译 者	梁憬君
出版发行	世界知识出版社
地址邮编	北京市东城区干面胡同51号（100010）
电 话	010-65265923（发行） 010-65265925（编辑）
网 址	www.wap1934.com
印 刷	京科印刷有限公司
经 销	新华书店
开本印张	880×1230毫米 1/32 9印张
字 数	200千字
版次印次	2013年1月第一版 2013年1月第一次印刷
标准书号	ISBN 978-7-5012-4392-1 ISBN 978-4-7503-2655-9
定 价	28.00元

■荐言

经济学要为人类谋求最大福祉

常 清

经济学是一个大学科，我虽然研究经济学，但只是其中的一个小分支，因此特别想多读一些新书、好书，来充实自己，扩大自己的视野，更新自己的研究方法。拜读了石原先生《世界往何处去》一书之后，我感到收获颇丰。

读完该书，掩卷沉思，我一直反复自问，学者为什么做学问？经济学研究的终极目的是什么？石原先生的书字里行间透出了他热爱和平、为全人类谋求最大福利的想法，我很受感动。马克思曾经说过，人们用不同的观点来解释世界，目的是为了改造世界。学者是人类的精英，他们是人类社会分工进行理智思考的人群，人类社会赋予他们崇高的天职，就是去理性地、正确地认识世界，为人类社会发展的利益最大化提供思想。经济学研究的最高目的就是全人类的和平发展，全世界人民福祉的最大化。

贯穿本书的主体，是通过促进国际交流、国际合作和相互理解，来构筑和平关系，实现地域社会的安定和发展。国际政治经济学主要研究国际体系中经济因素与政治因素之间的相互影响与制约的关系，它是一门新兴的学科。石原先生的这本书是对国际政治经济学的一个贡献，即从地域研究的角度来分析如何回避战争，不是通过冲突，而是通过国际交流和合作，使世界资源得到更加有效的配置，增进全社会的福祉。

我与石原先生相识于1988年，当时他在日本亚洲经济研究所地域研究部任研究员，专门从事发展中国家的经济问题研究，他在发展经济学上有很多建树，被国际政治经济学界所认可，当时我在国务院发展研究中心研究价格，在价格改革与通货膨胀的问题上与石原先生进行过深入的交流，学到了不少东西，他热爱中国，将自己的研究倾囊相授，支持中国的改革事业。1990年由于石原先生的力荐，我去亚洲经济研究所客座研究一年，和他朝夕相处，研究日本战后从统治经济到市场经济的体制转换，进行中日比较借鉴研究，得到他比较有益的帮助。

石原先生的新视角、新观点、新方法值得大家认真研究。阅读完此书，你还会得到书中所讲观点以外的思考，那就是学者的天职和经济学的真正使命究竟是什么？

（常清，中国农业大学教授，博士生导师，经济学家，中国期货市场创始人之一，原中国期货业协会副会长，现任中国期货协会专家委员主任等职。）

前　言

本书从构思到完成初稿，直至最终出版花了很长时间。在此期间，阿富汗和伊拉克的战火不断蔓延，很多当地人被迫陷入混乱悲惨的境地。

决意执笔本书的直接契机是2002年秋在神户大学举行的国际研讨会。以"'文明的冲突'和国际交流"为题的这次研讨会是在美国"9·11"事件后的世界形势基础上作的一个企划。当时的情况是轰炸阿富汗，巴以纷争激化，进而准备进攻伊拉克等，世界正朝着火药味更浓的方向发展。

塞缪尔·亨廷顿（Samuel P. Huntington）在其著作《文明的冲突》（*The Clash of Civilizations and the Remaking of World Order*）中阐述了伊斯兰和西欧之间存在互不相容的文明对立的观点。他的主张在由于社会主义阵营的分崩离析，基于意识形态对立的国民国家间的战争将难以爆发这点上，看似一语中的。但是，这样不免让人感到用文明圈来一概而论，进行粗略对比的全球化观点是一个相当粗泛的争论，欠缺对各种社会和文化具有的特征和多样性的深入洞察。不如站在扎根于各个地域的社会、文化的独特性的地域研究的视角上，来考察针对武力冲突和文化摩擦的问题，国际社会应当如何去应对。这即是笔者在研讨会上提出的议题。

研讨会上，不光有来自外校的四位讲师，市民和学生也纷纷踊跃参加。由于各位讲师的发言饱含激情，引起了听众的积极反响，会后的问卷调查也显示获得了一致好评。其中仅有一份这样写道："近来的国际政治局势还被认为是一种利权主义，比较悲观，我是为寻求所谓的解决方法而来的，却没有得到一个明晰的答案，所以感到很遗憾。"对此，笔者自身也负有很大责任。至今回忆起来，在研讨会的企划筹备阶段，应当请各位更加鲜明和着重地说明从各个地域研究的独有视角出发该怎样回避战争的议题，以及靠战争解决不了任何问题的观点。此后的伊拉克战争的爆发和经过，正如读者朋友们所知道的，伊拉克的局势越发深陷悲惨和混乱的境地。

本书日文版的原题是《知与实践的和平论——国际政治经济学和地域研究》。贯穿本书的主题是通过促进国际交流、国际合作和相互理解来构建和平的关系，并探讨如何去实现地域社会的稳定和发展。"知"即清晰地认知历史的现实和国际政治经济的结构。"实践"即培养对和平的向往、重视地域和当地实际的立场。无论哪一方面，都是笔者研究工作的努力目标。

此次承蒙多方支持，本书的中文版才得以顺利出版。首先要感谢的是，将日文翻译为中文，并为了中国读者能更好理解该书内容而做了大量注释的梁憬君女士。梁女士曾是我在神户大学研究生院的学生。对她认真刻苦对待翻译工作的态度表示衷心感谢。其次要感谢的是为本书出版牵线搭桥的金鹏期货经纪有限公司总裁常清先生。笔者于20世纪80年代研究中国价格改革的时候与常先生相识。当时，常先生任国务院发展研究中心的研究员。现在，他担任公司总裁并兼任中国农业大学的教授。他是一位既擅长学术研究又精通商业的奇才。最后，如果没有世界知识出版社的鼎力相助，就没有本书的问世。在此一并表示感谢。

文中引用和提到的人名全部省略了敬称。

目 录

第一章　国际关系理论的现实主义和理想主义

一、是否存在“正义的战争”？

1.“正义的战争”的必要条件

战争是否存在“正义的战争（正当战争）”和“邪恶的战争”？如果单纯把战争置换成暴力来看，似乎存在着正义的暴力。例如，哥儿[①]、山岚对“红衬衫”采取的铁拳制裁从法律上恐怕是不允许的，但从感情上偏向支持也是人之常情。另外，在《金色夜

---

① 出自夏目漱石的中篇小说《哥儿》。被叫做“哥儿”的主人公是一个憨直忠厚的青年。他孩提时十分淘气，在家里和兄弟姐妹也合不来，唯一替他说话的只有女佣人阿清一人。阿清喜欢哥儿诚实憨厚的性格。父亲死后，哥儿和哥哥分了家，自己用分得的600元钱做学费进了一所学校学习物理。毕业后，他在四国的一所中学任教。就职后不久，他给校长等人一一取了绰号：校长叫狐狸，教务长叫红衬衫，教学主任堀田叫山岚。在学校里，正直不阿的山岚和诡计多端的红衬衫针锋相对。起初哥儿不知内情。了解真相后，他毅然站到山岚一边，和山岚交为好友。后来，红衬衫出钱利用报纸对山岚和哥儿进行诽谤，他俩因此而被迫辞职。一天，山岚和哥儿把正在旅馆狎妓的红衬衫痛打一顿，然后离开了四国。哥儿回到东京后重新找了份工作，和阿清住在一起，后来阿清患肺炎去世。——译者注

叉》[①]中，主人公贯一把抛弃自己选择富家子弟的恋人阿宫一脚踢倒在地。身强力壮的男人对女人采用暴力总会让人觉得不快。但反过来如果是女人对背叛自己的男人还以一记耳光时，难道就不感到一丝痛快吗?

然而，战争绝非哥儿的铁拳制裁或《金色夜叉》中因争风吃醋而打架之类的暴力。第一，战争是国家、民族或与此相当的机构、集团有组织地进行的、并非个人层次上的打架。上野成利认为，暴力包含Violence和Gewalt两层含义，前者指“无法驾驭且肆无忌惮的力量”，后者指“支配并统治的权力”。笔者认为，哥儿、山岚的暴力如果是Violence，那战争可说是Gewalt和Violence的合体。[②]第二，轻微的暴力不会致人死亡和伤残，但不杀人的战争是不存在的，而且还会为达到大量杀戮和破坏而使用武器。第三，个人的暴力可能仅限于当事人之间的纠纷争斗。但战争却

---

① 日本作家尾崎红叶未完成的遗作《金色夜叉》。小说主人公阿宫的父亲为报恩，收养了孑然一身的间贯一，并把女儿许配给了他。后来，唯利是图的阿宫父母又悔婚，让爱慕虚荣的女儿嫁给了银行家的儿子。贯一不愿相信青梅竹马的阿宫会因金钱、地位而背叛自己，于是一直追到了热海的岸边。在一个月色朦胧的晚上，贯一哭着对阿宫说:“来年的今日此时，我一定用我的眼泪蒙住这个月亮给你看。”从此，他们再也没能好好地相聚。受此刺激后，贯一开始自甘堕落，变成“金色的夜叉”(金钱的魔鬼)，做起他原先最瞧不起的高利贷生意。而做了富人之妇的阿宫也没能得到想象中的幸福。一次和贯一的偶然重逢，让阿宫发觉自己真正所爱的还是贯一。她请求恋人宽恕的一封封素笺都被对爱情绝望的贯一烧毁。一次外出途中，贯一意外救起一对不愿融于功利社会、决心殉情的男女。贯一原已冰冷的心突然被他们感动，他发现这世间还有真挚不渝的爱情，于是决定接受阿宫的忏悔和爱情。故事将进入高潮时，年仅36岁的作者尾崎红叶因癌症辞世。如今，小说中贯一和阿宫这对恋人诀别的地方——热海温泉已成为日本著名的旅游胜境，该处甚至还建有小说男女主人公的塑像。——译者注

② 上野成利:《暴力》，岩波书店，2006年，第Ⅴ~Ⅵ页。

不仅使士兵伤亡，还必定伴有大量平民的伤亡。因此，在暴力中也许存在着"正义的暴力"，而战争中就无法简单地说有"正义的战争"。

那么，满足怎样的条件才算是"正义的战争"呢？以下就"正义的战争"成立的必要条件，从战争的"目的"、"方法"、"结果"三方面来进行考察。

首先，从战争的目的上进行探讨。在历史上所有的战争中，各当事者都主张"正义"在自己这边。故不能基于当事者主观立场来判断是否是"正义的战争"，必须在考虑各国历史的具体情况后，从国际社会达成共识的客观标准来判断。

日本学者山内进认为，迄今为止历史上可定义为"正当战争"的战争有以下三种类型[①]：第一种类型是圣战，即从战争当事人同神的关系上来看可正当化的战争。这是以保护宗教信徒或实现宗教教义为目的的战争。第二种类型是正战，即主张保卫祖国等正当权利的战争。在近代欧洲，正战被认为必须具备正当的权威、正当的原因和正当的意图三个条件（托马斯·阿奎那[②]）。但是从18世纪后半叶起，在欧洲关于正战的理论出现了重大的转变。认为在处于平等立场的主权国家间的战争中，无法决定一方是正义，另一方是非正义的思想开始抬头。这种思想认为战争并非是正邪之争，仅是单纯解决纷争的最终手段而已。"正当战争"的第三种类型是合法战争，即从国际法的观点来看被认为是合法的

① 山内进：《圣战、正战、合法战争》，载山内进编：《"正义战争"之思想》，劲草书房，2006年，第10~41页。

② 托马斯·阿奎那（Thomas Aquinas，1225年左右~1274年），中世纪的哲学家、神学家，著作《神学大全》。——译者注

战争。1899年和1907年两次海牙和平会议关于战争达成的国际共识被确立成公约。在公约里不管战争目的是否是正义，都把交战方式和战争手段的公正作为“正当战争”的条件。

在整理了三种“正当战争”的类型后，山内进则进一步指出现代所谓的“正当战争”不是各个国家或集团擅自宣扬其正当性的“圣战”、“正战”，而是同“国际社会根据实定国际法、国际机构、国际舆论认为合法的战争”相联系的。山内的这个结论本身并不是具体地规定“正当战争”的内容的，而是被收录在同一本书里的佐藤哲夫的文章所探讨的“正当战争”的标准。佐藤哲夫认为，作为联合国“禁止使用武力事项”的例外事项，主要有以下六种情况可允许使用武力：①

（1）某国在遭到武力攻击时行使自卫权（包括集体自卫权）；

（2）面临实际武力攻击时的先发自卫；

（3）反抗殖民地统治的民族解放战争；

（4）为保护国外的本国国民而采取的军事行动；

（5）对侵犯基本人权的国家，其他国家采取的人道主义干预；

（6）对未达到武力攻击程度，但因行使武力而造成严重后果的严重侵害而实施的对抗措施。

在当代国际社会中，如要标榜“正义战争”，可以说至少要举出这六条标准中的任一条作为其目的。笔者认为除第（1）条和第（3）条以外，如果允许行使武力的话，不免使人担心实际上会变成撤掉阻止战争的刹车阀的结果。此外，即便是第一种情

---

① 佐藤哲夫：《从国际法来看何谓“正义的战争”》，载山内进编：《“正义战争”之思想》，劲草书房，2006年，第245~247页。

况，承认行使集体自卫权的话，无论是否是正义战争，很有可能使同盟国也参与或卷入战争之中。总之，笔者认为所谓的“正义战争”是难以成立的。在此笔者不会就此再展开议论，并就各种具体情况的是非问题展开讨论。

其次，考察一下战争的方法问题。为达到目的而不择手段是不会得到国际舆论的支持的。为了成为“正义的战争”，那么为实现正义目的所采取的手段、实施过程也必须正当。如前所述，在国际法（作为习惯法和国际条约的集大成的实定法）中，就交战方法、战争手段已达成一致。例如：（1）战争开始时必须向对方国家宣战；（2）禁止杀害非战斗人员；（3）禁止使用毒气等残忍的虐杀武器；（4）禁止虐待俘虏等。如不遵守这些条约，无论战争目的如何正确，都没有标榜“正义战争”的资格。

最后，从战争的结果来探讨可称为“正义战争”的标准。17世纪法国的哲学家和物理学家帕斯卡（Blaise Pascal）得出了“实力即正义”的结论；在中国和日本都有“胜者为王,败者为寇”的谚语。可是，即便承认了现实的历史是由实力论来推动发展的，也无法成为判断战争行为本身是正义的根据。就算取得战争的胜利，并且无论其目的、手段多么正当高尚，如果此战争导致了悲惨的结局，或使事态比战前更加恶化，恐怕就不能认为此战争是“正义的战争”。

从结果来判断是否是“正义战争”的观点，在迄今为止的研究中并无太多的论述。但认为只要目的和方法正确，剩下的只是“王”或“寇”的区别的话，就根本不具备从事政治的资格。政治从来就是要考虑结果的。这里所谓的战争结果还必须含有代价和效果对比的观点。战争必定伴有人力、物力、财力上的巨大代价，而且战争还会带来严重的环境破坏。付出如此惨重的代价去发动战争，而战争所带来的最终结果和战前状况并无多大差别，甚至更加恶化的话，就无论如何难以说这场战争是“正义的战争”。

学者进藤荣一没有从是否是正义战争的判断标准入手，而是从军事力量投入的效果上来探讨战争的结果。据此观点，在“二战”后，美国或苏联直接投入军力的26起纷争事件中，勉强达到预期目标“维持现状”的仅有三起，分别是朝鲜战争、台湾海峡的金门马祖事件、危地马拉纷争，而且这三起事件至今仍留有潜在危机。①

法国是西欧的民主主义国家。但在“二战”结束后的十年间，仍为了维持其殖民地统治而残酷镇压独立运动。1957年1月至9月，阿尔及利亚民族解放运动组织——民族解放阵线（FLN）进行了反殖民地的武装斗争活动。法国为此派遣空降部队，展开旨在消灭恐怖活动的作战。法国军队对被捕人员进行了拷问，其中还有穆斯林的年轻妇女。阿尔及利亚大学的毛利斯·奥丁（Maurice Audin）教授因被怀疑支持民族解放阵线而被捕，最终死在狱中。②尽管遭到了如此残酷的镇压，独立运动却并未停止，最终在1962年缔结了埃维昂（Evian）协议。根据这一协议，阿尔及利亚是否独立由阿尔及利亚人民投票决定。国民公投结果表明在总共600万张投票中，支持独立的占压倒性多数，达到

---

① 进藤荣一:《现代纷争的结构——为了非极模式的构筑》，岩波书店，1987年，第158页。

② 查尔斯·罗伯特·安格隆（Charles Robert Ageron）著，私市正年、中岛节子译:《阿尔及利亚近现代史》，白水社，2002年，第130~152页。

99.7%。从战争的结果来看，法国因缺乏正当性和合理性的战斗损耗了兵力，阿尔及利亚人和法国人的鲜血都白流了。

2. “正义的战争”真的存在吗？

我们对照前面考察的“正义战争”的必要条件，即目的、方法、结果这三个标准来看看历史上可称做“正义战争”的战争是否存在。就算交战双方中的一方没有标榜“正义战争”的资格，正义也不一定就在与之敌对的另一方。

从美国来看，第二次世界大战中同日本的战争难道就不是“正义战争”吗？日本吞并台湾、朝鲜后，在东北三省成立伪满洲国傀儡政权，进而企图入侵中国和亚洲各国，扩大战线。日本也是和德国、意大利有着法西斯同盟关系的反民主主义的国家，并且未宣战就偷袭了珍珠港。作为为挫败日本卑劣野心及维护民主主义和自由的战争，从其目的来看美国的战争看似存在着正义。

然而从战争方法、实施过程来看又是如何呢？在导致10万人死亡的1945年3月10日的东京大轰炸等行动中，美军对日本各大中城市反复动用B29轰炸机实施地毯式轰炸，明显是针对平民的屠杀。包括向广岛、长崎投掷原子弹，是在已决出胜负的阶段实施的对平民的大量杀戮，这毫无疑问违反了国际法。美国以尽快结束对日战争，尽量减少盟国方面损失和士兵牺牲为由，将投掷原子弹的行径进行了正当化。然而其中存在着美国想与苏联进行对抗，主导战后国际社会支配权的政治打算。间隔不到三日向广岛和长崎投下不同类型的原子弹，这其中存在着原子弹投掷试验的成分是毋庸置疑的。日本投降后，美国立刻在广岛、长崎进行由专家组成的实地调查。受害者的惨状被美国随军摄影师乔·奥达内尔（Joe O'Donnell）拍摄下来。从这种战争方法的标准来看，美国的战争无论如何都不能称为“正义的战争”。

从战争的结果来看又是如何呢？战后，日本实行了民主化，经济飞速发展，跨入了发达国家行列。因此，也有一部分人认为，因为这样使日本人得到了幸福，所以美军的行动是正确的，对日战争是成功的。美国政府把对日战争的胜利和日本民主化的成功作为推翻萨达姆政权和发动伊拉克战争正当化的根据的情景还令人记忆犹新。但日本几乎所有的城市因轰炸而被摧毁，导致战后陷入约1600万人饿死的大危机。在海外也被广泛翻译出版的《玻璃的兔子》[①] 的作者高木敏子在东京大轰炸中失去了母亲和妹妹两位亲人。父亲也在战争结束前五天被美军飞机的机枪射杀，而且就倒在年幼的敏子眼前。因战争失去亲爱的儿子、父亲等亲人，觉得比战争爆发前更幸福的日本人又到底有多少呢？

2001年美国“9·11”事件后，美国发动的推翻阿富汗塔利班政权的战争结果又是如何呢？表面上看，美、英、法等20个国家出兵，看似得到了国际社会的承认。但阿富汗战争因如下理由存在国际法上的问题：首先，“9·11”恐怖袭击事件并不是阿富汗这个国家或塔利班政权实施的；其次，塔利班政权提出的如有证据证明奥萨马·本·拉登就是犯人的话可将其引渡的提案遭

---

① 主要描写了主人公敏子的家里是做玻璃器具的，爸爸曾经做过一个特别漂亮的玻璃兔子给她和妹妹们。后来战争开始，一家人四处离散，妈妈、妹妹、爸爸相继死去，最后只剩下她和哥哥。而在一场空袭的大火中，玻璃兔子也由于高温被烧得变了形。敏子把这个象征着战争创伤的玻璃兔子一直保留到自己年老，给女儿看，给孙女看，向她们讲述对和平的向往。——译者注

到了美国的断然拒绝。所以，布什宣扬的“对恐怖主义作战”无法成为为推翻塔利班政权而发动战争的理由。这样从战争目的来看，攻打阿富汗不能说是“正义的战争”。

即使从战争的方法来看，也无法认定美国的反恐战争就存在正义性。在同游击队的作战中，比起杀害的敌对士兵人数来说，平民的死亡人数反而更多。美军为了减少自己的伤亡把自己置于安全地带实施空袭，但正确把握攻击对象却并非易事。美军在阿富汗曾将参加婚礼的车队误认为是敌方部队，对其实施火箭弹攻击而造成多人死亡。

就算从战争的结果来看，其成果也并非圆满。塔利班倒台后敲锣打鼓成立起来的新政权由于各部族间的势力斗争，连武器都无法收回。新总统如不在美军保护下行动，其人身安全都无法得到保障。

中村哲作为国际医疗援助的非政府组织（NGO）[①]“白沙瓦协会”（Peshawar-Association）的当地代表，持续20多年在当地开展掘井的活动。2003年11月2日在阿富汗的库纳尔省进行引水工程建设的爆破作业时，被误认为是攻击行动而遭到美军两架直升机的机枪扫射。美军虽在库纳尔省陆续投入兵力，但当地的治安状

① NGO，英文“non-government organization”一词的缩写，是指在特定法律系统下，不被视为政府部门的协会、社团、基金会、慈善信托、非营利公司或其他法人，不以营利为目的的非政府组织。NGO在全球范围的兴起始于20世纪80年代。随着全球人口、贫困和环境问题的日益突出，人们发现仅仅依靠传统的政府和市场两级还无法解决人类的可持续发展问题。作为一种应对，NGO迅速成长并构成社会新的一级。NGO不是政府，不靠权力驱动；也不是经济体，尤其不靠经济利益驱动。NGO的原动力是志愿精神。——译者注

况反而更加恶化，迄今为止仍是最差的。[1] 阿富汗的自杀式爆炸恐怖活动在2006年有123起，2007年1月至8月已达到103起，毫无减少的迹象。

在估计到美军将实施报复攻击后，中村于2001年9月接受日本驻巴基斯坦大使馆的撤离劝告而回国。中村针对日本的媒体报道和他所知道的与阿富汗之间的巨大落差，写下了这样的疑问："对一个濒死的小国，世界上的超级大国到底要成群结伙地保卫什么呢？"

自从回国后，我感到整个日本国内为之沸腾的所谓"美国对塔利班"的一种对峙情形好像是人为设置的。但我无法忘记那些平淡地过着日常生活的人们的身影。电视里不分昼夜地充斥着关于陌生的国家"阿富汗"的报道。布什总统高呼"强大的美国"，叫嚷着报复。美国人在喝彩。层出不穷的评论家在谈论着阿富汗的局势。这如果不是一场闹剧的话，就会感觉大家好像被什么附了体一样。我们的文明已经脱离了大地。[2]

再从战争结果来说，采用战争也难以从地球上根除恐怖主义。即使用恐怖政治、武力镇压来压制敌对势力也不过是暂时的。就连利用优势兵力和压倒性的现代化武器与恐怖主义进行了长期作战的以色列，也没能成功地消灭恐怖主义。拥有世界上头号军事实力的美国也成为恐怖主义的攻击目标。政治外交、社

---

① 中村哲：《阿富汗复兴——反对与军事挂钩的援助》，载《朝日新闻》2003年11月12日。

② 《石风》2001年10月号，第3页。

会经济建设、和平教育、国际合作与国际交流等，如果不从所有的领域集结力量去消除恐怖主义根源的话，是无法根除恐怖主义的。

正如前面探讨的那样，从战争的目的、方法、结果三个方面来看，能被认定为“正义战争”的战争几乎不存在。主导战后论坛的记者长谷川如是闲一针见血地指出：“‘正义’是一口抬往火葬场的棺材。不管多么奢华，抬棺材的人必定是穷人，而且抬完棺材后他们也会被烧成灰烬。”须崎慎一认为，发动“2·26”事件[①]的是那些非精英的青年军官。他们为了让陆军首脑的要求获得通过而被利用，最后却被抛弃。[②]无论是政治家还是知识分子都勿以“让我们建立强国！”等徒然骁勇的口号煽动民族主义和开启战争之路。

假设即使存在“正义战争”，在此笔者想提出根本性的问题：战争虽是国与国之间的战斗，但为了保卫国家，国民就有舍弃性命去战斗的义务吗？寺山修司写了一首“火烛之光照海雾，舍身弃命国安在？”的和歌[③]。本尼迪克特·安德森（Benedict Richard O'Gorman Anderson）认为，国民国家是个“想象的共同体”，是

① 1936年2月26日日本发生法西斯军事政变。这一天在军国主义势力的策划和指挥下，少数“少壮派”（皇道派）军官率领1000余名士兵举行武装叛乱，占领重要政府机关，袭击高级官吏的住宅，杀死内务大臣斋藤实、财政大臣高桥是清和教育总监渡边等人，并向陆军大臣提出所谓“兵谏”，要求成立“军人政府”。2月29日在政府军队的镇压下，政变未遂，在“2·26”事件后，冈田内阁辞职，更加反动的广田内阁上台。——译者注

② 须崎慎一：《“2·26”事件——青年将校的意识和心理》，吉川弘文馆，2003年。

③ 和歌是日本的一种诗歌体。这种日本诗是相对于汉诗而言。和歌包括长歌、短歌、片歌、连歌等。现在主要是短歌，短歌有五句，共31个音节，是一种日本传统定型诗，格式为5、7、5、7、7的排列顺序。——译者注

人为地设置国境，将其中的国民在民族主义的旗帜下集结起来形成的。[①]从这个意义上来说，国民国家也好，民族也好，都是虚构的。[②]为了保卫这种国民国家和民族，或为了扩大其势力，国民必须要和他国展开战争吗？进一步来说，即使有必要保护国民国家和民族或参加他国的维和行动，做一个拒绝战争、以采取战争和战争援助以外的方式来开展合作的国民难道不好吗？日本国宪法第九条的“放弃战争”条款所具有的一个积极意义就在于此。在战争和纷争连绵不绝的现代世界里，“放弃战争”看似是太超乎现实的理想主义，但如果正视“战争无法解决问题，仅将祸根留于后世”的历史现实的话，拒绝战争，摸索其他方法却是极为现实的选择。除了战争或与战争相关的手段之外，想不出其他维持和平和构筑和平的方法的话，那也未免太缺乏智慧了。

大石芳野持续20年在柬埔寨、越南、老挝、阿富汗和科索沃等地连续拍摄了生活在战火下的孩子们的照片。大石说道：“有必要进一步加强‘要想阻止战争，战争就能被阻止’的意识。现在，开展如何战胜对方军备的争议反倒比回避战争更加热烈。我认为这最终将成为走向战争的思想源头”。[③]

进行战争的是军队。但军队这一组织的存在本身就有和正义互不相容之处。正如道格拉斯·拉美斯（C. Douglas Lummis）所说的，军队与其说是保护人们的安全,不如说是危险的。其理由

---

① 本尼迪克特·安德森著，白石莎也、白石隆译:《增补　想象的共同体——民族主义的起源和流行》，NTT出版社，1997年，第26页。

② 小坂井敏明:《民族之虚构》，东京大学出版会，2002年。

③ 《日本经济新闻》2007年8月16日晚刊。

有三：[①]

第一，20世纪被称为“战争的世纪”。因国家发动战争而惨遭杀害的人数多达1.8亿~2亿人。战死、饿死、冻死、病死等，其中的大半也是由于本国政府、军队的错误政策和命令造成的。第二，如果拥有强大的军队，就会无论如何总想使用。日本为强化军事实力而投入最多力量的第二次世界大战中的阵亡人数也最多。第三，战争的影响定会反作用到本国社会。对士兵进行基础教育的根基是灌输以下三点：（1）不能临阵脱逃；（2）自己不独立思考，坚决服从军队的命令；（3）成为能杀人的人。无论是从“二战”后回到日本的众多士兵因无法适应日本社会而痛苦不堪，[②] 还是从越南战争后返回美国的专业（退役军人）犯罪率居高不下等事实来看，我们可以看到军队这个组织将人改造成了什么样子。

二、战争的疯狂

一旦战争爆发就会造成大量人员死亡。战争是国家造成的大量屠杀。第一次世界大战造成战斗人员802万人、平民664万人死亡。第二次世界大战又造成战斗人员1500万人、平民2600万~3400万人死亡。

再看日本，1937年至1945年的中日战争和太平洋战争期间，死亡人数达300万人。其中军人死亡167万人，其余是平民。在

① 道格拉斯·拉美斯：《为何美国如此发动战争》，晶文社，2003年，第123~130页。

② 约翰·W.道尔（John W. Dower）著，三浦阳一、高杉忠明译：《拥抱战败》（上），岩波书店，2001年，第123~127页。

中国东北、朝鲜、冲绳有平民29万人死亡，在本土空袭中有51万人死亡。由于日本的侵略战争导致亚洲各国更多的人员死亡，死亡人数总计达2000万人。

即便是“二战”后，世界各地的战争依然此起彼伏。1945年至2000年间有5000万人因战死亡。照此计算平均一年死亡90万人。

战争使人陷入疯狂。在故国曾是慈父、孝子的人们，一到战场上便都变得凶残。入侵亚洲各国的日本军队对当地平民施暴、强奸、杀人、强取豪夺物资的事例和证言不胜枚举。[①] 关于“南京大屠杀”的被害人数虽存有争议，但这一事件中发生的大量杀戮和暴行是毋庸置疑的事实。众所周知，在哈尔滨，日军731部队把叫做“原木”的约2000名中国人、俄罗斯人用作人体试验。在菲律宾的棉兰老岛也把疑为美军间谍的30多个当地人进行了活体解剖。[②]

---

① 石田米子、内田知行编:《黄土村的性暴力》，创土社，2004年；野田正彰:《战争和罪责》，载《世界》1998年5月号；中国归还者联络会:《我们在中国做了什么》，三一书房，1987年。

② 《每日新闻》2007年7月25日。

德富苏峰（1863~1957年）[1]既是创刊《国民之友》杂志和《国民新闻》的新闻报道界人士，同时也是历史学家。战争期间他作为大日本言论报国会的会长，是军国日本的言论领袖之一。著名记者及评论家清沢洌在《黑暗日记》中批判苏峰，甚至为此写下"苏峰完全是陆军的雇佣记者"（1944年6月21日）。就是将国民领向无谋之战的这个苏峰，在战后写的日记中也说到日军是多么的"腐败、无能、不负责"。

对1945年2月在菲律宾因陷入美国总攻而溃败的日军，德富苏峰曾充满义愤地写道："财物必掠，妇女必犯，一切无耻卑劣的事全都做尽了。""面临全军覆没命运的一群日本兵如同疯魔一样，无论是对美国人还是对菲律宾人，不管男女老幼，滥杀无辜极尽残虐。"在塞班岛和母亲一起逃亡的20多个十岁以下的日本儿童以拖了逃亡队伍的后腿为由而被杀害。下此命令的某个大尉[2]曾将这些母亲中的一人纳为内妾。这个大尉被证实在日军投降后仍活在棉兰的一所监狱里。战后从达沃、马尼拉乘坐美国轮船"查尔斯欢乐"号回到浦贺的日本人说的第一句话是："可怕的不是美国兵，而是日本兵。"日本兵袭击躲在避难棚里的日本人，抢走

① 德富苏峰，本名德富猪一郎，是日本著名的作家、记者、历史学家和评论家，是继福泽谕吉之后日本近代第二大思想家。他的思想大致以甲午战争为界。在这之前，曾创立"民友社"这一政治及社会团体，创办《国民之友》杂志，提倡平民主义，反对藩阀政治，具有一定积极意义。但在甲午战争后，他急速地转变立场，成为狂热地鼓吹对外侵略扩张的帝国主义者、狂热的天皇主义者和大日本膨胀论者，一直是战争的舆论制造人。他经历幕末、明治、大正、昭和时期，活了近一个世纪。他从1887年前后登上论坛直到1957年病逝，笔耕70余载，且始终处于舆论界的核心地位，其地位几乎与皇室、首相东条英机、军部等同。他是日本右翼思想家的典型，其思想是近代日本思想史的折射，当今日本右翼思潮和政界的思维与其思想一脉相承。——译者注

② 相当于中国的上尉。——译者注

粮食和衣物。日本兵或射杀，或扯断对方手脚，或用刺刀削脸，对妇女更是尽施暴行，宛如"人间地狱"。[①]

即使在战后撤退时，很多日本人也有着惨痛的经历。在中国东北，军队和军官的家人得到苏联进攻的情报后，早就逃跑了。没能及时逃出的日本平民不得不经历一场苦难的逃亡历程。成为"包袱"的孩子、老人，要么被遗弃，要么被杀害，有的孩子被托付给中国人。逃亡途中，还曾遭到苏联士兵和当地人的掠夺。遇到要求交出女人时，只有让那些曾在酒馆等做过揽客买卖的女人和寡妇出头。这些女人天亮后衣衫褴褛地回来，又遭到大家的蔑视、疏远和躲避。五木宽之[②]就曾经亲历此景，并流露出对日本人的强烈鄙视。[③]

采访苏联红军对德作战的随军记者格罗斯曼（Vasily Grossman）曾记载："进入别国领土后，苏联红军的言行判若两人，在各地对苏联、波兰、德国妇女进行掠夺和强奸。"[④]1945年4月攻陷柏林时，住在柏林的许多妇女成为苏联士兵性暴力的牺牲品。她们在战争结束60年后才打破沉默。据说遭受性侵害的妇女人数达到10万人以上。

---

① 德富苏峰:《德富苏峰　终战后日记——〈顽苏梦物语〉》，讲谈社，2006年，第365~389页。

② 五木宽之生于1932年，是日本著名当代大众文学的代表作家。代表作有《再见吧，莫斯科的阿飞》、《看，那灰色的马》、《深夜，美术馆》、《逝去的梦》、《天使的坟墓》等。——译者注

③ 五木宽之、藤原正彦:《我的撤退体验和昭和之歌》，载《文艺春秋》2007年5月号，第165~166页。

④ 安东尼・比弗尔（Antony Beevor）著，川上洸译:《红军记者格莱斯曼——苏德战争采访笔记　1941~1945》，白水社，2007年，第470~498页。

因《幽灵族的鬼太郎》而闻名的来自鸟取县境港的漫画家水木茂1943年被派往激战的战场拉包尔[1]。在被美军追击、弹尽粮绝的情况下，他的很多同伴都在上级“玉碎”的命令下死去。其中一度生还的部分士兵，因被斥责未服从“玉碎”命令，而被迫再次突击或自杀。水木茂也未能及时逃脱美军的攻击，失去了左臂，身负重伤。据说看着复员归来的水木茂，母亲轻轻抚摸着他的残臂，叹息道：“真短啊！”水木茂在军队里虽然很坚强，但做事比较笨拙、愚钝，所以常被军官殴打。正是深知军队内幕的水木茂对将恣意采取战争作为解决纷争手段的行为进行了猛烈的批判。[2]

日本新风书房的社长福山琢磨从1988年起每年以《给子孙的证言》为题，出版发行战争体验文集。84岁的父亲在给女儿的信中写道：“在战场上失去一只手臂后回国的父亲为何痛苦不堪？是因为被上级命令用刺刀刺杀了俘虏。”“我大喊一声向前一刺，鲜血飞溅，刺刀像刺豆腐一样刺进男人的身体，男人立刻气绝身亡。我茫然失措，痛感战争的残酷无情。”据说父亲喝酒后好像是变了个人似的耍酒疯。[3] 弗兰吉·堺主演的电影《我想变成贝壳》中的主人公也因服从上级命令刺杀俘虏而作为战犯被判死刑。这部电影虽是虚构，但实际上被判为乙级、丙级战犯的人有5700人之多，其中920人获死刑。如果没被卷入战争，这些人肯定会像普通人一样度过自己的一生。

---

① 巴布亚新几内亚北部港口城市。——译者注

② 水木茂：《剧画　昭和史》（全8卷），讲谈社，1994年；水木茂：《水木茂传》（上、中、下），讲谈社漫画文库，2005年。

③ 《每日新闻》2007年8月10日晚刊。

笔者的知己也被陆军征兵，转战中国东北后被派到南太平洋的战线上。据他说在所罗门群岛的瓜达尔卡纳尔岛海面上遭到美军空袭，船只沉没后全员落水。他被一个平常仰慕自己的新兵紧紧地抱住了大腿，于是他拼命游泳挣脱了新兵的纠缠。喝酒后一谈起战争，他一定会提起这段经历，并泪流满面。复员回到故乡群马县后的很长一段时间，一听到飞机的声音，他就会抱着枕头往外跑。因此，即使战争结束后，士兵们也仍是很可悲的。

奥布瑞（Tim O'Brien）也在小说《话说真正的战争》中，描绘了美军士兵所看到的越南战争的实态。书中主人公曾在肉类加工厂工作，为逃避日常生活的无聊而报名参军。他被派往越南战场后便陷入游击战的苦境中。由于不知道敌人会从哪里突然冒出来发动袭击，所以野营帐篷必须设置在视野良好的地方。一次，主人公所在部队在一处四周空旷的湿地野营，此处是当地农民的野外厕所。在这里部队遭到了敌人的袭击。也许是因为村上春树出色的译文，战友们浑身裹着屎尿接连死去的情景描写令人感到毛骨悚然。①

同样在越南战争中曾作为美军海军士兵入伍的阿兰·尼尔森（Allen Nelson），现在作为和平运动者进行着相关的活动。他来日本后，也曾作过相关演讲。下面就是他讲的战争体验：

作战后要收集尸体并进行统计。孩子扑在妈妈的尸体上号啕大哭，老人在死尸堆里来回寻找亲友。死尸的气味熏得人直流眼泪，浑身无力。无论多么逼真写实的战争电影都无法再现当时的

---

① 奥布瑞著，村上春树译:《话说真正的战争》，文春文库，1998年。

那种气味。[1]

三、战争和军事产业

武器出口与面向个人的消费资料不同，武器的售价十分昂贵。日本在2001年从波音公司购入四架早期预警飞机（AWACS）。这是在波音767型号的机身上搭载雷达和计算机的一种机型，被称为“空中司令部”。一架就要570亿日元，总共超过2000亿日元，在装备维修费用上又花了1000多亿日元。1999年北约轰炸南联盟时使用的B2隐形轰炸机一架就价值21亿美元（2520亿日元）。如果换成彩电或汽车，必须出口多少台才能达到这个数额呢？在出口产业里，武器出口的收益也相当巨大。近年武器出口较多的国家有美国、俄罗斯、法国、德国和英国。据1999年的数据，前五个国家的武器出口总共占全世界武器出口总额的85%。除德国以外，其他全是联合国安理会常任理事国。其中美国出口最多，约占全世界的51%。武器进口方则多是发展中国家和地区。1999年的顺序是中国台湾、中国大陆、韩国、沙特阿拉伯、以色列、土耳其、日本。中国台湾从美国、法国进口，中国大陆从俄罗斯进口。中国大陆在2006年从俄罗斯进口了944枚导弹。2007年7月，台湾为了和大陆的军事力量维持平衡，将2035年的战斗能力之比保持在中国大陆比台湾为1.67比1的基准上，台湾“立法院”通过了从美国购入66架F16战斗机的预算。[2]

---

① 阿兰·尼尔森著，须田稔译:《战争论Ⅱ》，鸭川出版社，2003年。

② 《日本经济新闻》2007年7月7日。

中国大陆和台湾地区关系越紧张，武器出口国就越挣钱的格局已经形成。从中完全看不出这些国家真心希望中国大陆与台湾地区保持和平稳定关系的意愿。

在世界头号武器出口国的美国，军事产业已成为其支柱产业之一。广濑隆认为，美国军事产业最大的优势在于和议会、白宫联合，并形成了“武器出口亿万富翁俱乐部”。威廉姆·科恩（William Sebastian Cohen）尽管作为共和党议员担任了海军兵力研讨小组的组长一职，还是从武器出口企业的圈外活动团体“政策行动委员会”收取了资金。他在冷战结束后仍继续反对削减国防费用。在民主党派克林顿总统的第二个任期内，科恩尽管是共和党成员，仍担任了国防部长一职。在波斯尼亚战争中，决定对南斯拉夫强行实施北约部队导弹攻击的也是科恩。国防部和国务院虽然都站在限制武器出口的立场上，却借口免遭“危险的流氓国家”侵犯而奖励武器出口。①

如果爆发战争使用武器的话，武器出口就会增加，所以对美国经济来说战争起到了刺激经济的作用。1991年海湾战争爆发前，美国大使对伊拉克的萨达姆传达了“关于伊拉克和科威特间的边境争端，美国政府不会有异议”的意向。萨达姆把这一言论看做美国对伊拉克侵略科威特的默许，于是开始入侵科威特。但事实却相反，美国最终支持科威特攻打了伊拉克。海湾战争的结果是埃克森石油公司增收75%。花旗银行、摩根大通集团等银行得到中东石油贸易收益90000亿美元的存款。美国柏克德公司（Bechtel）、美国哈利伯顿公司（Halliburton）、美国电话电报

① 广濑隆:《美国的巨大军事产业》，集英社新书，2001年，第110~122页。

公司（AT & T）、摩托罗拉公司（Motorola Inc.）、卡特彼勒公司（Caterpillar Inc.）等相关的建筑、资材公司受到科威特重建所需的1000亿美元市场的滋润。军事产业的销售额从1989年的80亿美元急剧扩大到1991年的400亿美元。[①]

美国的军费在2006年达到4953亿美元，占世界军费的一半，大约是处于世界第二位的中国的五倍。看军费同GDP之比，美国、中国都是4%。经济实力的巨大差异直接表现在军费绝对数额的差异上。日本的军费占GDP的比例虽是1%，但也达到439亿美元，位列世界第六。

美国的军事产业和新保守主义（新保守派）之间形成了紧密的人脉关系。参照1999年度军事产业和国防部之间的贸易额，洛克希德·马丁公司（Lockheed Martin）127亿美元，波音公司116亿美元，雷神公司（Raytheon）64亿美元。小布什政府的副总统迪克·切尼（Richard Bruce Cheney）在美国“9·11”事件发生两个月后，掌握了甚至能让总统在“不让外国恐怖分子嫌疑人接受审判的命令”上签名的强大权力（美国《华盛顿邮报》专栏记者尤金森·罗宾逊）。他还在老布什任总统期间，作为国防部长指挥了海湾战争。切尼卸任国防部长后，就任哈利伯顿公司的CEO，接受数百万美元的年薪和股份，同时也是持有该公司4500万股份的最大个人股东。哈利伯顿公司是世界上最大的石油挖掘机械销售公司，还承建了军事基地的建设。切尼就任副总统后，哈利伯顿公司的政府合同急剧增加。切尼的妻子琳恩是新保守派

① 乔尔·安德烈斯（Joel Andreas）著，菊池由美、全球和平运动成员译：《战争中毒——美国无法摆脱军国主义的真实理由》，合同出版社，2002年。

的堡垒——美国企业研究所[1]的研究员，并在洛克希德·马丁公司担任要职。她就任后，洛克希德·马丁公司从国防部得到数千亿美元的战斗机制造合同的订单。2003年7月，切尼出席了新核动力航空母舰“罗纳德·里根”号的下水仪式。这艘航母名字的由来是老布什曾在里根时期担任副总统。同属美国新保守主义的人物之间巧妙地建立起一种一旦爆发战争就能挣大钱的格局和人脉关系。

尽管存在着这种军事产业和美国政府相关人员之间紧密勾结的情况，美国媒体对此的批判却并不严厉。这是因为美国的电视台是由大企业来掌控资本的。其母公司分别为：全国广播公司（NBC）是通用电气公司（GE），哥伦比亚广播公司（CBS）是维亚康姆（Viacom），美国广播公司（ABC）是迪士尼，有线电视新闻网（CNN）是美国在线时代华纳公司（AOL Time Warner）。

美国在世界大多数领域里拥有绝对优势，具有一种难以受到

---

① 美国企业研究所（American Enterprise Institute，简称AEI）是“二战”中1943年在华盛顿设立的保守派研究所。发行右派杂志《国家利益》（*The National Interest*），新保守主义的头目欧文·克里斯托(Irving Kristol，美籍犹太人)曾是AEI的高级研究员。其子小克里斯托(William Kristol)是保守派杂志《旗帜周刊》（*The Weekly Standard*）的总编辑。他把伊朗、伊拉克、朝鲜叫做“邪恶的轴心国”，煽动小布什攻打伊拉克。以停止美元兑换黄金（尼克松冲击）闻名的美国联邦储备委员会主席阿瑟·伯恩斯（Arthur Frank Burns）曾是该研究所的干部。他也是美国犹太裔，参加了神学研究会。赞同攻打伊拉克的国防政策会议主席理查德·帕尔（Richard Norman Perle）和前国防部副部长助理李洁明（James Lilley）也曾在该研究所任职。该研究所的资金来源是犹太裔金融资本罗斯柴尔德公司的经营管理人阿尔文·斯特尔查（Irwin M. Stelzer）。

他国批判的地位，[①] GDP也是处于世界第二位的日本的两倍。世界直接投资的1/3集中在美国。美国的股票市值总额为英、德、法三国总额的1.6倍，军费相当于世界上前20位国家的总和。美国在世界各地派遣驻军，例如，2003年在北大西洋公约组织各成员国中的冰岛（1478人）、英国（10620人）、意大利（10790人）、西班牙（2160人），德国（68400人）、土耳其（3860人）、比利时（1290人）驻扎着军队。在亚洲派遣驻军的是日本（38450人）、韩国（37140人）两国较多。此外，阿富汗（7500人，最多时达2万人）、伊拉克（14.8万人，最多时达17万人）、卡塔尔（3300人）、科威特（8388人）、沙特阿拉伯（4408人）、巴林（4200人）等地也有美军驻留。

军事产业的兴盛也是对全世界和平的一种威胁。自动手枪等小型武器在世界达到5亿支。由于是连孩子都能轻易操作的武器，所以未满18岁的娃娃兵就有30万人，其中甚至有5岁的儿童。然而在联合国大会上“禁止公民拥有武器”的决议由于美国的反对而未获通过。

地雷也是战后对平民造成重大伤害的杀伤性武器。对人地雷的埋设量和死伤人数较多的国家如表1-1所示。对人地雷生产国中，俄罗斯、埃及、伊朗、伊拉克、中国、印度、巴基斯坦、朝鲜、韩国、美国榜上有名（美国1996年后虽未生产，但未正式决定停止制造）。埋设地雷的受害国和地雷生产国对比鲜明、截然相反的情况正是武器出口造成的结果。

---

① 斯蒂芬·G.布鲁克斯（S.G.Brooks）、威廉·C.沃尔弗斯（William C. Wohlforth）：《透视美国的霸权现实》，日本外务省编：《新保守主义和美帝国的幻想》，朝日新闻社，2003年，第94~96页。

表 1–1　对人地雷的埋设数量和死伤人数

国　名	埋设数量（万个）	死伤人数（人）
阿富汗	400	2400
柬埔寨	30~100	811
越　南	350	2000
安哥拉	20~600	840

资料来源：世界观察研究所（Worldwatch Institute）:《地球环境数据2002~2003》，家之光协会，2002年。

在兵器产业的其他方面还存在着战争商机。在伊拉克战争中，美国、英国的安保公司派出大量外国保安。美国在伊拉克重建项目经费中，光安保费就支付了1/4。外国保安被赋予即使杀害伊拉克人也不会被问罪的豁免特权，担当补充美英士兵不足部分的雇佣兵的作用。2003年5月至2005年10月之间,外国保安有412人被杀，简直就是“消耗品部队”。①

四、国际关系理论的系谱

国际关系理论的历史比较短暂，产生于18世纪至19世纪的欧洲，是在互相承认各主权国家合法性的前提下，通过各国间军事力量的均衡来维持和平与稳定的一门学问。在成立了国民国家的18世纪至19世纪的欧洲，不管战争目的是否正确，看重的是战争方法是否遵循国际法准则。普鲁士军人克劳塞维茨（Carl von

① 帕特里克·科伯恩（Patrick Cockburn）著，大沼安史译:《占领伊拉克　战争和抵抗》，绿风出版社，2007年，第286页。

Clausewitz）在19世纪初撰写了《战争论》。克劳塞维茨认为，战争是“政治通过另一种不同于政治手段的继续”。在这里，战争不仅是政治行为，也是政治（外交）的工具，是政治谈判的延续，是采用了不同于政治手段的政治交涉。所以，战争的目的在于采用武力这一手段，让对方服从自己的意志。克劳塞维茨论述，为实现这一目的，必须摧毁敌方战斗力，必须攻占敌方领土，必须使敌方意志屈服。①

然而，德国的政治学家卡尔·施米特（Carl Schmitt）在《政治性的概念》（1927年）中提出了相反的观点，认为“战争并非政治的继续”，而是由政治来决定谁是敌人。在以这一政治决定性为前提的基础上，战争为了打倒敌人而具有“战争独自的规则或视角”。所以当人类团结成为一体时，是不存在敌人的，故卡尔·施米特得出“人类本身无法发动战争”的结论。

爱德华·霍列特·卡尔（Edward Hallett Carr，1892~1982年）撰写的《20年危机》（1939年）是至今仍拥有众多读者的国际关系理论的经典著作。此书以第一次世界大战（1914~1918年）终战至第二次世界大战（1939~1945年）开战期间约20年为对象，研究为何没能阻止第二次世界大战爆发的原因。一方面，卡尔极力排斥无视权力因素的空想主义。这也是卡尔在国际关系理论系谱中属于现实主义流派的原因。另一方面，他又承认国际政治中道德发挥的作用。“如果无视权力因素是空想主义的话，那么大概无视世界秩序中道德因素的现实主义也是非现实主义精神的现实主义。”②

---

① 克劳塞维茨著，筱田英雄译：《战争论（上）》，岩波书店，1968年，第58~64页。

② 爱德华·霍列特·卡尔著，井上茂译：《20年危机》，岩波书店，1952年，第425页。

在卡尔看来，在通过权力实现的强制和通过道德实现的领导力量之间取得平衡后才能维持和平。正如鸭武彦以“国际关系理论中现实主义和理想主义的相克”为题阐明的一样，可以看出在卡尔的思想中，存在着以权力因素为前提条件的现实主义观点和最大限度地发挥道德所起的作用的理想主义观点之间的一种纠葛。[①]

美国哈佛大学肯尼迪学院（公共行政学院，HKS）的院长约瑟夫·S. 奈（Joseph S. Nye）在卡特当政时曾担任国务院幕僚，在克林顿当政期间曾作为国防部副部长助理负责国家安全保障政策。奈扩充了“霸权”的概念，将其定义为“用构成国力根基的资源和能力使一个国家遥遥领先于其他国家的状态”。在此基础上，他主张美国为了掌握霸权，不仅要在军事实力、经济实力等硬实力上，还要在文化、思想、制度魅力等软实力上给予重视。[②]在认识到仅靠武力和金钱的力量是无法动摇国际社会的观点上，奈的软实力理论与卡尔的理论有共同之处。然而，奈的论点仅停留在从国民国家间实力关系的视角探寻上，没有像卡尔那样的理想主义和现实主义的纠葛。此外，奈虽然把经济实力放在与军事实力同等的层面上，然而由于长期的经济发展是和平的基础，故恐怕应区别论述经济实力与军事实力。

即使同为现实主义流派，发展成为凯南（George Frost Kennan）、摩根索（Hans J. Morgenthau）等分支的现实主义则展开了更加直截了当和明确的理论论述，这与拘泥于道德因素的卡

---

① 鸭武彦:《如何看世界政治》，岩波书店，1993年，第14页。

② 约瑟夫·S.奈著，山冈洋一译:《对美国的警告——21世纪国际政治的实力游戏》，日本经济新闻社，2002年，第32~43页。

尔的立场不同。摩根索在基于在国际政治舞台上，国家进行的是某种普遍的、反复的、划一的行动这一观点上，设定了“国家利益”的概念。凯南、摩根索等人的基本立场在于认为国际政治就是为追求各自国家利益的权力政治的世界，因此肯定主权国家间的纷争是国际政治的根本动力。基于这一权力政治观点发展起来的是“霸权稳定”的理论。霸权稳定论认为由美国这一超级大国通过实力来支配世界，就能遏制战争和纷争的爆发。据吉尔平（Robert Gilpin）撰写的《世界政治中的战争与变革》（1981年）中的观点，当霸权国家强大时，国际政治就稳定，而一旦霸权国家实力衰败，国际政治就变得不稳定。这一理论是在美国的实力开始显露衰弱，因而担忧这种情况会发生的背景上提出的。在主张由美国这一超级大国掌握主导权的正当性这点上，霸权稳定论与新保守派[①]的观点有相同之处。

还有人认为苏联解体后，唯一的超级大国美国由霸权国家进一步发展成为“帝国”。A. 沃兰登（Alfredo G.A. Valladao）结合民主主义、自由、市场主义等美式价值观和美国在经济、军事、文化方面占据绝对优势的这一事实，认为21世纪仍是美国的世纪。[②]与之相对，E. 托德（Emmanuel Todd）则认为由于美国存在贸易、财政双重巨额赤字，军事战略上又具有只能采取小规模军事行动的脆弱性，以及不能彻底坚持普遍主义从而消除

① 原来的保守主义者尊重传统的价值观和制度，对干涉外国也很慎重。但新保守主义者具有把美国标准的全球化资本主义和民主主义强加于海外的一种特征。新保守主义者也是强力推动军事进攻阿富汗和伊拉克的一股势力。1997年设立的新美国世纪工程（PNAC）成为新保守主义的中心组织。新保守主义的代表人物有小布什政府的副总统切尼、国防部长拉姆斯菲尔德、世界银行总裁沃尔福威茨等人。

② A.沃兰登著，伊藤刚等译:《自由的帝国——美国体系的世纪》，NTT出版社，2000年。

歧视和差距等原因，作为帝国的美国是无法维持下去的。[①]日本政治学者白石隆从作为形成世界秩序的基本原理的国民国家体系已发生变化的观点出发，将“帝国”的特征总结成以下三点：(1)在“普遍的正义”的名义下，美国介入别国主权的情况已成常态化；(2)对表现为阿拉伯伊斯兰激进原教旨主义恐怖分子的“统治外的民众”[②]，美国发动了对其“文明化”、平定和教化的战争；(3)美国打着“国际社会”的旗号，实施“预防战争”，制造出迫使体制变更的先例。并且，白石认为美国作为帝国君临世界是有极限的，最终恐怕不得不根据国际规范，回到在达成国际协议基础上采取行动的道路上来。[③] A.内格利（Antonio Negri）和M.哈特（Michael Hardt）将超越传统意义上的国民国家而存在的，支配军事、金融、文化、政治、语言等所有领域的网络称之为“帝国”。内格利和哈特所描绘的“帝国”并非一定就和现在的美国完全一致。[④]

冷战结束后将全球化背景中的战争定义为“新战争”的是伦敦大学全球化管理研究中心的玛丽·卡尔多（Mary Kaldor）。国家间的战争、有组织的犯罪和大规模人权侵害之间的区别并不明显的现代战争也被称为“低强度纷争”、“后现代纷争”。卡尔多对“新战争”的特征从三方面加以说明：(1)与政治、经济、军事和文化在全球范围内的相互联系的加强（即全球化）紧密相关；(2)通过排除同一属性上的异己分子的手段来控制民众；(3)战

① E.托德著，石崎晴己译:《帝国以后——美国体系的崩溃》，藤原书店，2003年。

② 指在基督教的价值观和美国式民主主义无法触及的地区居住的民众。——译者注

③ 白石隆:《帝国的界限——美国·东亚·日本》，NTT出版社，2004年，第29~41页。

④ A.内格利、M.哈特著，水岛一宪等译:《帝国》，以文社，2003年。

斗集团采取掠夺、黑市或外部支援来筹集资金。确实，现代战争与帝国主义时代的殖民地争夺战争、冷战时期的基于意识形态对立的战争比较起来，战争、纷争的主体已呈分散化，战斗方法也多样化，并伴随着“复杂的社会性、经济性结构因素”。卡尔多认为，人道的介入不光无法阻止战争，甚至还会导致助长战争持续的结果，其原因就在于推行人道介入的人们没有正确把握新战争的特征。①

近年来，作为新的安全保障理论而备受瞩目的是“人的安全保障”。这一观点是1994年联合国开发计划署作为国际合作的目标而提出的，旨在避免饥饿、疾病、失业、低收入、环境破坏、毒品、犯罪、恐怖主义、政治迫害、战争和纷争等众多威胁，保障人们的安全和权利。这一理论同当时联合国按照美国的意愿重视联合国维和行动（PKO）、不断向军事化倾斜的现实相反，主张不依靠军事介入，而是进一步加强经济合作。② 现在这一观点作为国际合作和介入国际纷争的理论依据而被置于重要地位。

这样就能理解在国际关系理论中“国家的安全保障”有时反而会侵害人权，并开始强调“人的安全保障”的前因后果。③ 但正如国家功能中除了安全保障以外，还有教育、经济、环境、福利、医疗、文化等各领域的作用一样，个人能力的全面发展也是由充实福利和教育、稳定和发展社会经济、保护自然环境和生态

① 玛丽·卡尔多著，山本武彦、渡边正树译:《新战争论——全球化时代的组织暴力》，岩波书店，2003年，第4~15页。

② 山田满等编:《新和平构建论——从防止纷争到复兴援助》，明石书店，2005年，第63~64页。

③ 绪方贞子、阿马蒂亚·森（Amartya Sen）编:《安全保障的当今课题——人类安全保障委员会报告》，朝日新闻社，2003年。

系统、继承和创造文化等多方面构成的。“人的安全保障”理论通过使用“安全保障”一词，把这种个人能力的多样性都纳入“安全保障”这一框架内。但笔者感到“人的安全保障”好像仍未脱离国际关系理论中一直以来最为重视的“安全保障论”的框架。为了实现某一国家或地区的和平与稳定，并让当地人充分发挥自己的能力，不能仅从所谓安全保障的防卫式的消极观点出发，还应该广泛包含政治、社会、经济和文化等领域，更加积极地让个人能力得到全面发展以及构建和完善福利。

在整理了国际关系理论的系谱后，下面将如何论述“反战和平的国际政治经济学”呢？在此首先明确本书的理论体系和方法论如下：

第一，在坚持密切关注国际社会现实的现实主义精神的同时，也努力致力于通过国际交流、国际合作和相互理解来实现以和平共处为目标的理想主义。越是把握了战争的历史本质和国际社会的现实，就越能体会到战争和武力根本无助于解决问题，而只是给交恶双方遗留仇恨。另外，越是渴求和平，就越能感悟到仅靠提倡崇高的理念是难以实现和平的，而必须进行更加面对现实、更具实效性的建设和平的实践活动。要彻底地追求现实主义和理想主义，则两者犹如莫比乌斯环[①]一样互相交错，其间或许能够摸索到将两者合为一体的不依靠战争与武力的和平实践这一层面上。

第二，在建设和平的实践中引入地域研究的视角。现有的国

① 德国数学家莫比乌斯发现将一个纸条的一端反转180度与另一端对接在一起，就形成了一个奇妙的环，后来人们为了纪念莫比乌斯的这一发现，将这样对接形成的环称为“莫比乌斯环”。——译者注

际关系理论都倾向于以国家间和政府间的外交关系，以及国际贡献和国际合作为中心进行论述。本书也同样重视在平等的基础上作为促进相互理解的手段——国际交流的作用。这里所说的国际交流，还包含经济文化交流和市民层次的交流，即“民间交流”。在进行国际交流和国际合作时，不能不考虑各地域的社会和文化的独特性。中村尚司就这点谈到了自己独特的见解：“这是一种从当事人立场出发的学问——做到不让那些从事社会性生产和交流的当事人对研究他们的专家感到尴尬。”①

第三，不仅从政治学的观点出发，还要从包括政治、经济、社会与文化在内的综合性的、跨学科的视角去探究。村上泰亮指出，在建设和平共处关系的基础上，综合地理解各种文化的重要性。“遍布地球的人类为实现共生的基本条件”在于“每个人有各自的思想，并互相理解”。②实现构筑和平制度的理论体系不能单纯停留在政治学、经济学的体系上，还必须是被渴求和平的人类观、历史观与世界观所支撑和证实了的。

① 中村尚司：《人们的亚洲》，岩波书店，1994年，第194页。

② 村上泰亮：《反古典的政治经济学（下）——面向21世纪的序说》，中央公论社，1992年，第541页。

第二章　恐怖袭击和战争——能否切断仇恨的连锁反应？

一、美国“9·11”事件的背景

2001年9月11日在美国发生的多起恐怖袭击事件震撼了世界。美国国家主义高涨，布什政府发起报复恐怖组织的“正义的战争”，空袭了阿富汗，又进一步发动了伊拉克战争。

策划“9·11”恐怖袭击事件中心人物的奥萨马·本·拉登的名字被公布出来。奥萨马·本·拉登是沙特阿拉伯一个大财阀的儿子。他以雄厚的资金做后盾，把阿拉伯地区的青年组织起来成立义勇军，领导他们从1979年开始在阿富汗进行了长达十年的反苏、反共的游击斗争。此外，据说他还参与策划了1993年纽约世贸中心爆炸案、1998年坦桑尼亚和肯尼亚美国大使馆爆炸案。本·拉登在反共的同时也反美。正如中村觉在“9·11”恐怖袭击事件发生前很早就指出的那样，本·拉登的反美观是对穆斯林在世界各地遭到基督教、犹太教压迫的历史认识，中东纷争中美国支持以色列，美军驻留沙特阿拉伯，以及对海湾战争等现代中东政治形势的认识基础上形成的。从“在巴勒斯坦，犹太复国主义者和基督教徒摧毁了子孙居住的家园”或“联合国会为数十个犹太人被杀而进行长达一周的谴责，但对因联合国的制裁导致伊拉克数十万人死亡的结果却无动于衷”等诸如此类的言论中可以看出，本·拉登的反美言论还包含赢得中东伊斯兰激进派支持的因素。①

是否存在着另外一条道路，这条道路能够彻底地阻断恐怖袭击和报复战争，以及由此引发的进一步互相仇恨的连锁反应呢？鹤见和子认为应该更加富有智慧地探索和平之路，并在和歌中写道：

除了以暴制暴，我们人类难道就再无其他智慧？

本书旨在从跨学科的视角出发，促进“复合型的相互理解”，通过扎根于地域现场的“国际交流和国际合作的实践”来建设和平共处的关系。为了实现和平，必须首先从深刻理解敌对双方的情况出发。因此，笔者首先从分析美国为何成为伊斯兰激进派恐怖袭击的目标来进行说明。

第一，伊斯兰激进派发动的恐怖袭击与现代中东局势的动荡有着紧密的联系，而且其根源就在于巴以冲突。美国战后对此问题采取的态度是一直偏袒以色列。美国每年将相当于对外援助资金1/5的巨额资助提供给以色列，还在联合国安理会上为了维护以色列，自1982年以来动用了30多次否决权。美国的这一行为甚至引起了哈佛大学肯尼迪学院前系主任沃尔特（Stephen Martin

---

① 中村觉:《作为反美象征的“恐怖主义”的发展趋向——奥萨马·本·拉登是“圣战英雄”还是“恐怖分子”》，载《现代中东》1999年26号，第62页。

Walt）等人的担心：“美国对以色列的一贯支持行为引发了阿拉伯、伊斯兰世界的愤怒。”（《日本经济新闻》2006年8月3日）。针对美国偏袒以色列的行为，伊斯兰各国一致站在了支持巴勒斯坦的立场上。还有一些国家像伊朗一样，将巴勒斯坦问题定位为“对伊斯兰社会来说最为严峻的国际问题”。巴勒斯坦针对以色列进行的第二次大规模抵抗运动发生在2000年9月。而发生在美国的多起恐怖袭击事件发生于2001年9月，即正值第二次起义一周年之际，恐怕也并不纯粹是偶然。

2006年7月，以色列宣称要消灭在其边境附近活动的伊斯兰什叶派民兵组织黎巴嫩真主党，空袭了黎巴嫩南部，并展开了地面攻势。美国派国务卿赖斯前往黎巴嫩、以色列，想进行斡旋，但基本上仍未改变支持以色列攻击真主党的态度。由于以色列袭击黎巴嫩南部造成黎巴嫩方面1000多人死亡，黎巴嫩真主党对以色列的反击也造成了以色列方面死亡千余人。

追溯来看，始于1975年的黎巴嫩内战因基督教徒和伊斯兰激进派之间的对立而起，再加上叙利亚和以色列的军事入侵，最终演变成基督教、伊斯兰教各教派间的武装混战和互相残杀。针对黎巴嫩内战，联合国派遣了联合国黎巴嫩观察小组（UNOGIL）和联合国驻黎巴嫩临时部队（UNIFIL）两个联合国维和机构。1982年，在以色列军队进攻贝鲁特的黎巴嫩战争期间，联合国部队还将2万名巴勒斯坦武装人员安全护送出境，以免出现被歼灭或“玉碎”的惨况。这是联合国维和行动取得成功的极其罕见的事例。[①] 在黎巴嫩南部，自从黎巴嫩内战以来，联合国的停战监

① 藤村信：《中东现代史》，岩波书店，1997年，第130~142页。

督团就一直驻守在那里。

这个联合国停战监督团驻守的据点也于2006年7月在以色列进攻黎巴嫩南部时遭到攻击，造成来自加拿大、中国等国家的四名联合国派遣人员死亡。联合国秘书长安南认为以色列的此次攻击很可能是有意图、有计划而为，并为此深表遗憾。当时向该地派遣联合国维和部队和立即停战的提议也因以色列的强硬反对和美国的偏袒而未能通过。以军进而于7月30日袭击了位于黎巴嫩南部城市卡纳的一幢大楼，造成包括37名儿童在内的共57名避难难民死亡，其中15人是智力或身体残障的儿童。在此十年前的1996年4月，以色列军队轰炸村民避难的联合国设施，造成100多平民死亡的“卡纳屠杀事件”也发生在该市。

前面提到的1982年夏天，在黎巴嫩还发生了和1996年、2006年同样的屠杀事件。1982年6月，以色列为讨伐驻守黎巴嫩的巴勒斯坦解放组织（PLO），向黎巴嫩投入了8万兵力（伽里拉和平战争）。[①] 在美国的斡旋下，双方达成巴解组织和叙利亚军队从黎巴嫩撤退，美、法、意派军驻留，把重型武器移交给黎巴嫩政府军的协议。在黎巴嫩议会上，同以色列有着友好关系的基督教长枪党领袖巴希尔·杰马耶勒（Bashir Gemayel）被选举为下届总统。但杰马耶勒被暗杀后，以色列立刻违反协议，入侵了西贝鲁特。负责维持当地治安的长枪党民兵杀害了包含妇女、儿童在内

① 1982年6月6日，以色列借口其驻英国大使被巴勒斯坦游击队刺杀，而出动陆海空军10万多人，对黎巴嫩境内的巴勒斯坦解放组织游击队和叙利亚驻军发动了大规模的进攻，只用了几天时间，就占领了黎巴嫩的半壁江山。这是自四次中东战争以来，以色列和阿拉伯国家之间最大的一次战争，被称为“第五次中东战争”，也被称作“以色列入侵黎巴嫩之战”。战争期间还有臭名昭著的“贝鲁特大屠杀”。——译者注

的共2000多人（萨布拉和夏蒂拉难民营大屠杀）。[①]

除了美国偏袒以色列以外，犹太人的强大势力集团“美国—以色列公共事务委员会（AIPAC）”等对美国议会也具有相当大的影响力。犹太人仅占美国人口的3%，却聚集着巨大的政治资金，利用精英阶层的人脉和大众的活动力量对议会产生强大的推动作用。对以色列采取何种政策，是否得到犹太人的支持，都具有左右历届总统选举成败的重大作用。共和党的福特总统（1974~1977年在任）由于暗示有可能削减对以色列的援助而被民主党的卡特击败。卡特（1977~1981年在任）由于谴责以色列的占领地殖民计划，又败给了共和党的里根。里根（1981~1989年在任）将拥有波斯湾石油利权作为美国的重点战略，支持以色列1982年入侵黎巴嫩。名著《东方主义》的作者萨义德（Edward W. Said）也在谈及其巨大影响力时说过，1985年，当时的美国—以色列公共事务委员会等各犹太裔团体一下发动了70~80名上议院议员，就批判以色列或向阿拉伯出售武器的政策“能攻击行政和总统”。[②]

这种情况时至今日也几乎丝毫没有改变。虽属民主党，但参议院议员利伯曼（Joe Lieberman，犹太裔）一贯支持布什政府空袭阿富汗和发动伊拉克战争。他还是在2000年总统选举中成为副总统候选人的大人物。此外，2006年他在康涅狄格州的民主党参议院预备选举中先败给了对方候选人，于是以民主党独立候选人的身份参选。然而共和党支持者方面对他的支持反倒增加了。

第二，美国到处宣扬要让民主主义和自由遍布世界，但实际

① 横田勇人:《巴勒斯坦纷争史》，集英社新书，2004年，第48~51页。

② 萨义德著，岛弘之译:《何谓巴勒斯坦》，岩波书店，2005年，第237页。

上却常常为了本国私利支持独裁政权。这也就是美国的双重标准。宇宙安全指挥研究所所长罗伯特·褒曼（Robert Bowman）作为空军中校，在福特、卡特两任政府执政期间参与指挥了所有与“星球大战”有关的计划。他批判了美国的双重标准。[①]

1951年至1953年间，伊朗贵族穆罕默德·摩萨台(Mohammad Mosaddeq)领导了石油产业国有化运动。摩萨台政府是通过民主选举产生的。对此，美国中央情报局（CIA）与英国成立的国策公司[②]、安格隆·伊拉尼亚石油公司（AIOC）以及美法的石油公司一起联手，赶走了摩萨台，让穆罕默德·礼萨·巴列维登上了王位，并帮助训练秘密警察萨瓦克（SAVAK）。在两伊战争（1980~1988年）期间，为对抗伊朗的革命政权，美国向伊拉克的萨达姆政府提供武器，而在海湾战争中又攻打萨达姆统治下的伊拉克，造成至少10万伊拉克人死亡，其中大多是平民。海湾战争后，据说有50万伊拉克人因伊拉克遭受的经济制裁而死亡，其中多半是5岁以下的幼儿。这些幼儿死于因停止医药进口等造成的缺医少药。苏联解体前，在阿富汗，美国曾为对抗苏联而向阿拉伯伊斯兰原教旨主义者本·拉登提供资金和武器。如今，本·拉登又作为“9·11”事件的主谋而被美国通缉。

表2–1是对近年中东地区政治体制特征的一个整理。这样将之归纳在一个图表中，无法展现出各国的社会、文化、历史等实际情况，很容易陷于形式上类型化的倾向。例如，沙特阿拉伯既没有现代宪法，也没有民选产生的国会，权力集中在国王，所以

① 罗伯特·鲍曼:《根绝恐怖主义的处方笺》，参见坂本龙一监修:《非战》，幻冬社，2002年，第96~106页。

② 在国家援助或指导下成立的特殊公司。——译者注

表2–1 中东各国的政治体制

国名	政体	议会	咨询评议会	参政权		多党制
				男性	女性	
伊　朗	伊斯兰共和制	√		√	√	√
土耳其	共和制	√		√	√	√
叙利亚	共和制	√		√	√	△
黎巴嫩	共和制	√		√	√	√
约　旦	立宪君主制	√		√	√	√
科威特	立宪君主制	√		√	×	×
沙特阿拉伯	君主制	×	√	×	×	×
巴　林	立宪君主制	√		√	√	×
卡塔尔	立宪君主制	×	√	√	√	×
阿拉伯联合酋长国	立宪君主制的联邦国家	×	√	×	×	×
阿　曼	立宪君主制	×	√	√	√	×
也　门	共和制	√		√	√	√
前伊拉克（萨达姆统治）	共和制	△		△	△	×
新伊拉克（萨达姆之后）	共和制	√		√	√	√

注：（1）因科威特在2005年承认妇女参政权，所以这之后才为“√”；（2）“△”指名义上虽是民主主义，但独裁色彩浓厚。

资料来源：笔者在《朝日新闻》2004年6月8日刊登的表格中添加了伊拉克。中东共有25个国家，本表只列举一部分。

分类到“绝对君主制”① 中。然而对于沙特阿拉伯未用公认的意识

---

① 绝对君主制是君主政体的一种具体形式。主要特征是：君主拥有绝对至上的权力，君主不受任何来自外部的限制和监督，君主或按意志、或按自己不必执行的法律来行使权力。这一制度存在于欧洲近代的封建制度转向资本主义国家的过渡期。——译者注

形态对国民进行强权统治，国王、阁僚议会也非常重视社会各阶层的民意，采取谨慎的姿态来经营政府的一面我们也不能忽视。从这点来说，沙特阿拉伯的政治体制也可称为“权威主义”或“参与型民主主义”①。另外，从其咨询评议会没有立法权，议员由国王任命，以及任何仅仅要求民主化的请愿也会遭到惩罚等方面来看的话，沙特阿拉伯距离真正的民主主义政治形态还有相当的距离，这也是不争的事实。虽然对此持有一定的保留，但正如表2-1所示，在中东，沙特阿拉伯、科威特等许多亲美国家可以说仍然在实行君主制。与此相对，反美的伊朗、黎巴嫩实施了民主主义选举。在萨达姆统治下的伊拉克国内，如果不支持阿拉伯复兴社会党夺取政权，就无法成为候选人，且民众都处于秘密警察的监视之下。即便如此，从巴克尔到萨达姆的领导人接班还是在共和制下按照合法的框架进行的结果。②伊拉克早在1958年就推翻了君主制统治，成为一个世俗国家。这在伊斯兰各国中，也属于在男女平等同权方面较为进步的国家。美国是否与之维持友好外交关系的第一标准在于美国能否确保石油等利权，以及没有走上共产主义和国有化的道路。至于是否是经过民主选举产生政权倒在其次。

美国即使在中东以外的其他地区，在高举所谓“普世”的自由主义意识形态旗帜的同时，也常常支持独裁统治的体制。③在中南美的危地马拉、巴拿马、萨尔瓦多、智利，曾支持过军事独

---

① 中村觉编著:《了解沙特阿拉伯的65章》，明石书店，2007年，第243~244页。

② 宫治一雄:《中东的民族纷争和统一的展望》，参见长泽荣治编:《地域研究丛书10：中东政治、社会》，亚洲经济研究所，1991年，第198页。

③ 史坦利·霍夫曼（Stanley Hoffmann，哈佛大学教授）:《为何美国被讨厌》，载《世界》2002年4月号，第147页。

裁政权。在亚洲也有支持过菲律宾的马科斯、印度尼西亚的苏哈托、南越的吴庭艳和阮文绍等独裁、贪污横行的政权的历史。

第三，对于敌对双方的激进派组织来说，与敌方的对立越激化就越有利于自己组织的发展和壮大。1978年《巴勒斯坦社会主义共和国》一书出版。此书由乌力·第比斯（旅居巴勒斯坦的犹太人）、奈姆·哈达尔（身为基督教徒的巴勒斯坦难民，巴解组织驻比利时的代表）和法拉吉·阿尔阿斯玛姆（以色列籍的巴勒斯坦作家，伊斯兰教徒）三人共同撰写而成。书中提出通过建设“民主的、非宗教的巴勒斯坦国家”来使以色列和巴勒斯坦达成和解的建议，但在奈姆·哈达尔遭到暗杀后，这一运动受挫。对这起暗杀的主谋有巴勒斯坦激进派和以色列秘密警察情报机构两种说法。[①] 此外，推进巴以和平进程的以色列总理拉宾也遭到了极右翼犹太青年的暗杀。敌对双方的激进派都具有通过煽动对立来夸示各自组织存在的倾向。如此一来，双方的激进派一旦掌握了主导权，就会产生引发互相仇恨的连锁反应，很难实现和平。

二、中东纷争的历史和教训

如前面章节所述，发生在美国的多起恐怖袭击事件的背景与巴以问题乃至中东纷争有着很深的瓜葛。在探讨现代恐怖袭击和战争的关系之前，要追溯中东纷争的历史，必须了解中东问题纠纷不断的原因到底在哪里。从第一次世界大战开始，经过第二次世界大战直到现在，中东地区各国和各种势力的企图与利益关系错综纠缠，形成了一种复杂的合作与敌对共存的局面。针对中东

① 广河隆一:《中东共存之路——巴勒斯坦和以色列》，岩波书店，1994年。

现代史和巴以纷争的研究有很多，还出版了很多浅显易懂的书籍。[①]下面我们基于中东纷争，特别是巴以争端的历史，从历史的教训中来探讨一个问题：为阻止战争，实现和平，什么才是最重要的?

第一，当今巴以问题的开端最早可追溯到100年前。欧洲列强入侵以前，多数派的巴勒斯坦人（阿拉伯人）和少数派的犹太人，以及各种宗派、宗教集团都在奥斯曼帝国的统治下和平共处。在当时的情况下，两个民族的对立关系是异常情况，两者和平共处有着充分的可能性。

第二，迄今为止巴以争端之所以纠纷不断是由于某些大国经常基于自身利害关系的考虑而恣意介入的结果。其中第一次世界大战期间英国实行的“两面三刀外交”就是大国恣意妄为的典型代表。

1915年英国首先向阿拉伯人送交了“麦克马洪通信”[②]。为煽动阿拉伯人反叛当时依附德国的奥斯曼土耳其帝国，承诺在现叙

① 广河隆一:《巴勒斯坦（新版）》，岩波书店，2002年；横田勇人:《巴勒斯坦纷争史》，集英社，2004年；大卫·福罗姆金（David Fromkin）著，平野勇夫等译:《使和平破灭的和平——中东问题的起因（1914~1922）》（上、下），纪伊国屋书店，2004年；藤村信:《中东现代史》，岩波书店，1997年；奈良本英佑:《你知道巴勒斯坦吗？——巴勒斯坦的100年》，HOLP出版，1997年。

② 20世纪初，煽动阿拉伯人起来反抗土耳其的统治是英国为确保和加强自己在阿拉伯世界利权的捷径。1915年，英国驻开罗的高级专员麦克马洪（Henry MacMahon）与在阿拉伯世界享有广泛影响力的圣城麦加的伊斯兰宗教领袖——谢里夫·侯赛因（Sharif Hussein）进行了一系列秘密书信往来（共计10封，史称“麦克马洪通信”）。通信主要涉及麦克马洪全力劝说侯赛因参加协约国对土耳其作战，为英国服务。英国保证战后在阿拉伯半岛和“肥沃新月”地带建立一个独立的阿拉伯国家，以及英国在这一地区享有特权等问题。——译者注

利亚周边的东阿拉伯地区建立独立的阿拉伯国家。随后，英国和同样窥视中东利权的法国、俄国一起，在1916年秘密缔结了分割奥斯曼帝国领地的《赛克斯—皮科协定》[①]。再后来，1917年英国外相亚瑟·贝尔福（Arthur Balfour）向伦敦罗斯柴尔德银行的总裁、犹太富豪沃尔特·罗斯柴尔德（Walter Rothschild）寄去书信，发表了《贝尔福宣言》（*Balfour Declaration*），要求犹太人在筹集战争经费上给予支持。为促使美国对德宣战，英国和犹太人约定建设“民族的故土”。

英国制定的这些外交协定互相矛盾，难以兼顾。特别是《赛克斯—皮科协定》完全暴露了其全力确保在中东的利权的帝国主义真实意图。

第三，第二次世界大战后，作为斡旋人登场的联合国和美国实在是没能发挥其应有的作用。如1947年联合国通过了巴勒斯坦分治决议。据此决议，巴勒斯坦应将全部领土的57%交给犹太人建立国家，剩下的在成立巴勒斯坦国的基础上，由联合国托管圣地耶路撒冷和伯利恒。犹太人接受了此项决议，但被阿拉伯人否决。当时的巴勒斯坦人口中，阿拉伯人有130万，犹太人有66

---

① 第一次世界大战期间，英国与法国签订的瓜分奥斯曼帝国亚洲部分的秘密协定。因英国谈判代表M.赛克斯和法国代表G.皮科而得名。1915年英国一面答应麦加的谢里夫·侯赛因战后在“肥沃新月”地带和阿拉伯半岛建立独立的阿拉伯国家，一面又与法国进行瓜分这一地区的秘密谈判。1916年5月16日，协定在伦敦正式签署。此协定曾得到俄国的赞同。作为交换条件，英、法同意俄国吞并安那托利亚的东北部。《赛克斯—皮科协定》是英、法两国划分势力范围的秘密交易。协定中谈到的独立阿拉伯国家，实质上是受英、法控制的殖民地，其版图比麦克马洪信件中规定的更小，而且大部分是荒无人烟的沙漠和贫瘠的地区。1917年俄国十月革命后，苏维埃政府公布了这个协定，揭露了英、法的阴谋。——译者注

万，犹太人拥有的土地仅占巴勒斯坦的5%~6%。联合国的决议太脱离实际，而且偏向以色列，根本无法被阿拉伯方面接受。

1948年至1949年第一次中东战争的结果是以色列获得巴勒斯坦全部领土的77%，约旦将约旦河西岸地区、埃及将加沙地区吞并。停战过程中，联合国调停官伯纳多特伯爵被犹太恐怖组织“斯特恩帮”（the Stern Gang，以色列自由战士团）暗杀。领导斯特恩帮的就是后来成为以色列总理的沙米尔（Yitzchak Shamir）。在1967年发生的第三次中东战争（六日战争）中，以色列控制了巴勒斯坦全部领土。联合国安理会通过了要求以色列军队从占领区撤退的242号决议，但以色列并未撤离约旦河西岸及加沙地区。

第四，巴以双方都错过了达成和平的机会。1992年，工党领袖拉宾第二次担任以色列总理。他积极推动中东和平进程，几乎差一步就能和巴勒斯坦达成和解，却在1995年遭到暗杀。此后，1999年同属工党的巴拉克（Ehud Barak）担任以色列总理。但巴拉克始终未履行“将耶路撒冷郊外的三个村落移交给巴勒斯坦方面”的约定。巴勒斯坦领导人阿拉法特由此认为巴拉克是个“不守信用的男人”，从而不再相信他。2000年7月，美国总统克林顿亲自出席在戴维营举行的和平谈判，也以破裂而告终。此后，2002年的6月，阿拉法特表示准备接受克林顿的和平谈判。据说以色列、美国都认为如果阿拉法特在2001年2月以色列总理选举前表明此意的话，巴拉克也就不会被极右政权“利库德”集团议会领袖沙龙打败。以色列前外交部长阿巴·埃班（Abba Eban）嘲讽地叹息道：“巴勒斯坦人从未错过放跑机会的机会。”[①] 但同样的话，用在为实施报复而反复动用优势兵力对自杀式炸弹恐怖袭击进行轰炸的以色列身上，难道不是一样的吗？

三、既反恐又反战的理由

至此，我们探讨了美国“9·11”恐怖袭击的背景，也弄清了在美国的双重标准下存在着诱发恐怖袭击的因素。此外还谈到在巴以对立为主的中东纷争中，还涉及各个大国之间的利害关系和各自的企图。但是，这些都不能成为使恐怖袭击和战争正当化的根据。下面将从几个方面来探讨既反恐又反战的理由：

第一，因爆发战争而获利的仅仅是某些大国和某一部分人，深受战火之苦的是当地的广大民众。伊拉克国民在萨达姆执政期间经历了多次战争。萨达姆政权强化军事实力，在1980~1988年与霍梅尼上台后的伊朗开战，此外，在1990年入侵科威特的背景中，存在大国对伊拉克进行武器出口的因素。

1979年萨达姆·侯赛因就任伊拉克总统。法国从20世纪70年代开始就向伊拉克出售核反应堆和武器，1980年将浓缩铀卖给了托瓦萨（Tuwaitha）的核能研究机构。1981年苏联向伊拉克再次出口武器。1982年，美国里根政府向伊拉克销售了60架直升机。1983年，拉姆斯菲尔德（后作为国防部长指挥伊拉克战争）作为特使访问伊拉克，向伊拉克提供了美国掌握的有关伊朗军队

---

① 横田勇人:《巴勒斯坦纷争史》，集英社新书，2004年，第161~162页。

部署及部队配置的情报。[①]

一方面有自己既处安稳之地，又企图借战争大捞一笔的部分国家和一部分人；另一方面还有命悬战火之下、无路可逃的民众。美国人杰瑞·沙瓦女士和一个巴勒斯坦人结婚后，在巴勒斯坦的加沙地区担任阿托法鲁纳聋哑学校的校长。以色列轰炸加沙地区时，她和丧失听觉的孩子们一起躲在厕所里瑟瑟发抖。在美国支持以色列进行的空袭之中，美国人也无路可逃。在Riverbend[②] 的《浴火巴格达——占领下的伊拉克妇女日记》(Artone出版社，2004年）里，讲述了在伊拉克战争中的巴格达市民，被轰炸和恐怖暴行吓得瑟瑟发抖的样子，形象地勾画了对美军士兵擅自闯入和抄家而感到战栗的民众形象。

作为援助阿富汗的项目之一，联合国难民署（UNHCR）喀布尔事务所代表山本芳幸指导当地的寡妇们开展缝制被褥的工作。由于美军开始轰炸，难民署撤离了阿富汗。局势稳定后山本回到了喀布尔。当他了解到撤退前的8月份产量仅有1000床被褥，而到10月份则高达5000床时感到非常吃惊——在难民署都撤离了的猛烈轰炸下，寡妇们仍然继续坚持缝制被褥。“她们原来一直不停地在做啊……我很震惊。”山本说道。

第二，无法简单地说恐怖袭击就是邪恶，报复战争就是正义。也不能说独自垄断暴力机构的国家行使武力就是战争，而反

---

① 科恩·库格林（Con Coughlin）著，伊藤真译:《萨达姆的秘密人生》，幻冬社，2003年，第238~291页。

② Riverbend是2003年8月17日开设的博客《浴火巴格达》(*Baghdad Burning*)的执笔人的笔名。志愿者将其出版为日语版博客时标记为Riverbend。该博客对美国的伊拉克战争和伊拉克政策进行了猛烈的批判。——译者注

政府一方行使武力的话就是恐怖袭击。而且善与恶会因时因地的变化发生扭转。

伊藤博文在1909年被朝鲜独立活动家安重根暗杀，但安重根在韩国、朝鲜则被认为是义士。为推翻清朝统治而从事反清活动的徐锡麟、秋瑾在现代中国就被视为革命英雄。杨靖宇是同盘踞在中国东北的日本军队进行战斗的游击队司令，毕业于开封纺织工业学校的他在当时算是个知识分子。对杨靖宇的游击斗争感到头痛不已的日本军队为此展开扫荡，渐渐地缩小了包围圈。被迫退守吉林省腹地的杨靖宇仍旧率队顽强地抵抗，在弹尽粮绝的情况下最终于1940年战死。日军解剖了杨靖宇的遗体，在查看他究竟以何物为食时，从他胃里找到的只有树皮、草根。[①] 他们就算没有食物也要矢志不渝地抗日和革命。杨靖宇的名字用做吉林省靖宇县的地名被保留至今。

以色列的贝京（Menachem Begin）和沙龙在年轻时制造了“大卫王酒店爆炸事件”[②]。伦敦的《泰晤士报》和《巴勒斯坦邮报》将此定性为恐怖袭击。谴责巴勒斯坦自杀式炸弹恐怖袭击为卑劣行径的以色列，其最高领导人也曾经是个“恐怖分子”。

美国标榜“同恐怖主义开战”，发动伊拉克战争时的“大义”的理由在于伊拉克拥有大规模杀伤性武器。2002年9月的英国政府报告发表了“伊拉克能在45分钟内实战准备好生化武器”的结论。2003年1月，布什总统在国情咨文中说“萨达姆打算从非洲

---

① 泽地久枝:《另一个满洲》，文春文库，1986年。

② 1946年7月22日，一场威力强大的爆炸摧毁了耶路撒冷的大卫王饭店的西南侧。这里是英国的办事处。100多人被炸死，由贝京领导的被称为“国民军组织”的复国主义者游击队声称对这起袭击事件负责。——译者注

购入铀”。3月，美英联军开始进攻伊拉克。巴格达陷落后，美军司令弗兰克斯又说“可疑设施有2000~3000处”。从6月开始，美国大规模杀伤性武器调查团共1400人着手正式调查，但最终没有找到大规模杀伤性武器。这期间，为英国BBC提供情报来源、报道“伊拉克存在大规模杀伤性武器”的凯利博士自杀身亡。2004年1月，大规模杀伤性武器调查团团长大卫·凯（David Kay）在否定了伊拉克存在大规模杀伤性武器的结论后辞职。凯从海湾战争后作为国际原子能机构（IAEA）和联合国调查团团长，是伊拉克核武器调查项目专家中的专家。若连他都说没有的话，则证明伊拉克确实不存在大规模杀伤性武器了。

2000年至2003年，担任联合国监督检查委员会（UNMOVIC）主席的瑞典前外交大臣汉斯·布利克斯（Hans Blix）也谴责了美国为发动伊拉克战争，操纵关于伊拉克拥有大规模杀伤性武器的情报的行为。伊拉克的大规模杀伤性武器早在海湾战争之后就已被废弃。[①]

最终伊拉克战争的大义被否定了。在日本，前首相小泉纯一郎对此诡辩道："虽说未找到大规模杀伤性武器，但能说它就不存在吗？”仍一如既往地支持美英联军入侵伊拉克。但是以后这种言论又该如何收场呢？首相的这一轻率言论，缺乏对空袭中无路可逃的民众产生同情和人性关怀的想象力。围绕伊拉克是否存在大规模杀伤性武器问题，小泉在国会中辩解道："不久就会找到的。”对此，鹤见和子认为："真是太让人吃惊了！这到底算什

① 汉斯·布利克斯著，纳家政嗣监修，伊藤真译:《伊拉克　大规模杀伤性武器调查的真相》，DHC，2004年，第371页。

么？根本不配做政治家。把国会当傻子，难道国会自己也是傻子吗？”①

曾任日本驻黎巴嫩大使的天木直人因反对伊拉克战争批判小泉而被外务省解雇了。②天木说的是正确的，却因此失业了，在2007年的参院选举中也落选。与此相反，卸任首相后的小泉甚至被推举到各地方的助选演说当中，且至今仍颇有人气。幸田露伴③的《五重塔》④中描述的也是如此：坚持真理的正直之人在社会上反而吃亏。虽然毫无道理，但这样的事却是这世上的常态。因此义愤填膺的年轻人啊，你们不能就此放弃努力，也不能因此焦躁不堪。要相信“年年岁岁花相似，岁岁年年人不同”，逆转的时机总会到来。在此之前要默默地努力，“风车，在起风之前

---

① 鹤见和子：《遗言 倒下之后才开始》，藤原书店，2007年，第180页。

② 天木直人：《再见了，外务省！我决不原谅小泉首相和卖国官僚》，讲谈社，2003年。

③ 幸田露伴（1867~1947年），日本著名小说家。本名幸田成行，出生于日本江户（现东京），以《五重塔》、《命运》等作品确立了他在日本的文坛地位。——译者注

④ 幸田露伴的小说《五重塔》讲述的是建造五重塔的故事。《五重塔》的主人公是一位技艺高超的木匠十兵卫。十兵卫身怀绝技，但因相貌愚钝、拙于世事，始终运势不佳。当他听说谷中感应寺拟建五重塔，并选中了川越的名匠源太时，便认定这是一个扬名四海的大好时机，决心向住持提出请求，改由自己来承包这项工程。名匠源太豪爽过人，当即同意十兵卫做自己的副手。十兵卫却不同意。源太又提出更加屈就的方案，自己为副，十兵卫为主。可十兵卫仍不同意。最后，源太同意将全部工程转让十兵卫，同时主动提出，将自己的“秘传”手艺传授给十兵卫。但十兵卫仍冥顽不灵，坚决不领源太的情，想要靠自己独自的力量来建造五重塔。源太被激怒了。他的弟子们认为十兵卫是以怨报德的小人，对十兵卫憎恨不已。于是，他们百般加害十兵卫。十兵卫没有屈服，他苦心营造，终于建成了五重塔。“落成典礼”的前一天，不幸遭遇大风暴，十兵卫坚信自己的力量，悠然地屹立在暴风雨中。他成功了，暴风雨过后，五重塔岿然不动。幸田露伴通过这种独特的构思，展现了一个无视义理人情的“怪人”十兵卫。他以独特的方式，证明了自身的存在价值。《五重塔》旨在印证福泽谕吉倡导的独立与自尊，且力图摆脱明治初期的封建性。——译者注

要安于小憩”。

就算假设伊拉克存在大规模杀伤性武器，正如加藤尚武指出的那样，预防性正当防卫是不被国际法认可的（联合国宪章第51条）。[①] 1937年德国为支持西班牙佛朗哥将军，对格尔尼卡进行了惨无人道的狂轰滥炸。[②] 美国总统罗斯福书面谴责了这次屠杀非战斗人员的事件。美国若是真想主张“正义战争”的话，至少应该回到这个时代恪守的立场上来。

第三，即使赢得战争打倒了敌人，也无法统治敌人的内心。采用武力镇压不光引起仇恨，还将使战后的和平重建比战前更加艰难。战争、恐怖袭击只能给对立的双方带来无休止的仇恨。[③]

美国发动伊拉克战争后仅一个月就推翻了萨达姆政权。2003年5月，布什总统宣告伊拉克战争结束。然而，战后在伊拉克由于掠夺公共设施的行为、酷暑中的停电、抢劫拐骗的猖獗、自杀式炸弹爆炸和游击队的进攻，以及武装组织间的冲突等，使治安状况更加恶化。美军的损失是：2004年战死848人，负伤7989人；2005年战死846人，负伤5944人。从伊拉克战争开始到2007年6月止，美军共死亡约3500人。如今的伊拉克依然处于各派武装组织和美军之间的战争以及伊斯兰教什叶派和逊尼派之间内战的所谓“双重战争”的状态中。尽管伊拉克于2005年10月通过了新

---

① 加藤尚武：《战争伦理学》，筑摩新书，2003年。

② 格尔尼卡是西班牙北部巴斯克省的一个小镇。1937年4月26日，德国战机应西班牙国民军政府的要求，向格尔尼卡猛烈轰炸，造成约3000人以上的平民伤亡，城市基本被夷为平地。著名西班牙画家毕加索万分愤慨，在巴黎世界博览会西班牙馆内创作了举世闻名的壁画《格尔尼卡》，控诉法西斯的暴行。——译者注

③ 瓦密克·沃尔坎（Vamik Volkan）著，水谷骁译：《荣誉和憎恶——民族纷争的心理学》，共同通讯社，1999年，第193页。

宪法，12月举行了国民议会选举。但治安状况依旧毫无好转。截至2007年6月的一年间，伊拉克平民共有35000人死亡。开战后死亡人数总计达7万人。此外，截至2006年3月仅四个月时间就有不满12岁的学生64人和教师311人被杀。伊拉克陷入无论对谁来说都不安全的境地。①

造成伊拉克战争结束后如此惨状和混乱局面的最大原因，在于美国在还没有正确把握伊拉克那被称为万花筒般复杂的社会局势的情况下就贸然采取了战争手段。在2600万人口的伊拉克，大致来分的话，其人口的六成为什叶派，两成为逊尼派，两成为库尔德人，其他还有基督教徒和少数宗派的信徒。萨达姆政权的倒台和战争导致的混乱引发了这些派系间的争斗。再加上在新宪法的联邦制下，伊拉克南部大型油田的利权究竟应由谁来掌控的争执也被激化了。

在萨达姆执政期间，为淡化政权的宗教色彩采取了“世俗化政策”，将国家统一作为最优先的课题，压制宗派对立。与美国因遭恐怖袭击所受的损失相比，美国发动的反恐战争导致了更多的平民伤亡。伊拉克战争对于伊拉克国民来说，从结果上看，意味着比萨达姆政权时期国民的生命和生活安定都受到了更为严重的威胁。

第四，恐怖分子想用恐怖袭击来打倒敌人的目的是根本无法实现的。这种方式既不能打倒强大的敌人，也无法增加自己的支持者。美国的当权者和富裕阶层早已预料到发生恐怖袭击的可能

① 帕特里克·科伯恩著:《占领伊拉克：战争和抵抗》，绿风出版社，2007年，第273~354页。

性，早就采取了措施来防范危险，比如建造带有坚固防空洞的住宅等。[①] 觉得恐怖分子会对自己进行攻击的这些人成为恐怖袭击的牺牲者的可能性几乎为零。

自杀式炸弹爆炸正是由于豁上自己的生命，所以比一般的恐怖袭击命中率要高。但这是一种类似日本战争后期特攻队的极其愚蠢的作战方法。特攻队让有着大好前途的青年白白送死，在浪费未来的人才这点上算是一种犯罪。作家城山三郎[②] 曾加入海军，被编入“水中特攻队”。虽说是特攻，其实既无船只也无飞机，仅仅是潜入海底，在竹竿上绑上炸药顶在敌舰船底的一种最原始的战术。城山虽然由于战争结束而幸免去特攻送死，但是这些常人完全无法想象的方式被接连不断地创造出来，正是日本战争穷途末路的景象。对那些至今仍然不能面对战争的愚蠢的日本人，城山叹息道:“(对他们)与其说是愤怒，倒不如说是悲哀……很想大声地呐喊。”[③] 城山三郎在《指挥官们的特攻》(新潮社,2004年)中写道：中津留大尉在天皇“玉音”广播发布终战诏书后，被上级命令向冲绳的美军驻地发起特攻。中津留最终并未冲向美军驻地，而是冲向海岸的岩石自爆身亡。策划特攻队的战略并下达命令的指挥官在试图用更加愚蠢的策略来掩盖自身的无能这点

① 苏珊·乔治著，毛利良一、几岛幸子译:《鲁加诺秘密报告——全球化市场生存战略》，朝日新闻社，2000年，第141页。

② 日本小说家。原名杉浦英一，出生于名古屋。1945年“二战”结束后曾从事短歌的创作。不久进入东京商业大学，专攻理论经济学。毕业后，在爱知学艺大学研究并教授经济理论。1957年开始文学创作，开辟了“经济小说”这一新的题材领域。代表作有《输出》、《日本银行》、《董事办公室下午3点钟》、《官僚们的夏天》、《火红的落日》、《黄金时期的日子》、《今日不再来》等小说。——译者注

③ 城山三郎:《我的履历书——生于昭和》，载《文艺春秋》2007年7月号，第139页。

上，可谓深重的双重犯罪。竭力推行自杀式炸弹爆炸袭击的恐怖组织的领导人也不无两样。本该阻止血气方刚的青年，并授予他们理性的判断能力和建设未来的梦想——这难道不是领导人应负的职责吗？自杀式炸弹袭击的发生正好反证了领导人的无谋。

2001年5月20日，20岁的青年阿布多鲁玛提·埃尔阿萨鲁在汗尤尼斯（Khan Yunis）难民营边的以色列军队检查站引爆自杀式炸弹爆炸身亡。他是毕业于巴勒斯坦加沙名校——伊斯兰大学工学部的学生。他的叔叔阿玛尔·埃尔阿萨鲁对他的死感到万分痛惜："他受过高等教育，不光擅长科学和政治，还擅长诗歌等文学，而且还是个技术不错的足球运动员。"如此才高志远的青年如果不是为了恐怖袭击，而是为战后和平建设而奋斗的话，该有多大的贡献啊！领导人的无能无谋令人悲愤不已。

巴勒斯坦解放组织在精神领袖阿拉法特主席去世后，控制约旦河西岸的主要派别法塔赫和控制加沙地区的伊斯兰原教旨主义组织哈马斯之间的对立呈表面化。作为中东阿拉伯各国政治经济合作机构的阿拉伯联盟在2007年1月的《麦加协定》中要求两派停战和成立联合政府。在原本就处于劣势的两派之间又持续不断地进行内部争斗的情况下，巴勒斯坦民众的苦难想必会日益深重。

四、遏制恐怖袭击和战争

为了避免敌对双方间仇恨的进一步加深，切断互相仇恨的连锁反应，绝不能依靠恐怖袭击和战争等暴力手段，而是关键要加深相互理解，集中智慧找到避免武力冲突的策略。例如，美国必须要更加深入地了解伊斯兰社会和文化。2003年诺贝尔和平奖获得者——伊朗妇女人权活动家希林·伊巴迪（Shirin Ebadi）认为，“伊斯兰教并非恐怖主义和暴力的宗教”，“美国是双重标准。为何对谴责以色列的联合国决议总是动用否决权？”①

耶路撒冷的希伯来大学历史学教授海姆·格伯（Haim Gerber）认为，伊斯兰法律丝毫不逊色于西欧的法律，是普遍、充分地保护民众免受领导人高压统治的法律，② 绝无伊斯兰教比基督教、犹太教好战之类的说法。③ 三个宗教的教义也相同。犹太教的耶和华、基督教的耶稣、伊斯兰教的安拉，虽有称呼上的差异，但信奉的都是同一的、唯一的神。

在电影《坎大哈》中描绘了阿富汗战祸和悲痛民众的导演莫森·马富马尔巴夫（Mohsen Makhmalbaf）是伊朗人，他说：“如果人们的脚下埋藏的不是地雷，而是小麦的种子，数百万的阿富汗人也不会踏上死亡和难民之路。”④ 该电影的女主角尼洛法·帕兹拉（Nelofer Pazira）也控诉道：“如果有美国在首次轰炸中投入的200万美元，就能让13万儿童接受初等教育。”⑤ 作为宝家—阿富汗友好协会代表的西垣敬子从阿富汗处于内战状态的1994年起，就向阿富汗难民中的妇女和儿童提供援助；1996年塔利班掌权后，该协会又向为女子求学的“隐形学校”的教师提供报酬。2004年，受贾拉拉巴德（Jalalabad）的国立楠格哈尔大学的委托，

---

① 《日本经济新闻》2004年1月10日。

② 海姆·格伯著，黑田寿郎译:《伊斯兰的国家·社会·法——法的历史人类学》，藤原书店，1996年，第23页。

③ 冈仓彻志:《伊斯兰原教主义——神灵会下达恐怖的教义吗》，明石书店，2001年。

④ 增田礼子:《马富马尔巴夫导演的泪》，《国公劳调查时报》2002年3月15日。

⑤ 《日本经济新闻》2001年12月27日。

宝冢—阿富汗友好协会为其修建了女生宿舍。他们筹集了1200万日元捐款，建成了可容纳50人入住的两层楼的宿舍。[①] 炸弹袭击会挑起仇恨和憎恶，而种植小麦，让他们上学，则会产生感恩。该如何选择，自然不言而喻。

遏制恐怖袭击和战争，实现和平共处的希望还是存在的。近年在以色列，既出现了拒绝服兵役的青年，也有诸如以色列前外交部长什洛莫·本-阿米（Shlomo Ben-Ami）同巴勒斯坦方面阿拉法特的亲信赛义卜·埃雷卡特（Saeb Erakat）进行谈判之类的领导人之间为实现和平所进行的接触。

以色列女记者阿米拉·哈斯（Amira Hass）是以色列主要日报之一《国土报》的特派员，住在巴勒斯坦一侧的约旦河西岸。她持续发表批判以色列的报道——以色列士兵对大量无辜的市民发射炮弹，却"总是战士"，而巴勒斯坦人即使拿起枪支抵抗以色列坦克的进攻，也"总是恐怖分子"；"如果法西斯们把我称做'叛徒'的话，我将觉得非常自豪。"[②] 从阿米拉·哈斯身为记者却并未仅站在旁观者角度，而是尽力追求公正的精神中，可以看到以巴和平微弱的希望之光。

住在美国伯克利的高中生们说的话，让我们感到现在的年轻人并未抛弃他们所肩负的未来：

战争只会导致暴力和仇恨的恶性循环。虽说是被政府命令，但也不能杀人。我们如果真的希望世界和平，就应该自己放下武

---

① 《朝日新闻》2007年4月21日。

② 阿米拉·哈斯著，久保田望译：《来自巴勒斯坦的报告》，筑摩书房，2005年，第260~292页。

器，有必要创造出并非只有金钱的人生价值。我们要停止只顾追求自己利益而压榨伊拉克之类的行为。如果能和他们实现互相理解，这个世界将会变得更加美好、更加安全（帕特立克·林奇）。

我们还没有参与这个国家的政治选举权。但我相信我们自己，我们这一代能够终结恐怖主义行为，带来和平（伊丽莎白·莱里）。①

五、日本的《恐怖主义对策特别措施法》和集体自卫权问题

美国发生多起恐怖袭击事件后，当时的小泉首相立刻宣布了让日本自卫队后方支援美军报复攻击的方针。2001年10月，通过了旨在向国际恐怖主义讨伐作战提供后方支援的《恐怖主义对策特别措施法》（以下简称《反恐特措法》）。这“也可称做是同持续与恐怖主义展开作战的美国之间的‘同盟的象征’的一个法律”（外务省官员语）。根据这一法律，海上自卫队在印度洋上为出兵阿富汗的美、英、法、德、意、加等11国补给燃料和水。虽然是两年时限的立法，但之后数次被延长。

2007年8月，当时的民主党党首小泽一郎在同驻日美国大使希弗（J. Thomas Schieffer）的会谈中，将阿富汗战争定性为“未得到国际社会的同意，是布什总统发动的美国的战争”，并明确表示反对延长《反恐特措法》。在向阿富汗派遣国际安全援助部队（ISAF）的行动中有37个国家参加，这一行动有安理会1386

① 坂本龙一监修:《非战》，幻冬社，2002年，第268~270页。

号决议的支持。而在讨伐恐怖主义的“不朽的自由作战”中，美、英、法等20个国家向阿富汗派遣了军队，日本等八个国家参加了海上封锁行动，但这些都没有联合国的决议作依据。小泽在担任自由党党首期间的2001年，对小泉首相的政治手段批判道：“搭乘反恐情绪的便车，打算一点点地造成既成事实。其政治实质和手法与战前的昭和史如出一辙。”要将立足点放在“联合国决议至上主义”上，这是小泽一郎一贯坚持的原则。但是，在小泽这种只要有联合国决议就对派遣自卫队持积极态度的姿态中仍旧存在着危机。

对此，自民党将是否延长《反恐特措法》定位为左右日美同盟关系的一项重大问题。正如小泽所言，如果想转换成平等的日美关系和以联合国为中心主义上来，当日本面临危机时，日本就必须拥有自我保护的防卫能力。而考虑到中国的崛起、日俄间的领土争端、朝鲜的核问题等历史和当今的局势，自民党主张还是投靠在美国的保护伞下更安全，强化与美国的同盟关系到日本的国家利益。

在总结了关于《反恐特措法》正反两方面的意见后，我们再来探讨一下自卫队海外派遣和集体自卫权的问题：

第一，《反恐特措法》的主旨是采用“行使武力以外的方法”来“后方支援”美国等国家发动的战争。支持对恐怖主义或对敌国的战争，并且自己仅限于后方支援的这种想法和在海湾战争时捐支130亿美元的行为并无多大区别：一边努力让自己不卷入战斗，一边暗地里支持战争。但从轰炸并杀害阿富汗和伊拉克平民这点上来说，日本和美国同罪。而且自卫队提供给美国补给舰的燃料，是否会再补给用导弹攻击伊拉克的“小鹰”号和“考佩斯”

号航母呢？燃油上又不会做记号，最终如何被使用谁也无法说清。

第二，支持发动战争和派遣军队的人们为什么不能找到取代战争的方法？如果像白沙瓦协会的中村哲那样援助医疗与掘井事业，长期来看就能根绝恐怖主义。如果是因为在战争最激烈时，只能对医疗、粮食等有限领域伸出援手的话，只要事先表明一定会支援战后的经济重建和教育的态度即可。2003年6月，“有事法制三法案”[①]在日本参众两院以自民党、公明党、民主党等九成比例支持下获得通过时，日本著名律师中坊公平这样评价：“日本致命的弱点在于自己没有独立思考。日本应像德、法反对伊拉克战争一样，直言不讳地说明自己的道理。现实的政策也要围绕宪法来考虑。”

第三，上述的有事法制三法案的制定是以发生针对日本的攻击或预测到将有此类似事态发生时，顺利协调日本自卫队和美军的行动为目的的，由《自卫队法修正案》、《武力攻击事态对策法案》和《安全保障会议设置法案》三个法案组成。这样便打开了通往日美共同出动军事力量的道路，这很可能会扩大解释自卫权，造成盟国一旦遭到攻击日本也将参战的所谓允许行使集体自

① 所谓“有事法制三法案”分别为《自卫队法修正案》、《武力攻击事态对策法案》和《安全保障会议设置法案》。日本政府在2002年4月16日举行的安全保障会议和临时内阁会议上决定审议并通过与有事法制相关的三项法案。有事法制相关法案的主要内容有：政府将对发生武力攻击或预测发生武力攻击的特定行为认定为“武力攻击事态”；政府将在内阁会议上决定对应基本方针后，设立以首相为总部长的对策总部，实施构筑阵地、出动部队等对应措施；首相有权指示地方政府等采取必要的措施，国民有义务努力进行合作；因部队出动、构筑阵地，自卫队可强制征用私有土地、拆除民房等，有权处罚违反物资保管命令者。——译者注

卫权的结果。浅井基文[①]认为国际法允许使用自卫权要满足以下三个必要条件：[②]

（1）面临紧急非法的侵害；

（2）为排除此侵害没有其他手段；

（3）为排除这一侵害所行使的实力是必要的最小限度。

日本即使发生了必须行使自卫权的紧急事态，也必须严格遵守上述三个条件。

因此，与向恐怖袭击实施报复战争、对“流氓国家”发动战争的美国保持同盟关系，在集体自卫权的名义下，采取共同军事行动的行为，是不符合上述行使自卫权的三个原则的。在日本表现出的任何时候都是最优先考虑日美同盟关系的态度中，存在着一种日本在太平洋战争中败给实力强大的美国后产生的后遗症性质的意识。这里面难道就不存在着一种只要追随和服从强者就能高枕无忧的算计心理吗？只可惜日本人喜欢“九郎判官义经”的性情[③]因此而颜面扫地。

如本章所述，采用战争和用恐怖袭击打击敌人无益于问题的解决，只会给后世留下祸根。无论是美英联军，还是联合国部队，实际上就算派遣军队，最终也多半是导致事态恶化和失败。真正的现实主义在于透彻地看清如此纷繁复杂的现实世界。城山三郎在《落日燃烧》中说：“既没有善意的战争，也没有邪恶的

① 1941年7月3日生，日本前外交官、政治学家。——译者注

② 浅井基文：《集体自卫权和日本国宪法》，集英社新书，2002年，第87页。

③ 即同情弱者的性情。源义经（1159~1189）是源义朝的九男。作为源氏的武将虽为打败对手平家立下汗马功劳，却被兄长赖朝嫉恨，最终自杀。义经以短命英雄而被人怜惜。——译者注

和平。无论外交官也好，政治家也好，都应阻止战争。”[①] 首先应当问责的是，是否从日常所有的领域为消除战争和纷争的原因竭尽全力，而不是为了备战去试图扩张军备。没有想方设法、劳心劳力地去避免战争，而是轻易地靠军事力量来解决的做法是政治上的懈怠、智慧上的荒废。日本应该呈现出另一条道路：为了不让战争爆发而绞尽脑汁，在日本擅长的领域里进行建设和平的援助，而不是发动战争或支援战争。

① 城山三郎:《落日燃烧》，新潮文库，1986年，第336页。

第三章　南北问题——发展中国家和发达国家间的结构差距

一、发展中国家的贫困和差距

1. 何谓发展中国家?

日本是到现在才属于物质丰富的发达国家，而在五六十年前的昭和前期还处于发展中国家的阶段。长冢节的小说《土》是描写明治时期茨城县农村生活的一部写实性作品。通过这部小说，我们了解到以前死于艰辛劳作的妻子，以及偷窃人家收成等贫困交加的农民的悲哀。那时的战后混乱和粮食短缺自不用说，即便是战后至经济开始高速增长之前，日本也是相当的贫穷。就算进入20世纪50年代后，日本仍然很贫困，特别是农村地区由于营养不良和医生不足，婴幼儿的死亡率很高。因没钱支付午餐费，又不能带盒饭，午休时间不待在教室，而是在校园里打发时间，靠喝自来水来忍耐饥饿的学生各地都有。贫困——不光肉体上要忍受饥饿和寒冷的折磨，还伴有社会歧视和精神上的痛苦。

在歌手美轮（艺名，原姓丸山）明宏演唱的《短工之歌》中就有“为了父亲，嗬哟，为了孩子，嗬哟”的歌词。遭人欺负的孩子逃离学校，在回家的路上边走边哭，偶然遇见妈妈正在挑土方。孩子看见母亲拼命劳动的样子后，马上返回了学校。这首歌谣与美轮自己对小学时代的回忆相重合。美轮的班上有个爱淌鼻涕的小男孩。校园参观日那天，小男孩的母亲穿着大棉裤就进了教室，用自己的嘴巴含着孩子的鼻涕“呸”地一下吐向窗外。这情景深深地感动了年幼的美轮。创作出《高三毕业生》、《星星的华尔兹》、《北国之春》等许多脍炙人口歌曲的作曲家远藤实的老家也是一贫如洗。小学参观日那天，与朋友的母亲一身清爽的打扮相比，远藤的母亲却是身穿干农活的破旧衣裳。为此感到非常厌恶的远藤一回到家，就对着母亲叫嚷起来：“以后不要再到学校来了。”母亲听后小声地嘟囔：“这样啊！”便低下了头背过身去。远藤后来对自己的这一行为感到羞愧无比，对母亲的歉意一直深藏在心里。[①]

世界上大多数国家都属于发展中国家，很多人忍受着贫困，在顽强地生活着。

具体如何来定义发展中国家呢？经济合作与发展组织（OECD）的下属机构发展援助委员会（DAC）每年会公布发展中国家和地区的名单。根据2009年的名单，如表3-1所示，可以分为四大类。

在经济全球化的进程中，从世界规模来看，收入差距有扩大的趋势。1966年，世界人口中20%最富裕人口的人均收入是20%最贫穷人口的30倍。这一比例到1997年扩大到78倍。[②] 占世界

① 远藤实：《我的履历书》，载《日本经济新闻》2006年6月5日。

② 科比·科恩、保罗·肯尼迪著，内山靖、伊藤茂译：《全球化社会学Ⅰ差距与分裂》，平凡社，2003年，第180页。

表3-1 发展中国家的分类

发展中国家的分类	2007年人均GNP（美元）	符合的国家、地区数量（个）
中等收入国家Ⅰ（高位组）	3706~11455	43（阿根廷、巴西、古巴、马来西亚、墨西哥、南非、土耳其等国）
中等收入国家Ⅱ（低位组）	936~3705	48（中国、埃及、印度、印度尼西亚、伊朗、伊拉克、蒙古、菲律宾、泰国等国）
低收入国家	935以下	12（肯尼亚、朝鲜、巴基斯坦、越南等国）
最不发达国家（LLDC）		49（阿富汗、孟加拉国、不丹、柬埔寨、埃塞俄比亚、海地、卢旺达、苏丹、坦桑尼亚、乌干达等国）

资料来源：DAC List of ODA Recipients Effective for Reporting on 2009 and 2010 Flow，http://www.oecd.org/dataoecd/23/34/37954893.pdf.

总人口20%的高收入阶层依然聚集了80%以上的财富。[①] 1995年联合国曾举办了“哥本哈根社会发展问题世界首脑会议”。会议结论为，世界有10亿以上的人口处于贫困状态，特别是妇女、黑人、儿童、单亲家庭、失业者、残疾人、老人的贫困状况更为严峻。在2000年联合国千年首脑会议上，提出了到2015年要把处于贫困和饥饿的人口减少一半的目标。发展中国家中，每天生活费用不足一美元的最贫困阶层的比率是：1990年32%、1999年23%、2004年19%。比率逐渐在减少，但在2004年的黑非洲（撒哈拉沙漠以南）为41%，南亚为30%，依旧占有很高的比例。

① 日本地球日组织（Earth Day Japan）:《扭曲的世界　动摇的地球》，学阳书房，1994年。

作为衡量富裕与贫困的尺度，一般多用人均GDP、GNP来表示，但这些指标中存在的问题也很多：第一，因经济活动造成的环境污染、自然破坏等对社会和人类产生的负面因素没有反映出来。不仅如此，造成环境污染和战争破坏后，对其所做的应对处理和恢复工作做得越多，GDP总额就越大。产生大量垃圾后，如果多建几个处理这些垃圾的工厂，GDP就会增加。第二，经济活动的繁荣和GDP的增加并不一定就能带来生活的富裕和身心的愉悦与安宁。由于劳动时间的延长，劳动强度的增大还会有损身体，使得人际关系紧张。

因此，作为一个相较能全面衡量富裕程度的指标之一，常用的是“人类发展指数”（HDI）。这个指标将人是否生活得富裕这一问题从健康、知识、生活水平三个基本方面来衡量，即将以下项目换算成指数，取其平均值来表示：

（1）寿命（平均寿命）；

（2）知识（成人识字率加上初等、中等、高等教育的就学率）；

（3）生活水平（人均GDP）。

把（1）~（3）各项换算成指数的算式按照下面的方式进行计算，用这个国家在世界整体差距中的排名来表示。

A国的指数=（A国的数值－世界最低国家的数值）/（世界最高国家的数值－世界最低国家的数值）

HDI是由联合国开发计划署来公布各国的数据和排名。据此，2010年的HDI排名如下：

第1位：挪威；第2位：澳大利亚；第3位：新西兰；第4位：美国……第9位：瑞典；第10位：德国；第11位：日本；第12位：韩国；第13位：瑞士；第14位：法国……第26位：英国……第

57位：马来西亚……第89位：中国……第92位：泰国……第97位：菲律宾……第108位：印度尼西亚……第119位：印度……第145位：海地……第152位：卢旺达……第169位：津巴布韦……

人均GDP高，不一定HDI就高，但HDI低的国家，人均GDP也少。我们从中可以看出贫困对健康和教育有着恶劣的影响。日本人的平均寿命如今是世界第一，但1950年时男性是60岁，女性是63岁，比欧美各国要低得多。发展中国家不光贫困人口众多，收入差距巨大也是一个比较显著的特征：一方面很多人在贫民窟的恶劣条件下生活，另一方面富豪则拥有豪宅，雇用许多的佣人。

与中国的西南部接壤、位于喜马拉雅山脉中麓的不丹是一个人口只有67万人的小国。不丹认为用"GDP"这一指标无法表现出社会福利的高低和人们的幸福程度，所以提出了"GNH"（Gross National Happiness，国民幸福总值）这一概念。把提高GNH作为国策写入宪法，并在其第四代国王吉格梅·辛格·旺楚克（Jigme Singye Wangchuck）的领导下开始了以提高GNH为目标的实践。在不丹2005年的人口普查中，据说有97%的国民回答"幸福"。第四代国王在2006年将王位让位给了太子，并于2008年废除了君主的中央集权统治。现在，在不丹爱国进步党和人民民主党的两大政党制下举行了大选。①

GNH以经济独立、环境保护、文化发展、政府善治这四大理念为支柱，用九项指标来表示，这些指标分别是：（1）精神上的

① 大桥照枝：《幸福立国不丹——弱小国际国家的巨大挑战》，白水社，2010年，第13~15页。

幸福感；（2）人们的健康程度；（3）教育；（4）文化的多样性；（5）地域的活力；（6）环境的多样性和活力；（7）时间的使用及其平衡；（8）生活水平和收入；（9）政府良好的统治和管理。GNH的四大理念和九项指标在提高社会福利和国民的幸福程度上具有重要的意义。但是，在将GNH进行具体的数据化，采用数值来进行比较的研究和实践上还未有较大的进展。此外，不丹财政收入的1/3要依靠来自日本等国外的国际援助。附带说一下，2010年不丹的HDI排名还未公布。根据2008年的数据，不丹的HDI位于世界第133位。

2. 发展中国家的社会经济结构

生活在发展中国家的许多人，在生活上很难说获得了充分的发展条件，而这又是怎样形成的呢？

第一，发展中国家具有给国内带来发展差距的二元结构。荷兰经济学家J.H.伯克（J. H. Boeke）发现发展中国家具有前资本主义性质的农业体系（农村共同体）和从国外输入的西方的资本主义并存的一种特征。这种二元结构并存的特征与发展中国家多数曾经是西方各国殖民地的历史有关。美国的文化人类学者克利福德·格尔兹（Clifford Geertz）认为发展中国家的这种二元结构不会轻易消除。这是由于所有的生态系统中都含有使自身社会和经济实现均衡的一种模式，将两者混合后折中的系统很难发挥其功能。

第二，发展中国家的产业结构容易形成单一农作物生产的农业形态。发展中国家对于工业发达国家来说，作为原料和农产品的供应地，容易沦为单一的出口型农业生产国。这也是从殖民地时代起就遗留下来的问题。

第三，发展中国家的经济特征是低资本积累和贫困的恶性循环。由于资金不足，无法引进新技术和完善基础设施，也难以普及教育和培养专业人才，还存在以发达国家的高收入为目标的人才外流现象。因此，经济发展缓慢，收入也在低层次徘徊不前。收入低，市场规模就小，也就无法为发展积累资金。经济学家罗格纳·纳克斯（Ragnar Nurkse）提出的著名命题“穷国因穷而穷”至今仍有生命力。[①]

发展中国家无法摆脱贫困的最大一个原因，在于教育的落后。据2003年数据，全世界15岁以上的人口中，有7亿7000万人缺乏基本识字（读、写、算）能力。特别是黑非洲和西亚、南亚地区的初等教育普及率还很低，识字率也很低。这与其全体教师中受过专业培训的教师数量所占比例过低也有密切的关系。例如，全体教师中受过专业培训的教师比率，黎巴嫩仅为14%，尼泊尔为16%，肯尼亚为44%。[②] 即使是日本，在战前未满20岁的无经验的代课教师也为数不少。中国电影《孩子王》、《一个都不能少》中就出现了在农村教书的贫困教师和年少的代课教师。发展中国家中没能上学的孩子大多从事劳动。2004年的儿童劳动人口（不满15岁）达到2亿1800万人。其中，从事娃娃兵、性产业、采矿等危险有害职业的就达1亿2600万人。

---

① 罗格纳·纳克斯著，土屋六郎译:《落后诸国的资本形成》，严松书店，1955年。

② 《日本国际协力机构月刊》（*monthly Jica*）2006年10月号，第20~21页。

二、发展中国家该如何摆脱贫困?

1. 发展经济学的理论

发展中国家如何实现经济发展，摆脱贫困呢？针对这一问题探寻解决的可能性和条件的就是发展经济学。其基本观点在于不把发展中国家具有的城市和农村或工业和农业的这种二元结构当做负面因素，相反积极加以利用，促进发展。

刘易斯（William Arthur Lewis）提出的二元结构发展模型就着眼于农村的大量廉价劳动力。在这种无限的劳动供给下，城市可用低廉的成本来发展单纯的加工型工业，并用因此获得的资金引进设备和技术，发展现代工业。同样，拉尼斯（Gustav Ranis）和费景汉（John C. H. Fei）也阐述了工业部门吸收农业劳动力的必要性。

托达罗(Michael P. Todaro)则论述了由于非正规部门[①] 的形成，促进了人口从农村向城市的流动。只要流动人口的期望收入大于农村的实际收入，农村向城市的人口流动就将持续下去。

库兹涅茨（Simon Smith Kuznets）提出了在发展中国家的发展初期，虽然国内收入差距会扩大，但经过一定的发展阶段后，这种差距就会缩小的假设，因此对初期阶段收入差距扩大持肯定态度。库兹涅茨的“倒U曲线”用图形说明了这种收入差距由扩大到缩小的逆转倾向，但作为一般性通用理论还未被验证。

① 国际劳工组织把非正规部门定义为发展中国家城市地区那些低收入、低报酬、无结构的很小的生产和服务单位。——译者注

2. 定位发展中国家和发达国家间关系的结构

前面提到的发展经济学理论在某种意义上是对发展中国家经济发展可能性的一种乐观看法。还有另一种相反的看法，认为发展中国家很难摆脱自身所处的境况，因此难以实现经济发展。

沃勒斯坦（Immanuel Wallerstein）从世界体系理论的观点来看待资本主义。他认为一方面存在着发达国家集中的核心，另一方面在其外围散落着发展中国家。这里面存在着伴随剩余价值（利润）从外围向核心大量转移的分工关系。沃勒斯坦认为支撑这种结构的是由主权国家构成的国家间的体系和国际机构，其思想基石是自由主义。

苏珊·斯特兰奇（Susan Strange）认为沃勒斯坦的世界体系理论是源自于马克思主义的观点，虽对此难以表示赞同，但她自己也认为支配世界经济的是由军事安全、生产、金融、知识等共同形成的一种结构性权力。[①]

开展反全球化运动的非政府组织"阿塔克"（ATTAC）的副代表苏珊·乔治（Susan George）也把存在着财富从发展中国家流向发达国家的这种结构看做是个问题。1982至1989年间，发展中国家返还给发达国家的债务总额达到6150亿美元。而发达国家的银行对发展中国家持有的债权数额1982年是4930亿美元，1989年却增加到6290亿美元。虽然返还的欠债大于1982年的借款金

---

① 苏珊·斯特兰奇著，西川润、佐藤元彦译:《国际政治经济学导论——国家和市场》，东洋经济新报社，1994年。

额，但负债还是膨胀了。[①] 为了从这种犹如债务地狱的境况中摆脱出来，非政府组织"Jubilee 2000"致力于消除发展中国家债务的运动，在1999年的科隆八国首脑峰会上发动了5万人。

苏珊·乔治曾和世界银行的经济学家马丁·沃尔夫（Martin Wolf）一起探讨过全球化的是非功过问题。她阐述了自己的一贯见解，认为发展中国家一旦背负了超过其返还能力的债务，就是"被国际货币基金组织（IMF）给捆住了手脚"。IMF按照融资条件所要求的结构调整，不但没有解决发展中国家的困难，反而还会导致事态更加严峻。她对IMF和世界银行的批评非常尖锐。对此，马丁·沃尔夫反驳道："为保护环境和人权，需要对人们进行强制的一种权力。"[②]

在世界银行和IMF之间，世界银行发放贷款需得到IMF的认可，而且在要把发展中国家纳入到全球化进程框架里的这点上与IMF目标一致。然而正如前世界银行副总裁斯蒂格利茨（Joseph E. Stiglitz）批评IMF的那样，[③] 世界银行和IMF在援助发展中国家的方法上也有不一致之处，特别是世界银行将无附带利息的软贷款的重点放在环境、扶贫、教育、农村等上的做法是应该给予一定积极评价的。

---

① 苏珊·乔治著，佐佐木健、毛利良一译：《债务飞去来器——第三世界债务威胁地球》，朝日选书，1995年。

② 苏珊·乔治、马丁·沃尔夫著，杉村昌昭译：《彻底讨论——全球化 赞成/反对》，作品社，2002年。

③ 约瑟夫·E.斯蒂格利茨著，铃木主税译：《使世界陷于不幸的全球化主义的真相》，德间书店，2002年。

3. 发展独裁的功过

有这样一种争论，认为为了实现经济发展，有必要由政府来主导制度改革和基础设施的完善，以及进行产业培育，为此希望有一个在某种程度上具有强权性的独裁政府。这就是“发展独裁”的观点。

通过“发展独裁”最终成功实行了民主主义的典型例子是新加坡。李光耀作为总理领导了整个过程。对于究竟是政治民主化优先,还是经济发展优先的问题，他认为自由选举制度不一定能带来民主主义和实现经济平等，同时还呼吁要关注在独裁政府统治下促进经济发展会带来收入差距的扩大和特权阶层的贪污问题。[①]

然而,1998年首位获得诺贝尔经济学奖的亚洲人阿马蒂亚·森(Amartya K. Sen)的观点却是否定发展独裁的。森认为仅通过比较收入额来讨论政治经济体制的功过并无多大意义。即便是同一收入水平，因制度、法规的建设和人们选择的不同，其福利的发展也有可能大不一样。因此，各国应该摸索建立在各自政治、经济、社会、文化、历史条件基础上的福利、自由和权利的模式。[②]

森的这种观点如果对照独裁政府因强制执行错误的政策，使国民陷入悲惨境地，还有其本意与表象不符，实际是为了维护自己的权力而反复进行镇压的历史来看，确实是正确的。

---

① 李光耀、法里德·拉菲克·扎卡利亚(Fareed Rafiq Zakaria):《文化是宿命》，参见《Foreign Affairs杰作选1922~1999》，朝日新闻社，2001年。

② 阿马蒂亚·森著，铃木兴太郎译:《福祉经济学》，岩波书店，1998年；阿马蒂亚·森著，铃木兴太郎译:《贫困的克服——亚洲发展的关键在哪里》，集英社新书，2002年。

但另一方面，对于在发展中国家为何难以建立民主主义的制度和法制，以及即使建立起民主主义的选举制度框架也难以具有实效性等问题上，森的研究还未进行实证性的分析。发展中国家就算从经济发展初期起就引入自由主义的市场经济，但为何发展得并不顺利，反而是社会主义性质的政府主导型体系更为成功？这些问题难道不需要进一步的验证吗？

表3–2是印度和中国的HDI数据的比较。这是将共产党领导的社会主义国家——中国和实行了自由选举制度的印度相比较。

表3–2 印度和中国的比较

	印 度	中 国
HDI	0.519（2009年）	0.663（2009年）
GDP/人（美元）	241（1970年）→ 1,477（2010年）	89（1970年）→ 4,393（2010年）
平均寿命（岁）	65（2008年）（世界卫生组织2010年公布的数据）	74（2008年）
识字率（%）	62.8（2009年）	93.7（2009年）
女性就业率（%）	35.7（2008年）	74.5（2008年）
总出生率（女性人均生育数）（人）	2.7（2009年）	1.8（2009年）
工业（占GDP比）（%）	28（2009年）	46（2009年）
出口依存度（与GDP之比）（%）	12.6（2009年）	24.5（2009年）

注：女性就业率是指15岁以上的女性工作年龄人口中，就业者的比率。家务劳动从事者、学生、病人等为非就业者。

资料来源：（1）HDI、识字率、女性就业率：UNDP,Human Development Report 2010;（2）GDP/人、平均寿命、总出生率、工业占GDP比：世界银行HP（http://data.worldbank.org.cn/）;（3）出口依存度（占GDP比）：根据《中国统计年鉴》2010年版计算得出。

中国在社会主义政权下实行了土地改革，推翻了封建地主制。1957至1958年大跃进后，妇女参与社会的程度也大大提高。而在印度，由于种姓制度产生的身份差别、宗教对立、妇女地位低下等问题依然根深蒂固。

在印度有一种新娘方要向新郎方支付高额嫁妆的所谓“达乌里”的习俗。由于无法满足丈夫要求的高额嫁妆而遭到虐待的妇女至今仍有不少。因牵涉“达乌里”问题妇女被杀或被迫自杀的“达乌里杀人案”层出不穷。印度政府在1961年颁布了达乌里禁止法案。法律上虽禁止这一习俗，但现实情况根本毫无改善。“达乌里杀人案”在20世纪80年代每年约有400人死亡，到1995年为5000人，2005年达到6787人，与达乌里禁止法案出台前相比，反而出现恶化的倾向。和五岁的儿子一起藏身在德里南郊的莎莉法（26岁）尽管把家人攒了十几年的15万卢比（约47万日元）给了夫家，但她的丈夫还要更多的钱，并不断向她施暴。2007年初，莎莉法抱着儿子逃离后，受到了人权机构的保护。[①] 在社会主义国家，不管政府的决策是好是坏都能强制执行。但在实行民主主义的国家，即使制定了法律也难以强制实施。计划生育政策在中国被严格地执行，出生率有了显著下降。而在印度却遭到强烈反对，几乎毫无效果。

本田公司在印度的汽车合资企业HSCI所面临的最大壁垒是劳务问题。上等种姓出身者接受高等教育后就有升职涨薪的机会，而下等种姓出身的人就只能一直是工厂的作业工人。HSCI制定了能从工厂基层晋升为管理职位的制度，提拔了两名优秀工

---

① 《每日新闻》2007年5月17日。

人，却遭到印度白领们的强烈反对。[①] 由于身份、性别、宗教等差异造成就业升职机会不均，无论从社会整体来看，还是从各个企业来看，都将带来无法有效活用优秀人才的后果。这种社会阶层的固化也是在GDP的增长率、平均寿命、文盲率、妇女的社会参与程度、工业化、出口比率等各方面，造成中国和印度之间出现差距的因素之一。

当然，虽然对中国和印度的经济社会发展进行了比较，但在现阶段还不能下结论。今后，印度只要不急速地发展，保护环境和自然，也许会变得比中国更加适宜居住。摄影家丸山勇在印度向当地人学到了一种生活方式：知足，不强求，顺其自然地生活，传扬佛教精神。[②] 而在中国存在着为了开发而强制征收耕地，乱排乱放工业废水、掩埋工业废弃物、不断地建设核电站等问题。当企业和地方政府联合起来推进实施这些项目时，能对此进行阻止和限制的是当地居民的诉求和行动。中国如果不能有效应对在社会主义市场经济下政治、经济紧密结合型制度中出现的发展主义优先、环境污染、领导干部贪污等严峻问题，就有可能断送掉在此之前取得的经济发展成果。

对参与制定中国经济政策的经济学家们，伊东光晴[③] 提出了逆耳之言。这虽然是他给关志雄的著作——《推动中国的经济学家们——改革开放的领航员》（东洋经济新报社，2007年）撰写的书评，但观点确实独到：

① 《日本经济新闻》2007年4月19日。

② 丸山勇：《彩版佛之旅》，岩波书店，2007年。

③ 日本著名经济学家，日本京都大学、复旦大学名誉教授。——译者注

包括他们（林毅夫、樊纲等——笔者注），推动改革的经济学者们的理想经济模式是美国式的，而未将西欧福利社会纳入视野则是其最大的偏颇。没有切实关注医疗、教育、养老金等的福利政策的设计，以及政府缺乏公正的课税规范。（他们）究竟从美国的经济学中学到了什么呢？大多数人仅有资源分配理论和自由主义的意识形态，这不得不叫人感到失望。[①]

当然，中国还有很多并不赞成市场规律至上主义和发展主义的经济学者。但在长久以来推崇留美海归派的风潮中，国内本土派的影响力日渐衰弱。这种倾向在日本国内也同样存在。

三、该以什么样的社会为目标？

1. 物欲的无止境

还有种观点认为发展中国家的人们因为对现在这种近似自给自足的生活感到十分满足，所以没有必要发展经济。发展中国家的人们虽然现在看似如此，但他们一旦接触到文明的利器，便会产生欲望需求，进而追求高品质的优质产品。在发展中国家的农村，常有的一个现象就是，当看到邻居出门打工挣钱返乡、改建房屋、购买家电后，自己家也要……这也是人之常情。在战后的日本农村，到20世纪60年代的高速增长期告一段落之前，很多男人为了追求现金收入跑到城市或工程施工工地去打工。就算自己认为只要像以前那样过自给自足的生活就够了，但是如果孩

① 《每日新闻》2007年9月2日。

子吵闹着要电视机的话，也就不能继续这样生活了。由于森林因开发而被砍伐，河流因工厂而被污染，人们不仅无法靠采集和狩猎为生，连农业经营都会难以为继。无论发展中国家的人们期望与否，市场经济化和经济开发的热潮都会变成巨大的洪流席卷而来。总之，市场经济不会任由人们像以往那样生活。

那么，能否说先进的资本主义国家通过市场经济化和发展主义已经建立起一个能安心过上富裕生活的社会了呢？晖峻淑子已在1989年的著作《富裕的省思》中，对无限制追求物质欲望的日本提出了警告。下面的引文，至今看来仍十分适用：

> 对人生来说，金钱是种手段而非目的。同家人、爱人一起健康快乐地生活；有自己的兴趣爱好和体现人生价值的工作；拥有人生的充实感和不带某种目的的友情；与自然相处得和谐宁静。只要这些得到满足，就没必要为了无止境的理财技术、金钱游戏而使眼睛充血。资本追求的目的和生活追求的目的当然是截然不同的。但为何（人们）就像被企业的投资热传染一样，买卖股票、投资度假胜地及公寓住宅，甚至最后连教育、人际交往、中元、岁暮[①]、婚丧嫁娶也都当做投资来算计的现象已成为一种社会风气？而且别说大人，就连孩子都不做亏本的事，更别说保护弱者了。[②]

晖峻写完这本书后，日本就陷入了“平成”年代景气衰退

① 日本的两个传统节日，一般在这两个节日要对关照过自己的人表达谢意，赠送礼物。——译者注

② 晖峻淑子:《富裕的省思》，岩波书店，1989年，第8页。

期。政府没有明确指明社会发展方向，就打着振兴地方经济的政策旗号，挥霍所谓“故乡创生一亿日元”[①] 等财政资金。由于启动了这样的财政政策，在日本各地出现的可称作闹剧的情形都被矢作俊彦收在镜头中。[②] 面对不以此为前车之鉴的日本人，2003年晖峻不得不再次执笔探寻“富裕是什么”[③]。

2. 市场规律的局限

市场经济化和发展的洪流不断涌来，若仅仅是随波逐流，真正富裕的社会绝不会到来。日本经过战后的经济高速增长期后，已建设成一个大量生产、大量消费的物质极大丰富的社会。但一方面，环境问题不断恶化，另一方面，人际关系也变得更加紧张。司马辽太郎[④] 是这样描绘今后日本应有的样子的：

既无法说出“夕阳多美啊”，也没有能够让人感叹“看着这条河，内心也变得澄静起来”的河流，这样的社会，（我们）当然不能建设。基本上都是一种“土建工程式”的成长……要抑制这种无限制的增长，建设那种“我们生活在能够让人引以为自豪

---

① 在1988年到1989年的财政年度期间，钱多得没处花的日本政府为了振兴地方产业，向各市区町村的地方政府各发放1亿日元的援助资金。至于地方上如何使用这笔钱，最终收到什么样的效果，日本政府一概不过问。于是，各地闹出种种让人啼笑皆非的笑话，甚至有的地方政府把这1亿日元全都买了彩票等。现在，这一名词已经成了铺张浪费的代名词。——译者注

② 矢作俊彦：《新日本百景1995~1997》，小学馆，1998年。

③ 晖峻淑子：《富裕的条件》，岩波书店，2003年。

④ 司马辽太郎（1923~1996年），日本著名小说家。代表作有《龙马奔走》、《窃国故事》、《凌云壮志》、《殉死》等。——译者注

的景色中”的社会才是今后的重大课题。[①]

市场经济通过强加给企业和人们的生存竞争，来促进新产品的开发和技术革新，实现了高速的经济发展。而在这种竞争原理下，“弱者”或“能力低下的人”不得不被“强者”或“能力高强的人”征服打败的想法也已成为主流。1996年，楠原彰在一次关于神户市发生的一起中学校门夹死学生事件[②]的电视讨论中，对在场的某位女学生的发言倍感痛心。这位女生说：“校规这么严格的学校还发生那种事情，恐怕是所‘偏差值’[③]很低的学校吧。只要学习就行了。我只干自己喜欢干的事，该干吗就干吗。这样的话老师就什么也不会说了。”[④]这个女生看起来活得很自在，据说还把头发染成当时都很少见的红色。

这位女生的想法和下面寺山修司在《对离家出走的劝告》中描写的孝顺儿子的言行极其相似。粗略来看，两人好像完全是截

① 每日新闻社编：《岩波书店和文艺春秋》，每日新闻社，1996年，第17页。

② 1990年7月6日，日本兵库县神户市神户高冢高中教师在学期末考试的头一天为严查学生迟到，到点关闭学校自动门时致使一名高一女生头部被夹而死。——译者注

③ 所谓“偏差值”是指日本人评价学生在智能、学力上的一项计算公式值，用学生的入学模拟考试成绩在全体考生中处于何种水平来表示。50分作为平均值，75分则属于优等，有望考上好大学。日本各个大学在录取学生时，常常以这一数据来衡量学生的学习能力，并作为录取的重要标准（实际上常常是唯一标准）。由此导致日本的高中教育出现只重分数、不看操行的倾向。甚至日本社会里有认为偏差值高的学生就是优等生，或高偏差值学生聚集的高中就是重点高中的风潮。这一现象引发了考生的不满和社会舆论的批评。出于舆论的压力，近几年来，公立学校对此问题较为谨慎，大多不再公开强调，但私立学校特别是各种私立的升学补习班、补习学校在招收学生时，仍对此非常重视。——译者注

④ 楠原彰：《南北的孩子们》，亚纪书房，1991年，第65页。

然相反的两种生活方式，但实际上两人都是按照“家”和“体制”的秩序和价值观来生活的，既没有对其进行否定，也没有摆脱其束缚。这种“家”的秩序和价值观重视的是门第、身份和血统，不承认个人的独立和自由的生活方式。“体制”则是指由金钱和权力来支配的资本主义的秩序和价值观。

“在我家，既没有佛龛，也没有前景黯淡的农田，与世上一般的父母不同，父母对我特别地理解，所以我没有离家出走的必要。”孝顺的儿子用变声前的声音这样说道。[①]

1986年，东京中野区一个中学二年级的男生留下“照这样下去，世界会变成‘活地狱’的啊！”的遗书后自杀身亡。20年后的2006年，今治市的一个中学一年级男生自杀。他在遗书中写道：“在班上‘穷鬼’、‘小偷’的声音不绝于耳，此时总会感到悲哀。这种状态已持续了三年，我已经厌倦了。”两个都是临死前给家人写下感谢和安慰的话语、非常体谅人的孩子。对他们实施虐待的孩子的确很可恶，但弱肉强食的社会现实和周围成年人的想法对产生这种歧视和虐待有着重大的影响。

镰田慧通过采访自杀孩子的父母，来调查虐待自杀[②]问题。这些父母失去孩子后的悲痛，以及当知道这些孩子是因为遭到虐

① 寺山修司：《对离家出走的劝告》，角川文库，1972年，第76页。

② 在日本的学校或其他集团内部的学生或其成员之间，发生的对弱者持续进行侮辱、歧视、虐待、恐吓、胁迫、暴行等心理和身体上的攻击，使受害人感到异常痛苦，最后导致受害人自杀的事件很多。在日本将此事件通常称为虐待自杀。整个日本社会以及文部科学省等相关部门对此问题相当关注，并积极采取各种包含法律在内的措施加以防范和避免。——译者注

待而自杀后的心情是不难体会的。镰田这样说道：

如果不把这个社会变成一个能够承认大家各自的价值，就算愚笨，就算成绩不好，也能共同生活的社会的话……现在是只承认学习的价值的时代。大家一起生活的共生理念，无论是在学校还是在地方统统都没有。世间所有都朝着效率化转变的结果竟然是这样。[①]

大概是在1997年发生了神户酒鬼蔷薇圣斗事件[②]后，在一次电视讨论节目中，曾出现了一个年轻人提出“为何不能杀人”的问题令出场嘉宾相当困惑的情形。与其说这是个强词夺理的问题，倒不如说首先是个感性问题。笔者认为出场嘉宾中野坂昭如的回答一语击中要害，他说：“你可以杀人，但你也会被杀。”由于会导致没完没了的互相仇杀，所以法律规定“不许杀人”。

同样关于女高中生的“援助交际[③]为何不可”的话题，媒体也曾对此采访探讨过。佐藤爱子这样写道：

---

① 镰田慧：《至少那个时候一句话也行——受虐自杀孩子的父母的倾诉》，草思社，1996年，第258~259页。

② 神户儿童连续杀人事件，又称酒鬼蔷薇圣斗事件，是1997年在日本兵库县神户市须磨区发生的连续杀人事件。此事件中共有两人死亡，三人重伤，被害者皆为小学生。犯人进行了包括分尸、破坏尸体、寄送挑战信等血腥残忍的犯罪行为。最后被逮捕的凶手竟是一名年仅14岁的少年，这一结果更是冲击了整个日本社会。此外，此事件也对部分人造成了不良影响。有些人认为犯罪少年长相俊美，因此成立了匿名的大型留言板，甚至还出现了凶手的崇拜者。由此事件，日本对与少年犯罪事件相关的法令进行了修改，并且在媒体上加强了对预防少年犯罪的教育。——译者注

③ 源自日本的名词，简称援交。最初指少女为获得金钱而答应与男士约会，但不一定伴有性行为。现今变成学生卖淫的代名词。——译者注

根本没有爱情等任何理由，被一个过路的不知来历的陌生男人触摸身体的话，觉得“恶心”这并非理性，而是本能的感觉。当被问到对此“为何觉得很恶心”时，却不知如何回答……

有人认为不能用援助交际这个词，而要说卖淫。但很可能会被质问“卖淫，这又为何不可呢？”在没能孕育出共同感性的土壤上，语言也是不会开花结果的。①

日本人也许是以物质上变得富裕作为代价而失去了同情他人痛苦的怜悯之心和温柔的感性。在发展中国家，虽然有许多不识字的人和不了解都市“文明生活”的人，但不能说这些人就是愚昧无知的。他们具有与自然共生的生活智慧，虽然贫困却身怀生存技能。在日本20世纪90年代以后，每年总有超过3万人自杀。想必自杀者本人很痛苦，但活着的家人和周围的亲友们也会痛彻心扉，总被逝去的亲人在内心感到茫然无助时没能去解救他们的自责折磨着。因此，比较起来，倒是煽动胜负优劣等竞争意识，并且出现66人因过劳而自杀（仅2006年劳动灾害保险认定的数字）的现代日本社会，病得相当不轻！发达国家的人们反倒有不少地方要向发展中国家的人们学习。

---

① 佐藤爱子:《随想》，载《THIS IS 读卖》1999年3月号，第31页。

第四章　经济发展与环境

一、经济发展与环境污染

1. 资源、能源消耗的差距

进入20世纪后，人类的能源消耗急剧增加。能源消耗照此情形不断增加的话，预计煤炭、石油等化石燃料的储藏量在21世纪中叶就将枯竭。发达国家和发展中国家间的经济发展差距表现为能源使用量，甚至二氧化碳（CO_2）排放量上的差异。图4-1是发

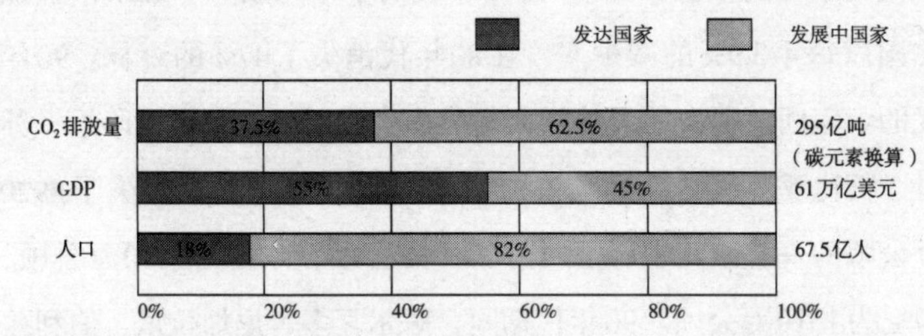

图4-1　发达国家和发展中国家的人口、收入、CO_2排放量（2008年）

资料来源：（1）CO_2排放量：EDMC/能源、经济统计要览2011年版，日本全国地球温室效应防止活动推进中心网页（http://www.jccca.org/chart/chart03_01.html），2011年9月5日；（2）GDP、人口：统计局主页（http://www.stat.go.jp/data/sekai/index.htm），2001年9月5日。

达国家和发展中国家的人口、GDP、CO_2排放量的比较。人口占全世界总人口18%的发达国家生产出全世界55%的GDP，占CO_2排放量的37.5%。从人均能源消耗量来看，美国是印度的33倍，是中国的13倍。

发展中国家今后要推动经济发展，提高收入水平。中国和印度的GDP还很低，但今后的发展速度并无放缓的迹象。中国现阶段能源人均消耗量虽然仅为日本的1/6，但能源总消耗量已超过日本。人口达13亿的中国和人口达10亿的印度如果经济持续增长，达到发达国家消费水平的话，会带来巨大的能源消耗和CO_2排放。

2. 森林的消失

经济开发的深入使得世界的森林资源急剧减少。原始森林的面积在20世纪里减少到8000年前的22%。森林面积在20世纪80年代的十年间减少了2%，在90年代的十年间减少了4.2%。孟加拉国以每年3.9%的减少率，在80年代消失了47%的森林。90年代的十年间，消失的天然林大部分集中在巴西、中国、印尼、苏丹、赞比亚、墨西哥、刚果、缅甸。这八个国家总共消失了8920万公顷的森林。其中，巴西为2310万公顷，中国为1810万公顷，印尼为1310万公顷。90年代期间，萨尔瓦多、尼加拉瓜、伯利兹的森林消失了1/4~1/3，危地马拉消失了17%。在亚洲的尼泊尔、斯里兰卡、巴基斯坦、缅甸、菲律宾、印尼、马来西亚等国的森林面积减少率也相当高。这还导致了洪水泛滥等自然灾害的频繁发生。

薪炭、木材、纸张以及其他的木制产品的原材料叫原木。原木生产量在1999年达33.76亿立方米。其中的61%采自发展中国家。原木中，55%用做薪炭，45%作为工业用原木，用于建材、造纸等。工业用原木的73%在发达国家制造加工，77%在发达国家消费使用。最大的消费国是美国，其次是中国。[①] 日本多依赖海外进口，进口的原木占世界贸易量的40%。[②]

地球表面的平均气温已从1880年时的13.8℃上升到2001年的14.4℃。造成地球温室效应原因之一的、由化石燃料燃烧产生的CO_2排放量在2001年也达到了65.5亿吨（换算成碳元素），较之1950年增加了四倍以上。

3. 城市化的进程和市场规律的支配

环境恶化的背景中除了经济发展，还有人口膨胀。95%的增加人口都在发展中国家。人口增长率最高的是非洲，年增长率在2.4%。预计非洲人口在2050年将从现在的8亿人增加到23亿人。包括印度、巴基斯坦、孟加拉国、阿富汗等在内的南亚地区，预计到2050年将从现在的15亿人增加到30亿人。人口的急剧增长将使衣、食、住各方面的基本要求难以得到满足，还会引起教育、社会保障、就业恶化等问题。人口增加还会产生贫民窟化等城市问题。发展中国家的城市人口从1950年的2.9亿人增加到1990年的13.8亿人，预计到2025年将达到40.5亿人。发展中国家56.9%的人口将生活在城市里。

---

① 克里斯托弗·弗莱文（Christopher Flavin）编著，福冈克也校译：《世界观察研究所地球环境数据书2002~2003》，家之光协会，2002年，第86、130~132页。

② 小岛丽逸：《世界中的亚洲与中国》，大东文化大学现代亚洲研究所，1996年，第220页。

人口向城市的集中、全球化经济交流的扩大还会带来艾滋病、SARS（非典）、禽流感等广域性疾病的传染。自1980年确诊艾滋病病毒（HIV）以来，艾滋病患者死亡人数截至2001年前就已达2500万人。2001年又有500万人新感染HIV，300万人死亡，HIV感染者达4000万人。①

当今世界，造成环境破坏加速恶化的根本原因在于全球化和市场规律的支配。大型联合企业型的跨国企业为了追求更大的利润而游走世界。为获得稀有资源和珍稀药材而造成的环境和生态系统的破坏、伴随着种植园农业的大规模开发、为保证长途运输对农作物使用防虫防霉农药、为追求饲料的大量供给和削减成本而产生的疯牛病（BSE）问题、转基因食品的扩散、有害食品添加剂和药品的使用，等等，按照市场规律来运作的跨国企业正以巨大的力量改变着世界的环境。

4. 石油战争和水战争

资源、能源消耗的扩大和环境污染的恶化使世界各国之间围绕能源展开的对立更加激化。2000年的石油探明储藏量是1.6万亿桶（1桶=159立升）。石油需求量如果以年均1.9%的速度持续增加，预计到2040年就将枯竭。再把已探明储藏的原油不一定全都能开采出来的因素计算在内，情况则更为严峻。两伊战争、海湾战争、空袭阿富汗、伊拉克战争等战争的爆发，以及美国、欧洲和亚洲各国对这些战争的参与都与石油生产、石油供给的问题

① 克里斯托弗·弗莱文编著，福冈克也校译：《世界观察研究所 地球环境数据书2002~2003》，家之光协会，2002年，第58~63、108~113页。

密切相关。还有一种观点认为，美国在伊拉克战争后的下一个打击目标是伊朗。今后，围绕波斯湾、里海、南海的石油资源争夺而产生冲突的可能性决不会小。

与石油一样，今后有可能成为地域纷争导火索的还有水资源。世界人均水资源的需求量（包含饮用、卫生、农业、工业、能源生产用）一般为一年1000立方米。加上人口增长的因素，人均用水量的增加会使水资源不足的问题加倍升级。中东和西亚、南亚的人均水资源需求量为1250立方米，已接近警戒线。其中11个国家已经低于人均1000立方米的水资源需求量。在尼罗河、约旦河、底格里斯河和幼发拉底河、印度河等流域，无法否定爆发水资源战争的可能性。① 在2000年9月召开的联合国千年首脑会议上，水资源问题被提上议程，并且制定了到2015年前将无法获得安全的饮用水的人口（12亿人）减少一半的目标。但是预计未来水资源不足的问题将会更加严峻。

即便在经济实现高速增长的中国，水资源不足和水污染问题也相当的严重。在黄河下游河水断流，无法流入海洋。10万公里主要河流的一半已是严重污染。其中1万公里的河流中，鱼类已无法存活。24000个以上的大中型湖泊沼泽中的80%也已被污染。江苏省的太湖是中国第三大湖泊，靠近苏州和无锡这两个工业城市，其水质污染和富营养化程度不断加剧。2007年5月中国全国性报纸、电视台都报道了以太湖作为取水源的无锡的自来水因恶

① 迈克尔·T.克莱尔（Michael T. Klare）著，齐藤裕一译：《世界资源战争》，广济堂，2002年，第68、210页；马克·赫兹加德（Mark Hertsgaard）著，忠平美幸译：《经过世界的环境危机地带》，草思社，2001年；莫德·巴洛（Maude Barlow）、托尼·克拉克（Tony Clarke）著，铃木主税译：《"水资源"战争的世纪》，集英社，2003年。

臭而无法饮用和洗手的新闻。原因就是太湖蓝藻的大量暴发，情况严重得连温家宝总理都去当地进行了视察。

二、环境污染对策的多种可能性

1. 环境保护的国际协调机制

环境污染随着生产力扩大和经济的全球化，如今已经不是局限在一个国家的范围内。要应对环境污染的广域性扩大问题，必须建立一个国际性的协调机制。

在地球上生活的人们都是一个命运共同体的成员，地球环境必须由世界各国同心协力来保护。这种“宇宙飞船地球号”的认识在国际社会上达成共识是从1972年在瑞典斯德哥尔摩召开的联合国人类环境会议开始的。在这一年，成立了联合国环境规划署（UNEP），还发表了罗马俱乐部的会议报告《增长的极限》。此后的国际社会对环境问题所做的努力虽很难说进展迅速，但也并非没有进展。

其中，在1992年召开的联合国环境与发展大会（地球首脑峰会）上各国提出的面向21世纪的环境保护计划《21世纪议程》具有划时代的意义。在巴西里约热内卢召开的此次会议上，与《21世纪议程》一起，还通过了《生物多样性保护公约》和《气候变动框架公约》，同时创立了地球环境基金制度（GEF）。此后，无视环境的发展优先主义将会受到来自国际社会的严厉批评。

在这一具有历史意义的地球首脑会议上，美国的应对是极不配合的。其中一个例子就是，根据《气候变动框架公约》设定的各国的CO_2排放削减额的提案由于遭到美国的反对而流产。另一个例子是由于过于担心美国企业的生物技术会转移到发展中国家，主要国家中只有美国未在《生物多样性保护公约》上签字。当时的老布什总统说："我不是世界的代表。我的首要任务是站在维护美国国家利益的立场上。"此举招致国际社会的普遍不满。①

美国还退出了1997年的防止全球变暖的京都会议（COP3）的议定书。《京都议定书》虽纠纷不断，却是首次约定发达国家削减CO_2（二氧化碳）、CH_4（甲烷）、N_2O(一氧化二氮)、氟氯碳化物等温室效应气体（GHG）排放量的书面文件。日本设定了在2008~2012年间将GHG的排放量比1990年的数值减少6%的目标。美国认为只给发达国家附加义务，却免除发展中国家的义务是不公平的，并以此为理由，脱离了国际协调的框架。这一背景中存在着小布什总统和石油业界关系密切的因素。

不惜破坏环境、赤裸裸地追求本国利益的例子不仅只有美国。1985年7月10日发生了国际环保组织"绿色和平"的旗舰"彩虹勇士"号被炸沉的事件。②绿色和平组织展开活动，抗议法国在太平洋地区进行核试验。法国总统密特朗涉嫌参与此次爆炸事件事后也浮出水面。

---

① 米本昌平：《何谓地球环境问题》，岩波书店，1994年，第143页。

② "彩虹勇士"号是非政府环保组织"绿色和平"船队的旗舰，在全球范围航行，从事反对捕鲸、核试验、砍伐原始森林等主题的宣传和抗争活动。1985年7月，"彩虹勇士"号前往南太平洋穆鲁罗瓦岛抗议法国拟在该区域进行核试验，7月10日该船停靠在新西兰奥克兰港内时，遭到法国特工安放的炸弹袭击而沉没，一名随船摄影师殉职。因此事件，法国总统密特朗向绿色和平组织正式道歉，法国政府则支付了700万美元的赔偿金。——译者注

2007年6月，在德国东北部召开的海利根达姆八国集团首脑会议上，作为气候变暖的对策，各国在"认真探讨至2050年前将温室效应气体的排放量减半"的目标上达成一致。反对设定数值目标的美国虽未同意"作出决定"，但由于同意"认真探讨"，可以说还是有些进步。这是继承《京都议定书》的目标和方向的一个议案，美国"探讨"后最终能否执行却仍未确定。

在已经消耗了大量能源、对环境负荷承担重大责任的发达国家和今后必须实现经济发展、从而不可避免地出现今后能源消耗增加的发展中国家之间，在环境对策的努力方式上存在差异是理所当然的。已经实现了高收入水平的发达国家毫不抑制自己的能源消耗，却要求发展中国家停留在现今的生活水平上，这是肯定不会被接受的。2002年在南非约翰内斯堡召开的环境发展世界首脑会议上，津巴布韦的穆加贝总统作了以下发言，赢得了非洲各国代表团的热烈鼓掌：

> 我们需要援助，但不是作为发达国家操纵的木偶，而是作为有尊严的国家来接受。非洲的事务由非洲自己来决定。

津巴布韦的穆加贝政府因财政破产、贪污、强制接管白人农场等，遭到发达国家的恶评。欧盟对穆加贝政府采取了停发签证的制裁措施。从这也可看出发达国家和发展中国家之间在环境、人权问题上的利益对立。

从2004年全世界温室效应气体排放量共265亿吨（CO_2换算）的构成来看，根据《京都议定书》肩负削减义务的国家的比率仅占整体的30%。主要国家的构成比为俄罗斯6%、日本5%、德国3%、英国2%、意大利2%、加拿大2%、法国1%。脱离《京都议定书》的发达国家是美国和澳大利亚，分别占温室效应气体排放量的22%和1%。剩下的47%是由无削减义务的发展中国家排放的，主要国家为中国18%、印度4%、韩国2%。在德国海利根达姆八国集团首脑会议上，中国从“发展中国家立场”上，努力致力于防治全球变暖的对策，对印度、巴西、南非、墨西哥等国做了大量工作。即便只有部分发达国家履行了应对全球变暖的对策，但如果没有美国和中国的行动参与，将无多大效果也是事实。

2. 在市场经济体制框架内也能成就的作为

在弱肉强食的资本主义市场规律下，各个企业都在追求利润，如不能在同其他企业的竞争中胜出的话就会被淘汰。如果将环境问题放在首位，就有可能使成本上升，企业竞争力下降。20世纪五六十年代日本在持续高速增长时期，将环境视为次要的，而将实现大量生产、大量消费的社会作为首要目标。当时相继发生了水俣病[①]、

① 水俣病为公害病的一种，实际为有机汞中毒。患者轻者手足协调功能失常，甚至步行困难、运动障碍、弱智、听力及言语障碍、肢端麻木、感觉障碍、视野缩小；重者可神经错乱、痉挛，最后死亡。1956年左右于熊本县水俣市附近发生，经确认后依地得名。不久，于新潟县发现的新公害病亦称为水俣病。其区别为：前者称熊本水俣病，后者则为第二水俣病或新潟水俣病。以上两种水俣病，与痛痛病、四日市哮喘并列为日本四大公害病。发病起三个月内约有半数重症者死亡，怀孕妇女亦会将这种汞中毒带给胎儿，令幼儿天生弱智。——译者注

痛痛病[①]、四日市哮喘[②]等公害病，引发这些事态的企业拼命隐瞒原因，逃避责任。甚至连中央、地方的行政部门也视企业利益优先于环境和当地居民的福利。以消费为美德的资本主义社会带来的完全是“福利的灭杀”[③]。然而一旦资本主义发展成熟，消费者的意识也提高后，在市场经济的框架内也能兼顾重视环境和企业利益。企业为保护环境所做的社会贡献、取得ISO14001的认证、环境相关技术的开发等就是很好的例子。

为达到《京都议定书》规定的发达国家的数值目标，作为补充性构成，引入了“京都机制”。其中之一就是“清洁发展机制”（CDM），是指发达国家协助发展中国家进行温室效应气体排放的削减和吸收项目，可将发展中国家的削减和吸收量转用在发达国家完成本国削减目标上的一种机制。CDM虽然存在并不是发达国家实际的温室效应气体削减的问题，但在帮助发展中国家改善环

---

① 指20世纪50年代至70年代期间发生在日本富山县神通川流域的公害事件。1955年，在神通川流域河岸出现了一种怪病，症状初始是腰、背、手、脚等各关节疼痛，随后遍及全身，有针刺般痛感，数年后骨骼严重畸形，骨脆易折，甚至轻微活动或咳嗽，都能引起多发性病理骨折，最后衰弱疼痛而死。经调查分析，痛痛病是河岸的锌、铅冶炼厂等排放的含镉废水污染了水体，使稻米含镉。而当地居民长期饮用受镉污染的河水，以及食用含镉稻米，致使镉在体内蓄积而中毒致病。此病以其主要症状而得名。截至1968年5月，共确诊患者258例，其中死亡128例，到1977年12月又死亡79例。1961年，富山县成立了“富山县地方特殊病对策委员会”，开始了国家级的调查研究。1967年研究小组发表联合报告，表明“痛痛病”主要是由重金属尤其是镉中毒引起的。自1968年开始，患者及其家属对金属矿业公司提出民事诉讼，1971年法院判决原告胜诉。被告不服上诉，1972年再次败诉。——译者注

② 四日市哮喘是日本三重县四日市市于1960年到1972年间因大气污染而导致的哮喘疾病。祸首是企业排出的硫氧化物。——译者注

③ 小仓武一:《小仓武一小论集1：警笛以前》，农山渔村文化协会，1997年，第43~44页。

境上，发达国家被赋予了一定程度的回报。从这点来看，可说是在市场经济框架内的一项改革。

在发达国家和发展中国家的贸易结构上，存在着发达国家出口高附加值的先进技术和高品质的工业产品，而发展中国家出口农产品、原材料等初级产品及简单工业加工品的一种分工关系。作为发展中国家，主要出口物品的初级产品易受国际市场变动的影响，还存在着被发达国家以不合理的低价收购的情况。为尽可能地纠正这种不利于发展中国家的贸易结构，在联邦德国开始了针对第三世界的公平贸易运动。此项运动有以下几个原则：（1）发达国家以高于世界市场的价格来购买；（2）缔结至少一年以上的长期合同；（3）提前支付商品货款等，旨在保护发展中国家生产者的利益。在公平贸易运动中，不光保证了贸易方面的公正性，也要求积极地开发与发展中国家环保有关的商品。

众所周知，世界上大部分香蕉的生产和贸易都由巨头资本所控制。德尔蒙新鲜农产品公司（Fresh Del Monte）、都乐食品公司（Dole）、奇基塔国际公司（Chiquita）这三家企业掌控着世界香蕉贸易量的80%。巨头资本垄断香蕉产业引发了发展中国家劳动者的低工资、因香蕉产业单一化造成的生态系统的破坏和其他农业生产的衰退、长途运输和农药的大量使用等问题。针对这样的巨头垄断，一些非政府组织通过开展“公平贸易”和“有机栽培”（低量或无农药）运动，给这三大公司的经营带来了一定程度的变化（ISO认证的取得、有机栽培香蕉的生产等）。日本的“生协”[①] 和菲律宾当地的农民签订了直接进口合同，尝试进行促进有机香蕉的栽培和向当地返还利益的实践。此外，资本、经营、劳动一体化的“员工合作社”也在进行同样的努力。在美国有占劳动者总数8%的人参加，在德国成立了12000个团体（会员达10万人）。[②] 日本的“员工合作社”在2006年有600个团体，有17000人在里面工作。[③]

日本积极应对环境污染的特征之一，在于地方政府发挥了主导性作用。横滨市市长飞鸟田一雄、东京都知事美浓部亮吉等革新派领导人取得了领导权。1964年在横滨市和东京电力公司之间，1968年在东京都和东京电力公司之间签订了允许进入发电厂内进行调查和有义务使用低硫燃料的防止公害协定。此后，这一行动扩展到无论是保守派还是革新派的各个地方政府和其他企业。截至1974年之前，全国40个都道府县以及1292个市町村都缔结了同样的协定。东京都更是在1969年制定了《公害防止条例》，还从工厂选址的认可制、工业用水的供给等方面加以了规定和限制。另外，还设立了由普通公民参加的公害监督委员会。即使是在资本主义体制的框架里，还是有运用智慧和创意就能做到的情况。

3. 能源政策的转换

石油、煤炭等化石燃料存在大气污染和价格高涨、资源枯竭

---

① 日文原文为“生活协同组合”，简称生协（CO-OP），是日本的一个以提高一般市民生活水平和追求食品安全为目的、为经营各种事业而结成的消费者合作社。——译者注

② 内桥克人:《共生的大地》，岩波书店，1995年，第54页。

③ http://www.wco—kanagawa.gr.jp/info/kako/kiji.htm.

的问题。水力发电又有破坏森林、生态系统和移民的问题。核能发电还有放射性废弃物处理难和发生爆炸事故的危险。无论哪种能源在考虑到今后的环保问题时都有许多难题。因此备受关注的是风力发电、产业废弃物、麦秆、木屑、生物发酵（从植物中提取石油、海藻和粪尿的沼气发酵、叶绿体发电）、太阳能、水力发电等可再生能源。在丹麦，通过实行对可再生能源支付补贴和引入能源税（占财政收入的7%~10%）的措施，不断推进向可再生能源的转换。初级能源的自给率从1973年的1.5%增加到1990年的54.2%，2000年更是上升到139%。丹麦在风力发电机的制造和销售上狠下工夫，制造商维斯塔斯占有风力发电机制造与销售世界第一的市场份额。

瑞典在美国三里岛核事故[①]发生后的第二年——1980年进行了全民公投，决定在30年后的2010年以前废弃核电站。在1992年的地球问题首脑会议上也表明了此项方针，并继续为之努力。[②]然而废弃核电站并非易事，在现有的12座中，到2005年前关闭的仅有2座，而且现在其全部发电量的46%都依赖核能。在世界范围内如不能加大力度进行可再生能源技术、节能技术的开发和普及，而仅靠一国的努力，成果还是极其有限的。

德国在社会民主党（SPD）和绿党联合成立的施罗德政府领导下，将能源政策转换为废弃核能发电的政策。2001年通过了《脱核法案》。德国依靠19座核电站供给的发电量占总发电量的

① 1979年3月28日，在宾夕法尼亚的三里岛发生的核泄漏事故是美国历史上最严重的一起核泄漏事故，仅清理费就花了10亿美元。——译者注

② 小泽德太郎：《21世纪人还是动物——向可持续性发展社会的挑战：日本和瑞典》，新评论社，1996年，第217~231页。

30%，但到2021年前这些核电站将全被废弃。作为替代能源预定采用的是:（1）具有节能效果的电灯、室温管理系统;（2）利用发电产生的废热来供热水和空调（废热发电）;（3）风力发电、生物发酵等可再生能源。德国的风力发电机有12250座，拥有世界第一的风力发电容量。太阳能发电量也在2005年超过日本,处于世界首位。在已关闭两座核电站后，2005年核能发电的比率已下降到26%。但在同一年成立的基督教民主社团同盟（CDU·CSU）和社会民主党（SPD）的联合政府领导下，脱核政策还有被修改的可能。

核能发电除了有发生事故的危险外，还有更根本性的问题——大量放射性废弃物未经处理就遗留后世。在今后能源需求日益增大的东亚地区，如果广泛建设核电站，就会蓄积大量的放射性废弃物。日本拥有55座核电站，继美、法之后处于世界第三位。中国运转中的有10座，建设中的有5座，还有20座正在规划中；到2020年以前，计划把现有容量的800万千瓦提高到5倍。泰国、越南、印尼等东南亚各国，还有印度也都在计划着新建核电站。在日本推进核能发电意味着在东亚地区即使出现同样的情况，日本也不能发表异议。如果要展望东亚的未来，日本就应该率先摆脱核能发电，提供可再生能源的技术。

在日本，核能发电是重要的电力供给源，同时，当地居民对此的抗议运动也相当激烈。甚至现在日本的商界人士、官员里也有反对核能发电的人。对在地震国家日本进行“放弃核能发电签名运动”持赞成态度的著名人士中就有梅原猛（哲学家）、稻盛和夫（京瓷名誉会长）、下川边淳（前国土厅事务次官）、村田光平（前驻瑞士大使）、田中康夫（作家、前长野县知事）、中村敦夫（演员）等人。最近，出版《邮购生活》商品销售目录杂志的邮购公司在商品信息杂志里介绍了核电站反对者的签名活动，这也是为了提升企业自身的形象。

各家电力公司在核能发电的广告宣传活动中投入了大量的资金，对呼吁反对核能的人们则过于敏感和紧张。他们支付给当地渔业协会的渔业补偿、合作金也上升至巨额数字。岛根县鹿岛的岛根核电站随着2号机组的建设，日本中国电力股份有限公司在1984年支付补偿金11.6亿日元，1985年支付合作金2.5亿日元。而且其中的7.5亿日元为了逃避所得税，甚至还采用了由渔业协会先将这笔钱“捐赠”给鹿岛町，然后再拿回来的欺瞒手段。如果各家电力公司转换思维，积极地推动由核能发电向可再生能源的转换以及开发相关技术的话，既能对环境保护作出贡献，也利于今后在世界上获得巨大商机。在正积极推进核电站建设规划的中国，当地居民在需求清洁的安全能源这点上与日本无异。2006年度的中国首富（年收入达161亿元，相当于2400亿日元）是经营太阳能发电事业的无锡尚德太阳能电力公司的施正荣。通过纽约证券市场的上市，其股票的盈余收益急剧膨胀，这就是因为投资者看好中国这一未来的环境商机。如果大力开发这样的可再生能源，电力公司既无须惧怕反核能发电运动，从社会性成本来看也不用支出无用的广告活动经费。

2007年3月，东京电力等12家电力公司向经济产业省原子能安全和保安院报告了过去对发电设备定期检查的结果进行篡改造假的记录，曝光了97起各公司与核电站有关的事故和故障隐瞒事件，其中包含控制棒故障19起（其中临界事故2起）、紧急停机4起。在2007年7月的新潟县中越冲地震中，柏崎刈羽核电站3号机组的变压器发生火灾。有关部门未立刻展开灭火行动，而将其搁置了一个多小时，黑烟滚滚。最后耗时两小时才将大火扑灭。无论是核电站员工，还是消防署、警察和自卫队，全都因害怕而不敢靠近。而县级（日本的行政级别，相当于中国的省级）原子能安全对策部门当时就是否要让居民避难的问题，寻找相关部门进行协商，从火灾发生后，直到经产省原子能安全和保安院给予明确答复为止，火灾已持续了1小时15分钟。电力公司一直以来所进行的“安全”宣传——宣称万无一失的核电站的地震对策和危机管理实际上形同虚设。

从这些事例中也可看出制造核能发电安全神话的官商一体的隐瞒体质的端倪。拥有大量优秀人才的电力公司为维持核电站的运营，一门心思地隐瞒事故和宣传其安全性的行为是多么的可耻。无论对公司，还是对社会，都不得不说这是一种人才的浪费。产业界是“从经济面支撑社会的引擎”，通过对市场需求的敏锐反应和引导市场动向，有可能成为“文化形成的主体”。通过企业经营的改革，产业界具有能够展示生态社会道路的巨大潜能。瑞典的企业已经开始走上这条道路。①

可能有些经营者认为自己属于中小企业，所以无力顾及环境，也不具有对社会的影响力。但是，中小企业无论在哪个国家都占就业总人数的大半，占企业总数的90%以上。在日本，有不少拥有世界顶级技术的中小企业。在企业文化、企业的社会责任方面，如果众多的中小企业能够转变为重视环境的话，社会就会

---

① 卡尔·亨里克·罗伯特（Carl-Henrik Robert）著，市河俊男译:《自然步骤——瑞典国内人和企业的环境教育》，新评论社，1996年，第106页。

发生巨大变化。这种企业理念的追求，也能成为劳动者的一种工作动力。重要的是思维的转换。

2011年3月11日，由于东日本大地震和由此引发的海啸导致日本福岛第一核电站发生重大事故。所有的电源丧失，无法冷却反应堆（电源中断）。反应堆厂房内发生氢气爆炸，炸飞了厂房屋顶，放射性物质发生泄漏和扩散。进而又发生了燃料棒熔融（“反应炉核心熔毁”），安放堆芯的反应堆压力容器和外面的防护罩——钢筋混凝土结构的保护体也发生破损。这一事故致使受放射性物质污染的水和空气大量地泄漏到外部。而且，至今仍有放射性物质泄漏到海洋和大气中。

4月12日，福岛第一核电站事故的事故评级升至国际核安全和辐射事件等级（INES）的“7级”（严重事故）。这与1986年的苏联切尔诺贝利核电站核泄漏事故等级相同。福岛第一核电站的4座反应堆中，1号机组是7级，2号机组是7级，3号机组是7级，4号机组是3级。[①] 切尔诺贝利核电站核泄漏事故受害也相当严重，但只是1座反应堆（机组）发生事故。而福岛第一核电站事故的规模则超过了切尔诺贝利核电站事故。今后，很可能造成长达数十年的比切尔诺贝利核电站事故更为严重的受害蔓延。核电站是一种不可控制的能源来源的事实已暴露在光天化日之下。

在切尔诺贝利核电站核泄漏事故中，平均1平方米遭受55.5万贝克勒尔以上放射性物质污染的土地成为强制疏散的地区。总面积达到数千平方公里，被强制疏散的居民达40万人。用与切尔

① 大沼安史：《世界所看到的福岛核电站灾害——海外媒体报道的真相》，绿风出版社，2011年，第210页。

诺贝利核泄漏事故相同的标准来看待福岛的这次核电站泄漏事故的话，强制疏散的地区估计将达到约8000平方公里。[①]

8月26日，经济产业省原子能安全和保安院将福岛第一核电站事故与向广岛投掷的原子弹爆炸进行了比较，公布了两者向大气中释放的放射性物质的种类和数量。经过单纯计算得出，福岛第一核电站事故中铯137的释放量是广岛原子弹爆炸的168.5倍，碘131的释放量是广岛原子弹爆炸的2.5倍。由于铯137的半衰期长达约30年，而福岛核电站事故的释放量为15000万亿贝克，广岛原子弹爆炸的释放量为89万亿贝克，所以福岛核电站的放射性污染很有可能比广岛原子弹爆炸延续的时间更长。

8月27日，环境省准许在遭放射性污染的残垣瓦砾等物的焚烧灰烬中，将对其中含放射性铯平均每公斤为8000~100000贝克勒尔的灰烬进行掩埋处理。处理时将采取以下措施：（1）用水泥封固；（2）装入经久耐用的容器里；（3）设置隔离层，防止浸水；（4）在设施上盖防护屋顶；等等。但针对超过100000贝克勒尔的焚烧灰烬的处理方法还未确定。

今后留给日本的道路是为了废弃核电站制定出具体的项目实施计划表和制订新能源转换政策。德国已经政府议会通过“脱核电站”的方针，立刻关闭8座核电站。剩下的9座也预定在2022年前关闭。现在正是日本自己也率先呈示出“脱核电站”的道路、和亚洲各国一道建设利用可再生能源和节能的产业模式的时刻。

---

① 《朝日新闻》2011年8月28日。

4. 技术和创新

环境保护对于经济活动而言由于会增加成本负担，所以在经济学里被认为是“外部不经济”[①]。但环境技术的研发、废弃物的再利用等，如果运用技术和进行创新，反而有可能提高经济效益。

在当今的日本，粪尿是作为废弃物在工厂进行处理的，其实还可以把它们当做资源加以利用。即便是四五十年前的日本农村，把它们作为农肥使用也是很常见的，农田里到处都有粪池堆着积肥。江户元禄时代（1688~1704年）的农学家宫崎安贞在《农业全书》中写道：“给农田施加肥料，犹如给菜加作料。”在中国、朝鲜、冲绳等地就有猪厕所，让猪来吃人粪。在中国自古以来就有猪吃人粪，再把猪粪做土肥使用，或鱼吃人粪，人再吃鱼这种以粪为媒介的循环再利用。[②] 至今在发展中国家的农村，还有为了让鱼吃粪而在湖面上架起的厕所。印尼的卡利曼岛就建有水上厕所，用于虾类养殖。有田正光、石村多门对此提出了疑问：“难道就真的能说印尼的水上厕所是未开化的，而产生致癌物总三氯甲烷（有机物和氯发生反应）[③] 的日本的上下水系统就是文明

---

① 市场经济中主体(企业等)从事利润最大化的经济活动时，却使社会和他人的利益受损，如对环境造成污染等，称外部不经济。外部性是指一些产品的生产与消费会给不直接参与这种活动的企业或个人带来有害或有益的影响。其中有益的影响称为“外部经济”，否则就是“外部不经济”。外部不经济是指由于消费或者其他人和厂商的产出所引起的一个人或厂商无法补偿的成本。——译者注

② 小岛丽逸：《中国的经济和技术》，劲草书房，1974年，第250页。

③ 在净水厂加氯去除臭味及消毒过程中，水中有机物和氯反应所形成的主要的生成物包括$CHCl_3$（氯仿）、$CHBrCl_2$（一溴二氯甲烷）、$CHBr_2Cl$（二溴一氯甲烷）、$CHBr_3$（溴仿）等，此四者合称总三氯甲烷（TTHM）。——译者注

的吗？”①

现在的日本确实存在因卫生和恶臭的原因，难以直接将粪尿投入农田或排放到河流和湖泊里。于是，出现了被称做高知县东津野村的“四万十川源流点方式”的粪尿处理法。这是利用芽孢杆菌属的细菌作用，将粪尿分解成土和肥的方法。在采用脱氮处理法的日本，一般粪尿处理工厂的建设费用为4亿日元，年均维护费为3000万日元。但如采用“四万十川方式”，建设费仅为1879万日元，年均维护费也只有1700万日元，费用要少得多。这与直接排放到海洋的3400万日元费用相比也相对便宜。利于环境、低成本，且经处理后可作为肥料使用，这不但是一举两得，甚至是一举三得的办法。因此十分希望这种方式也能在发展中国家推广。

为保护环境产生的创意，并且同时带来经济性和效率性的例子还有很多。滋贺县爱东町、新旭町、安土町的当地居民组织起环境生活合作社，将使用后的废弃食用油加以再利用。1977年，日本第一大湖泊——琵琶湖的富营养化导致了大量赤潮。1980年，根据当时的县知事武村正义（后来的新党先驱代表）提出的“肥皂条例”，在禁止使用合成洗涤剂的同时，开始尝试利用废弃食用油制造肥皂，进而到1993年着手以菜子油为基础的轻油替代生物柴油燃料（BDF）的试验。德国是运用此项技术的先进国家，截至2003年，BDF精炼设施有23处，BDF的年产量达100万吨。②爱东町的BDF虽然还只是好不容易才让一台公用车的车轮转动起

---

① 有田正光、石村多门：《大粪的学问》，千久马新书，2001年，第74页。

② 藤井绚子、油菜花工程网络编著：《油菜花环境革命》，创森社，2004年，第246~247页。

来，但日本的汽车轻油消耗量达到每年4000万吨，如果BDF被实际运用后，可预见将拥有巨大的市场规模。

德岛县上胜町（人口2197人）是一个山坳里的小村庄，却制定了要在2020年前实现垃圾焚烧和掩埋量为零的远大目标。现在，他们将垃圾细分为34类，居民人均垃圾量控制在一年130公斤。这一数字仅为全国平均数的1/3。无法再利用的垃圾一年为60万吨，不到以前的一半，200万日元的垃圾处理费也降至以前的40%。上胜町的创意的优秀之处不光是在垃圾的分类上，在因保护自然环境而日益提升的区域名牌效应的背景下，上胜町在销售日本料理上使用的树叶（桃、樱、枫、柿等）的商贸中也赢得了利润。其市场份额占全国的70%，年贸易额达2.5亿日元。180家农户的平均年龄为68岁，80岁的老太太每天在网上边察看交易行情，边进行树叶的贸易。

福冈县桂川町的古野隆雄自开始采用合鸭农法以来已有近20年时间。稻田耕作中的除草工作是相当繁重的，以前都被认为是农妇们的工作。二三十年前的农村有很多弯腰驼背的老妇人就和这田间的除草劳作不无关系。洒农药虽可除草，但对环境和人体却有害。古野采用了在水田里放养合鸭，让它吃杂草的办法。最后不光是杂草，害虫也被吃掉，鸭粪又成为土壤的肥料，而且成鸭还能作为食用肉类销售。如今在日本有1万农户采用了这种农法，还将它推广到中国大陆、中国台湾、越南、古巴等地区。在中国的江苏省，合鸭农法被引入到20万公顷的水田中。① 古野也两度受到由世界政要、商界领导人聚集一堂的达沃斯论坛的邀

① 《日本经济新闻》2007年6月26日。

请，被表彰为“社会革新者”。

三、经济开发的潮流和个人的生活方式

1. 市场经济体制的局限

请大家读一读以下这段内容，猜猜它到底是哪家报纸的社论：

用水泥来加固河流和农用灌溉水利，把曾经引以为豪的世上少有的旖旎的农村风光破坏殆尽的中央政府国土交通省和农水省，在决定公共事业项目时从未考虑过景观问题，而地方政府却积极地推助这种无谋蛮行。

另一方面，由总务省、厚生劳动省管辖的特殊法人来经营官方宾馆、观光设施，挤压地方产业界的结果是造成了国民负担，花费了理应是顾客的国民的大量金钱。

日本的观光政策完全是乱七八糟。这全是由于不论是外交官和霞关（日本中央政府机构所在地）的官僚，还是地方政府和当地居民，都从未考虑过要创造出一个对海外也能引以为豪的美丽国土。

现在想必知道这是哪家报纸的社论了吧。答案是:《日本经济新闻》2003年4月24日的一篇社论。针对中央官僚和地方政府忽视环境的行政管理行为，这篇社论的笔锋相当尖锐。一向被认为偏向财经界的《日本经济新闻》竟能如此严厉地追责环境问题，令人大为赞佩。但是读着读着，总感觉有些不足。如果要指出目

前为止的公共事业、经济开发、观光的现状中存在的问题的话，最应该追究责任的恐怕是毫不顾忌环境、极力追求利润的企业的行为。但在这篇社论中欠缺追究企业责任的观点。这固然有《日本经济新闻》自己的理由，但缺乏画龙点睛之笔是不可否认的。《日本经济新闻》虽是经济类报纸，但其“我的履历书”和“文化栏”专栏独具特色，也是笔者最爱阅读的报纸。这家报纸几乎没有头版头条的整版刊登大幅体育照片的情况，对中国的报道也比较客观真实和均衡，具有自中国“文革”期间被收监的鲛岛敬治特派员以来的一贯踏实稳健的工作作风。曾在日本著名的职业棒球队——西铁雄狮队以豪爽闻名的优秀击球手丰田泰光的体育专栏也是直言不讳，只是订报费较贵，还有对财经界的态度较宽容是其美玉上的瑕疵。

企业对环境污染负有重大责任。市场机制具有调动所有资源、不断破坏环境的巨大贪欲。而肩负市场经济发展的首先又是企业。在战后日本经济高速增长期[①]，大城市沿岸的海洋被工业废水和生活污水污染。田子浦海湾沉积的淤泥、濑户内海的污染都很有名。在笔者出生地鸟取县也有类似情况。去海边夏令营时，在米子市皆生海岸，由于日本纸浆公司（现已被王子制纸公司收购合并）排放的废液，致使海水散发出一股焦臭味，游泳后身体上沾满油状物，滑溜溜的。现在回想起来，真不敢相信小学老师

① 第二次世界大战中，日本的产业受到了毁灭性的打击，遭遇严重的通货膨胀。不过在朝鲜战争中，在军需的提振下日本重工业复苏。以1955年开始的神武景气作为起点，后续的岩户景气、伊奘诺景气接续展开，在制造业为龙头下日本经济快速成长。日本的经济规模，1968年超过联邦德国的GDP，居世界第二位。1973年，全球爆发第一次石油危机，日本经济陷入混乱。1974年经济增长率锐减，战后以来的经济高增长宣告终结。——译者注

当时居然经常让小孩儿在那种地方游泳。无知有时从某种意义上说是很恐怖的。曾因美丽的海滨风景闻名的电影《慕情》的拍摄地之一的香港浅水湾和马来西亚的度假胜地槟岛的海岸，也有类似油污状的东西。即使是在发展中国家的河流、海洋，孩子们也都有相同的遭遇。

近年来，因未经处理的废水排放造成河流黑浊的情况在各发达国家已不多见了，但肉眼无法看见的污染却日益加剧。美国北卡罗来纳州的河流污染产生了大量的浮游生物。这些浮游生物释放出的神经性毒素又造成大量的鱼类死亡。此外还有人因为下水而引起神经障碍，或因直接接触浮游生物而导致皮肤溃疡、肝功能损害等。[①]

战后经济高速增长时期，日本的田园风光也完全变样了。池田勇人政府的收入倍增政策[②]和1961年《农业基本法》颁布以后，无论是生活方式还是人们的思想都发生了巨大变化。第一个变化就是，农田被分割成一定大小的长方形，弯弯曲曲的河流变得笔直。为了推进农业经营的大规模化、机械化，就不能让农田大小不一、星星点点地分散在各处，于是在全国农村实施了农地的区划整理。河岸上柳树繁茂，夏夜里流萤飞舞，河水清澈，能抓到大量蚬贝、鱼虾的河流就这样消失了，全部变成用水泥建造的灌

① 罗德尼·伯格（Rodney Berger）著，渡边政隆、大木奈保子译:《死亡填满河流时》，草思社，1998年。

② 国民收入倍增计划是1960年池田勇人内阁规划并实施的一项长期经济计划。计划自1961年起，年经济增长达到11%，用十年的时间让日本的国民生产总值增加到26万亿日元。计划实施后，日本经济取得了奇迹般的经济增长。立案该经济计划的学者是下村治。然而实际的经济增长远超过预期。仅六年的时间，国民平均收入就达到了倍增的计划。——译者注

溉水渠。鱼、蚬贝、萤火虫也全不见踪迹。那时在我出生的故乡农村也已有了自来水。洗衣、打洗澡水确实变得轻松了，但作为饮用水，井水要比泛着漂白粉味的自来水更加甘甜。这样的井水也因生活废水的污染而渐渐从各户农家中消失。

藤泽周平[①]也是来自于农村，在成为作家前，他来到城市从事过很多种职业。藤泽所经历的故乡的变化也大致相同：

昭和三十年代（1955~1965年）后期以后，国家以农业现代化的名义大力推进的农村改革并非那么轻而易举。其进度太过匆忙，不久我们现在熟悉的农村景象出现了。牛、马的踪影全无，取而代之的是拖拉机在田间迂回爬行。流经村边的河流也因生活污水的排放和农药的使用而变得浑浊不堪，背骨弯曲的小鱼在河里游动。此后，机械化也不断发展。现在，耕种机和收割机已成为农田的主角。[②]

农村面貌的第二个变化是播撒农药。尽管当时学校里还没有游泳池，孩子们都被禁止在河里游泳。那时喷洒了一种叫对硫磷的农药，有些老农妇不知其毒性，同往常一样下田除草之后病倒，最后死亡。甚至有一段时期，连山坳里的狭窄盆地都被直升机喷洒了农药，根本不分农田和民房。

农药的迅速普及还与散布农药万能论的农药公司的宣传不无

① 藤泽周平（1927~1997年），日本著名古典小说家。——译者注

② 藤泽周平：《顺访故乡的乞丐》，新潮社，1995年，第101~102页。

关系。比如在美国，雷切尔·卡森（Rachel Carson）[1] 遭到农药公司及其御用学者猛烈攻击的事也是众所周知的。下面就是雷切尔的小说《寂静的春天》里的部分内容：

自然怎会落后于人呢？拼命喷洒毒药的后果是现代人已无法冷静地思考根本性的问题。现代人与乱舞棍棒的洞穴时代的古人相比，毫无进化——他们把化学药品像枪林弹雨一样胡乱播撒到有生命的物体上。精密且脆弱的生命不会因这细小之事受挫，反而再次奇迹般地重振旗鼓，尝试着我们意想不到的反击。生命中潜藏的这种不可思议的能力等问题，正是喷洒化学药物的人们从未考虑过的。“不树立远大理想，而沉溺于自我满足”，并没有对巨大的自然力量表示恭谦崇敬，只是在玩弄自然。[2]

第三个变化就是交通事故死亡的急剧增加。交通事故造成的死亡，农村要比城市多。确实，由于副业收入的增加，各个农户已经富裕得有了自家小汽车。在笔者成长的农村，就有附近的农妇在骑自行车送报纸的途中被汽车轧死了。她是村里数一数二的能干人，身强力壮，能在除草时把抓到的蝮蛇就地剥皮。笔者的祖母也是在慢慢地拉小拖车时，被后面驶来的汽车撞倒，虽然保住了性命，却脚部骨折，从此卧床不起。曾经喜欢进山采摘蘑菇和野菜、腰腿结实的老人家，自从无法走路后就丧失了活下去的欲望。

---

① 雷切尔·卡森（1907~1964年），美国海洋生物学家。她的作品《寂静的春天》引发了美国以至全世界的环境保护事业。——译者注

② 雷切尔·卡森著，青树簗一译：《寂静的春天》，新潮文库，1974年，第346页。

从明治时期开始就一直生活在农村的老年人不了解汽车社会。但经济高速地发展，汽车一旦进入农村后，不光交通规则和道路，连生活方式都要按照汽车社会的规则来运转。老年人由于无法适应这样的规则和速度，仍按以前的生活方式去生活，因而遭遇事故。如果从生活者的权利来看，本应由长久生活在这片土地上的人们来制定规则，但实际上却是新的强势一方的规则在横行。在发展中国家的农村，也有在城市和外资的攻势面前不知所措、畏缩呆立的农民。

第四个变化也是最根本的，就是工作观念和生活观念发生了改变。经济开发的热潮席卷农村地区，农田被开发成住宅用地。在卖地的农户中有的人成了暴发户。在田野里汗流浃背地辛苦劳动也挣不了几个钱，但如果卖地就能一夜暴富。劳动成了傻帽儿，于是有人开始流连夜总会，或被女人欺骗，或进行股票和不动产的投机，最后甚至导致破产、离婚。

“仙鹤报恩”恐怕是大家在小时候都听过的童话故事：某日，救了一只仙鹤的男青年与平家里来了一个叫阿通的姑娘，要给他当媳妇。两人在大自然中幸福和睦地生活，但自从与平受商人唆使将阿通织好的织物拿到集市上卖掉后，两人的关系就变了。阿通说：“除了我以外，请你什么也别想要！”但被金钱的魔力迷惑的与平对她命令道：“给我织布！我要拿到集市上去卖。”“有了钱，就可以想买啥买啥。”与平最后终于违背诺言，偷看到了阿通绝不允许他看到的仙鹤织布的身影。这部由木下顺二编剧、山本安英（饰演阿通）和宇野重吉（饰演与平）主演的《夕鹤》表现的背信的男人和遭到背叛的女人间的故事深深打动了观众的心。说完“你已说着我完全不懂的世界的语言了”这句话后转身离去的阿通，试图追随妻子的与平，姑娘干脆果断、重信义，青年恋恋不舍，这和电影《第三个男人》最后的镜头非常相似。但《夕鹤》并非是单纯表现男女间的爱情与别离的作品，里面描写了人与自然的和谐被市场经济化的潮流吞噬的过程及悲哀。平田清明抓住了《夕鹤》背景中存在的从一个共同体向商品生产社会转换的主题。[①] 一旦被卷入市场经济的旋涡，人就很难再回到以前的那种与自然共生的生活当中。

2. 与个人生活方式的关联

自1890年起成为重大社会问题的足尾铜山矿毒事件[②] 是日本最早的反对环境污染的运动。指挥反对运动的田中正造（1841~1913年）说过："真正的文明不会使山川荒芜，不会污染河流，也不会破坏村庄，更不会杀人。"这也是在思考现代环境问题时通用的至理名言。1901年，他坚持向天皇直接投诉后失去了众议院议员的职位，于是家道败落。虽衣衫褴褛但矢志不渝的正造的行动动力究竟在哪里？正造年轻时曾被当做杀害工作单位上司的嫌疑犯而被逮捕，并受到严刑拷打。三年后终于洗刷冤情被释放，也许是这段时间的亲身经历和监狱里接触到的基督教铸就了正造的坚强意志。足尾铜山矿毒事件由于还涉及古河社长妻子

---

① 平田清明：《市民社会和社会主义》，岩波书店，1969年。

② 19世纪70年代，伴随着日本栃木县西南部的足尾铜矿的开发，精炼铜的燃料大量使用木材，并排放了许多有毒废料。随着树木的消失和废弃物被排入渡良濑川，该流域内发生了前所未有的洪涝灾害、水土流失和居民中毒加剧。当地农民要求停止采矿并赔偿损失，由此展开了反矿毒运动，但被官僚镇压，直到19世纪90年代成为很大的社会问题。为此，由栃木县选出的众议院议员田中正造向第二届帝国议会提出了关于矿毒被害的质问书。1901年田中正造直接向天皇投诉了此事。——译者注

自杀的悲剧，始终无法得出最终结果。到了战后的1973年，足尾铜山封山，被害民众和工厂间终于达成和解。此时距离被害民众发起反对运动已整整过了83年。

爱媛县的别子铜山也和足尾铜山一样在1973年封山，这里也因出现了严重的环境污染问题而知名。伊庭贞刚（1847~1926年）作为住友公司的总理事在任四年，在58岁盛年时退任。他的退任理由是："成为事业发展阻碍的不是青年人的过失，而是老年人的跋扈。"地位越高，就越贪恋这种地位是人之常情，许多人很难做到这样达观。伊庭退任后，实施了别子铜山的植树造林项目，被田中正造赞誉为"矿山的楷模"。①

破坏环境最为严重的是战争。轰炸使山河、生态系统遭到破坏自然不言而喻，甚至越南战争中撒播的枯叶剂、伊拉克战争中投掷的贫铀弹都会对人类和动植物的子孙后代产生恶劣影响。越南战争结束六年后的1981年，下半身连体的双胞胎兄弟贝托和多克出生了。他们就是受到枯叶剂的影响。这和投掷原子弹一样，是国家实施的一种犯罪。

为了军需生产而调动资源也会间接地破坏环境。富山县神通川流域发生的"痛痛病"就是由于上游神冈矿山排放的镉造成的，饮用了含镉的井水和河水的当地居民中出现了骨头变脆、只要轻轻按压骨头就会骨折的怪病患者。而且，骨头碎裂的疼痛非同寻常，因为患者哭喊着叫疼，所以这病被叫做"痛痛病"。镉排放最严重的是1919年至"二战"期间。农户们向神冈矿山提出防止

① 日本经济新闻社编：《20世纪日本的经济人》，日经商务人文库，2000年，第51~55页。

矿毒排放和赔偿的要求，但对方以为了战争和国家的理由不予理睬。以至于战后十年间又出现了大量患者。[①]

在战后反对环境污染的运动中，最为艰难的是水俣病。从发生水俣病到被政府认定为公害病，前后共花了九年时间。罪魁祸首是新日本氮素肥料工厂将含有有机汞的废液直接排向大海。有机汞通过鱼类，进入水俣市居民的身体，使他们染上怪病：口和手足神经麻痹，无法说话，不能走路，最后卧床不起，直至死亡。1956年确认发病，1959年熊本大学医学部研究证实得出水俣病病因在于有机汞。对此结论，别说当时的新日本氮素肥料工厂的管理层，就连通产省和厚生省的官员们都不愿承认。应对措施的滞后使更多的人受害，在新潟又再次发生昭和电工株式会社造成的第二次水俣病。

国家在1995年为终结水俣病问题而采取了政治和解，却不愿承认国家应负的行政责任。在患者一方不同意政治和解的关西诉讼中，2004年最高法院判决认定国家和熊本县负有行政责任。为坚持国家行政上的无辜性，担当诉讼事务的官员动用税收，耗费了很多毫无意义的上诉费用和人力。因为就算败诉，诉讼费用也是用税收来支付，简直就是借他人之利，谋己之实。发生这种事后官员们难道不该爽快地承认行政上的过失，并在积极救济被害者的基础上，为不再犯同样的错误而检讨企业和行政管理上的问题，并对今后该如何去应对，拿出新的对策来吗？围绕尘肺、原子弹辐射病、丙肝等的诉讼，也是一旦败诉，国家就立即进行上诉。把税收浪费在明显会败诉的官司上，并且无限期拖延救济患

① 《每日新闻》2007年5月25日。

者的责任到底该由谁来负担?

在还未确定水俣病病因时，新日本氮素肥料工厂附属医院的细川一院长虽身为该公司的内部人员，却仍对外提供了自己的实验结果，证明了有机汞一说。石牟礼道子也质问自己是否把水俣病当做自己的问题认真地去对待了。据说，当时反对《日美安全保障条约》的市民和劳动者的游行队伍路遇反对水俣病的渔民游行队时，反安保的游行队伍一下子分开，避让了渔民的游行队伍。石牟礼道子自责自己当时为何没有同渔民的游行队伍会合。

那时，反安保的游行队没有呼吁“各位，我们反安保游行队也加入到渔民游行队中去吧！”这可是能让水俣市的劳动者和市民切身体会到那些因孤立无援而靠近自己寻求帮助的渔民们苦涩心情的唯一瞬间，却就这样错过了。此时，那些只是高举“劳农合作”、“和农民渔民的大团结”、“和地方社会紧密相连的运动”的标语牌并自称为先锋们的日常口号被分发无数，路上飞舞的写满文字的传单成了废纸。在反安保的游行队伍中，就有作为市民参加的我。[①]

① 石牟礼道子:《苦海净土——我的水俣病》，讲谈社文库，1972年，第180~181页。

律师中坊公平因森永砒霜牛奶中毒事件[①]、香川县丰岛产业废弃物问题的胜诉而知名。中坊坚持的是寻访被害人和多次进行实地调查的现场主义。这是森永砒霜牛奶中毒的患者委托他进行诉讼辩护时发生的事。中坊想到自己站在被害者立场上控诉大企业，为会不会被人视为红色分子而烦恼不已时，据说也曾当过律师的74岁的父亲对43岁的中坊说道：

不要说些没出息的话。爸爸我可没有把公平你培养成为这样没有正义感的人。这个事件的被害者是谁呀？难道不是婴幼儿吗？对婴幼儿犯罪，既没有左派也没有右派之分。[②]

在公司里进行内部告发，同受害者们一起斗争，这些事并非谁都能够做到。但为了保护环境，保持不过度浪费资源的生活方式和享受人生的乐趣还是比较容易实现的吧？

例如，在日本，打高尔夫球是颇受中老年男性欢迎的一项体育运动。特别是为了公司业务，经常招待客户去打高尔夫球非常盛行。2005年日本高尔夫球场有2428个，入场人数达8378万人。从打高尔夫球的人数与总人口的比率来看，相对于美国8.5%、英

---

① 1955年8月24日，日本著名乳制品企业森永公司承认，自1955年生产的奶粉中，将有毒化合物当做乳质稳定剂添加到奶粉中，而这添加物来自于提炼铝矿石后的工业废弃物，在脱色和再结晶后生成了含大量砷的化合物（俗称砒霜）。森永就是把这些劣质的添加剂加入奶粉中。截至2007年，毒奶粉受害者达13426人，在事故发生一年内，共有130名婴儿不幸死亡。日本政府在吸取森永事件教训的基础上，于1957年大幅修改了食品卫生法，强化了食品添加物的有关规定。1960年后，还出版了《食品添加物法定书》，其中对乳制品添加物做了新的限制。——译者注

② 中坊公平：《中坊公平·我的事件簿》，集英社新书，2000年。

国2.2%、前联邦德国0.1%、法国0.18%、意大利0.03%，日本为10.6%，是世界第一。但打高尔夫是一项对环境产生重大影响的运动。为确保广阔的场地需要砍伐森林，还要使用除草剂和灭杀翻土的蚯蚓的农药。高尔夫的球具很昂贵，会员费和使用费也很贵，而且很多是用公司的招待费来支付。20世纪90年代中期，高尔夫球场的会员资格和不动产、股票一样成为投机的对象，其中首都周边高尔夫球场的入会费曾经涨至4亿日元。2000年，与高尔夫球场相关的企业债务达到17681亿日元。[①] 泡沫经济时期，还出现了为取得高尔夫球场的开工许可，压制当地的反对运动，政治家、官员、地方实力派人物被以大幅优惠的方式吸收为创始会员的所谓官商勾结的一种现象。[②] 而且高尔夫虽花费大量的时间和金钱，身体的运动量却很小，又不是非要从身体健康时就要开展的运动项目，还给环境造成恶劣影响。比高尔夫更有趣、更能强身健体的运动有很多。对于已退休或即将退休的团块一代[③]的许多人来说，寻找取代高尔夫的兴趣爱好和运动方式也是转变生活方式的一项课题。

---

① 宇泽弘文:《建设富裕的国家》，岩波书店，1999年，第101~102页。

② 都留重人:《市场中无良心》，岩波书店，2006年，第147页。

③ 团块一代是指日本在二战后的1947~1949年的婴儿出生潮中出生的一代人，也叫战后第一次婴儿潮一代。这代人的人生正好和二战后日本的发展并行。同一年龄段的人口众多，大学数量又少，所以入学考试特别难。1968~1970年，为了反对越南战争和《日美安全保障条约》，在全国掀起学潮的也是这一代人。此外，由于这代人特殊的人口构成而或好或坏地对日本社会的形成带来很大的影响。——译者注

第五章　资本主义和社会主义的共同局限

一、何谓资本主义？

1. 资本主义的本质和特征

何谓资本主义？一言概之，就是资本的“自我增殖功能”不断运作的社会。所谓资本就是“自我增殖的价值”，它总是为不断地增加自身的价值而运动着。金钱只要被囤积起来就不是“资本”，只有被用于增加价值（获取利润）时才是“资本”。都留重人将资本主义社会的特征归纳为以下三点：[①]

（1）利润是推动经济活动的动机；

（2）利润处于私有资本的支配之下；

（3）利润的大部分被用于投资。

认为资本主义的利润是由经营者通过技术革新产生的约瑟夫·熊彼特（Joseph Alois Schumpeter）曾论述过资本主义具有不断进行技术革新的宿命。[②]

---

① 都留重人:《资本主义变了吗》，载《世界》1958年1、2月号。

② 约瑟夫·熊彼特著，盐野谷裕一、中山伊知郎、东畑精一译:《经济发展的理论》，岩波文库，1977年。

资本主义制度与其他的经济制度不同，是通过不懈的经济变化而生存发展的。如果可以说静止的封建主义经济是封建主义经济，那么静止的社会主义经济也是社会主义经济，但所谓静止的资本主义就如同“只有一条边的三角形”一样，是一种概念表述上的自相矛盾。①

马克思将资本主义最大的特征归结为劳动力的商品化和资本对劳动者的剥削。他认为资本贪得无厌地追求利润和劳动者的贫困化终将导致资本主义的崩溃，继而被社会主义所取代。反对资本主义的马克思预测资本主义的崩溃自然是理所当然的。但其实熊彼特也预言了总有一天当资本主义不断的技术革新难以为继的时刻到来时，社会主义最终将生存下来。

可是，现实是资本主义仍然存在，社会主义却遭遇挫折。在这点上，马克思和熊彼特都未预见到。但马克思和熊彼特分别洞悉的资本为获取利润的运动和通过技术革新来追求效率的资本主义本质却没有发生改变。

其中一例就是伴随20世纪60年代日本能源革命的“废弃和建立”。这一时期，日本全面推进煤炭向石油的能源转换。曾经有段时期把煤炭叫做“黑钻石”，但由于能源革命使得煤炭行业出现了严重的倒退。20世纪60年代有622座煤矿，雇用了27万的劳动者，生产出5260万吨煤炭。但到10年后的1970年，分别减少到煤矿74座，劳动者5万人，产量3832万吨。许多煤矿破产，

① 约瑟夫·熊彼特著，中山伊知郎、东畑精一译:《资本主义、社会主义、民主主义》，东洋经济新报社，1995年。

煤炭行业的劳动者大量失业，因日本民谣“月亮升起，月亮升起，哟咿哟咿，照在三池煤矿上，也许烟囱太高了，想必月亮也熏了眼，哟咿哟咿……”而闻名的三井矿山三池煤矿，于1960年发生了劳动纠纷。劳动者一方展开要求撤销解雇的激烈斗争，但最终失败。此后，1963年11月9日在三池煤矿发生大爆炸事故，酿成煤矿工人因爆炸死亡20人，一氧化碳中毒死亡458人，一氧化碳中毒734人的惨剧。其原因是由于矿车产生的火花引燃坑道空气里弥漫的煤尘而引起的。在三池煤矿工人运动的斗争失败后，三池煤矿的资方极力实施裁员增效。结果，1958年每位矿工人均月产煤量为14吨，而到了1963年这一数字则上升到44吨。[①] 由于重要的安全管理人员也在被裁之列，空气中煤尘量的检查也变得马虎疏漏。

同样，在如今的中国，由于国营煤矿的民营化以及地方中小煤矿极力追求利润和忽视安全管理的原因，造成矿难事故频发，每年都有大量的矿工伤亡。

2. 资本主义的发展阶段

从历史上看，自资本主义产生到现代有几个发展阶段。[②] 从欧洲中世纪的封建制度向资本主义转变的初期是16世纪时期商人资本的登场。商品生产由家族经营来承担（单纯商品生产），商品的转移和交换则由专门从事中介的商人资本把持着巨大的实力。例如在威尼斯、安特卫普、阿姆斯特丹等城市国家和农村共

---

① 星野芳郎：《技术和政治》，日本评论社，1993年，第284~286页。

② 渡边昭：《资本的世界史——经济政策纲要》，税务经理协会，1995年。

同体之间进行着商品交换。

家族经营的生产一旦转变为工场生产，就进入到工场手工业的资本主义阶段。正如亚当·斯密（Adam Smith）论述的，由于引入了工场内部分工和协作从而提高了生产率。17世纪到18世纪在荷兰、英格兰、法国等国，经过市民革命形成了近代国民国家。从近代国民国家形成前的绝对君主制时代开始，国际商业资本在欧洲兴起、发展，进行世界贸易，推进殖民地化。

19世纪是产业资本主义飞速发展的阶段。由于蒸汽机等动力机械的发明，资本主义生产力飞速发展。资本主义正如马克思在《资本论》中分析的那样，进入到由全面的劳动力商品化来支撑的典型资本主义阶段。随着资本主义的发展，向国民国家的融合不断深化，按照荷兰→英国、法国→德国、美国→日本等的方向产生影响，形成了大国民国家。国际贸易进一步扩大，金融资本也随之形成。这些资本主义国家推行帝国主义政策，不断扩大殖民地。

20世纪上半叶发生了帝国主义列强之间展开的殖民地争夺战争。其经济基础正如希法亭（Hilferding）和列宁阐明的那样，在金融资本和产业资本的结合基础上形成了国家垄断资本主义阶段。第一次世界大战和第二次世界大战就是先发展起来的资本主义国家和后发展的资本主义国家围绕争夺殖民地资源和市场而爆发的冲突战争。

20世纪后半叶，资本主义阵营和社会主义阵营间的对立是主流。在东西方冷战时期，美苏两个超级大国在核武器的扩张竞争上剑拔弩张。把军需产业的发展作为发展经济的核心，军事和产业界相结合，对一国的政治与经济产生巨大的影响。针对以这两个超级大国为主的东西方两大阵营的对立，在发展中国家中出现了强调自身利害关系的第三世界理论的主张。

20世纪末苏联由于无法克服军备竞赛带来的财政负担和经济发展停滞而解体。在苏联影响下建立起来的东欧社会主义国家阵营也相继土崩瓦解。世界从此进入以冷战结束和经济全球化为特征的全面资本主义时代。跨国企业积极展开贸易和海外直接投资，甚至具有凌驾于国民国家之上的经济实力和政治影响力。这也是苏珊·斯特兰奇所说的跨越军事安全、产业、金融、知识各部门的复合体的形成。人员、商品、货币、信息跨越国境自由移动，环境污染也扩大至世界范围，仅凭一个国家的能力已无法完全应对。米歇尔·博德（Michel Beaud）将普遍化资本主义阶段定位为“一种在国家和世界的阶层分化上形成的资本主义制度”[①]。这一理论阐述了各国的资本主义在分别实现自身生产力和制度性发展的同时，也被纳入到世界体系之中的一种状况。博德的现代资本主义理论可以说是将法国调节学派的一国资本主义分析和伊曼努尔·沃勒斯坦（Immanuel Wallerstein）的世界体系理论统合后的一种观点。

二、社会主义的理念与现实

何谓社会主义？最初将社会主义的制度性框架呈现出来的是马克思和恩格斯的《哥达纲领批判》。从理论上来解释社会主义

---

① 米歇尔·博德著，笔宝康之、胜俣诚译：《资本主义的世界史1500~1995》，藤原书店，1996年，第147页。

的话，就是由劳动阶级在共同占有生产资料的前提下，实现按劳分配的社会。废除资本家对生产资料的私人所有意味着拥有生产资料的阶级（资本家）和未拥有的阶级（劳动者）之间的差别消失。在社会主义制度下，没有因财产的有无产生的收入差距，人人都能分配到与自己的劳动数量和质量相应的收入。

这样美好的社会主义蓝图是根据马克思的《资本论》在分析了19世纪英国产业资本主义的发展，揭示出资本主义社会发展规律后，通过否定资本主义机制而得出的社会主义理念中创造出来的。[①]资本主义在劳动力的商品化基础上带来了商品经济、市场经济的发展。因此，否定资本主义的社会主义除了生产资料的共同所有（否定劳动力商品化）之外，还具有计划经济（否定市场经济）的特征。列宁曾说的在社会主义，一个国家的经济就如同“一个工厂”一样运营的话就是这个意思。

社会主义蓝图所描绘的社会被认为好像是由平等主义和计划经济来保证的理想的社会。在现代日本的商界、官员、学术界、新闻传媒界的上层精英中，有不少人曾是在学生时代对社会主义理想产生共鸣的“马克思青年”。但回顾一下现实的社会主义历史发展进程，其中存在着为使社会主义革命取得成功，为达到目的而不择手段的情况，许多人成为权力斗争和阴谋的牺牲品。此外，作为革命硕果而成立的社会主义，实际上距离理想的社会还很遥远。

打下苏联社会主义基础的斯大林为了维护自己的权力，采用了各种手段。从列宁死后的1925年左右开始，在苏联围绕如何

① 宇野弘藏:《资本论和社会主义》，弘文堂，1958年。

积累工业化资金的问题展开了论争。斯大林起初支持右派的布哈林[1]，采取通过发展轻工业来阻止和抑制掠夺农民收入的立场。而左派的普列奥布拉任斯基[2]、托洛茨基[3]等人则主张应从农民的剩余农副产品来积累工业化资金，对农民的掠夺也是不得已而为之的。尽管斯大林先站在右派立场上批判肃清左派。但在肃清左派后，接下来在肃清右派的布哈林时，斯大林自己却采取了左派路线，为促使农村积累的财富的转移，强制推行了农业集体化。

在围绕苏联工业化论争的权力斗争中还有政策差异的因素。但在后来被整个概括为斯大林主义的统治体制下，最先考虑的是维持自己的权力和现有体制这一目的，社会主义理想等同于被抛弃。从日本战前残酷镇压时期起就投身于社会主义运动的荒畑寒村就把斯大林主义严厉地批判为“捏造的判决、刑讯逼供的自白、秘密警察的高压统治、大量处死反对派、强行投入监狱、官僚主义、个人崇拜、无视基本的人权和自由”[4]。

有这样一说，认为斯大林主义是对列宁的一种继承。比如，

---

① 尼古拉·伊万诺维奇·布哈林（Николай Иванович Бухарин, 1888~1938年），苏联政治理论家、革命家、思想家、经济学家。大清洗中被判死刑。——译者注

② 普列奥布拉任斯基·叶·阿（E.A. Прсобраксноский, 1886-1937年），苏联20年代著名经济学家，“左”倾经济思想的主要代表。1905年加入布尔什维克党。曾任俄共中央书记，《真理报》编辑，俄共（布）第10次代表大会（1921年）后任人民委员会财政委员会主席。1923年成为托洛茨基反对派的首领之一和托派的主要理论家。1927年被开除出党，1937年被处决。其主要著作有：《共产主义ABC》（与布哈林合著）、《从新经济政策到社会主义》、《新经济政策时期的经济危机》、《新经济学》等。——译者注

③ 列夫·托洛茨基（又译托洛斯基，Лев Давидович Троцкий, 1879~1940年），苏联共产党领袖，革命家、军事家、政治理论家、作家。1929年1月被驱逐出境。1932年2月被剥夺苏联公民权。1940年在墨西哥被暗杀。——译者注

④ 荒畑寒村：《寒村自传（下）》，岩波文库，1975年，第31页。

海莱娜·卡莱尔·当戈斯（Hélène Carrère d'Encausse）[①] 认为列宁不光将罗曼诺夫王朝末代沙皇一家全部杀害，还枪毙或流放抵抗革命的人。[②] 确实从冷酷无情这点上，列宁和斯大林有着共同之处，但斯大林主义更加具有把既非敌人也非反对势力的清白无辜的人们也迫害致死的恐怖政治的特征。强调列宁和斯大林的不同的是莫希·莱文（Moshe Lewin）[③] 撰写的《列宁的最后斗争》（岩波书店，1969年）这本书。

中国社会主义至20世纪50年代中期同苏联保持着友好的关系，但此后出现了裂痕。同苏联关系恶化的原因之一在于中国核武器的开发。把统一台湾和反美作为国家目标的中国不愿置身于苏联的核保护伞下，不愿屈从苏联企图由美苏两个超级大国来统治世界的野心。毛泽东为了突破同美苏都处于敌对的对外危机，于是想强化国内的向心力。1957~1958年的人民公社化和“大跃进”运动在脱离现实的冒进主义下，农业遭到毁灭性打击，导致农村出现了饿死人的惨剧。

毛泽东从1966年开始掀起了“文化大革命”。在同资本主义各国以及苏联阵营的共产主义各国都处于对立、陷入国际孤立的

---

① 毕业于巴黎的政治学院，研究俄罗斯及中亚的历史学家和国际政治学家、法兰西学院终身院士、欧洲议会议员。——译者注

② 海莱娜·卡莱尔·当戈斯著，石崎晴己、东松秀雄译：《列宁的真相》，藤原书店，2006年。

③ 莫希·莱文博士1921年出生于波兰的威尔诺城。法籍苏联人，英国伯明翰大学苏联和东欧研究中心历史学专家。第二次世界大战前后曾在苏联国内工作并曾参加苏联红军。移居西方之后，曾在法国、以色列、英国和美国的一些学术机构任教和从事研究工作，是当代颇有影响的苏联问题专家。主要著作有《俄国农民与苏维埃政权：集体化研究》、《二十年代俄国的大论战》、《苏联经济论战中的政治潜流——从布哈林到现代改革派》、《列宁的最后斗争》等。——译者注

情况下，毛泽东提出了建设自力更生型社会主义的思路。其结果是与西方世界的技术发展和生产力水平急剧脱节。

毛泽东去世后，决定中国20世纪70年代末以后的社会主义方向的是邓小平。在改革开放的口号下，促进市场经济，鼓励外资进入中国。中国成为世界的经济增长中心，来自海外的投资额也跃为世界第一。如今的中国虽说是社会主义国家，但除了共产党领导的体制之外，还实现了和资本主义几乎毫无差别的市场经济。

世界上剩下的少数几个社会主义国家中，看似继续追求传统的社会主义理念的是古巴。美国对在可称为自己咽喉要道的加勒比海地区有个像古巴这样的社会主义国家长期存在而感到非常不快，不仅对古巴采取经济制裁，还将流亡的古巴人组织起来，让他们开展反对卡斯特罗的运动也是众所周知的事实。社会主义制度下本来就缺乏活力的古巴经济由于遭到美国持续40多年的经济制裁而变得更加困难。古巴在城市里开展的有机农法即城市有机花园系统也很有名。古巴人利用城市里的狭小空间，用石块或夹板制作围栏，在加入堆肥和泥土的苗床上集约生产蔬菜等农作物。在200万人口的大城市里，蔬菜达到了自给自足。[①] 反过来也可以看出这是古巴在经济制裁下迫不得已施行的苦肉计。假如卡斯特罗去世的话，古巴是否还将继续其社会主义体制还不确定。虽然资本主义国家里的不少人都对古巴人那种朴素自然的生活以及公费医疗制度有着共鸣[②]，但如若菲德尔·卡斯特罗的继任

---

① 吉田太郎:《200万人的都市用有机蔬菜能自给的原因》，筑地书馆，2002年;《1000万人通过反全球化能自给、自立的原因》，筑地书馆，2004年。

② 百濑俊哉:《NEVER LAND 我的哈瓦那》，窗口社，2006年。

者必须由他的弟弟劳尔·卡斯特罗来担任的话，古巴的社会主义根基则很难说是坚实稳固的。

三、苏联和东欧社会主义的消亡

1989年11月，笔者在参加日德柏林研讨会期间，顺道去了前捷克斯洛伐克的首都布拉格，当时正好是柏林墙因东柏林难民的大量涌入实质上已形同虚设后的大约两个月的时候。那天的布拉格正处于民主革命的高潮中，从下班后的傍晚开始，几列队伍开始游行，人们站在路边或从公寓的窗口挥手微笑着表示回应。到了夜晚，游行队伍在瓦茨拉夫广场上聚集了大量的人群，以至于人们无法走动。这个广场也就是1968年的“布拉格之春”[①]中，苏联坦克车队进入的那个瓦茨拉夫广场。广场的象征——瓦茨拉夫骑士雕像的周围点燃了大量的蜡烛，人们沉浸在解放的喜悦和兴奋当中。因为听说第二天在郊外的涅托纳广场将举行50万人的集会，所以笔者也跑去看了。1968年下台的原共产党的第一书记杜布切克也露面，并用充满力量的声音进行了演说。聚集在广场的人们在刺骨的寒风中，站了好几个小时听演说。数日后，捷克斯洛伐克的社会主义政权终结，不流血的“天鹅绒革命”[②]取得成

① 1968年，捷共中央第一书记杜布切克发起了布拉格之春改革，有脱离苏联控制的倾向。苏军决定武装干涉。1968年8月20日晚，苏联及华沙条约国军队坦克开进捷克斯洛伐克首都，一次立志对共产主义制度进行改造的尝试被镇压，这次改革，便是现代共产主义史上的“布拉格之春”。——译者注

② 天鹅绒革命，狭义上指捷克斯洛伐克于1989年11月（东欧剧变时期）发生的反对原体制的民主革命。广义上是相对于暴力革命，指未经过大规模暴力冲突就实现了政权更迭，如天鹅绒般平和柔滑，故得名。——译者注

功。目睹他们持续20多年的隐忍、坚持的斗争，笔者重新认识到不用武力、避免出现众多牺牲者的革命也能够取得成功。

从20世纪80年代末开始，苏联和东欧的社会主义国家相继消亡，自1917年俄国革命胜利以来仅有70多年的时间。为何苏联和东欧的社会主义会消亡？我们从当时的局势再来探讨一下。

第一，原有体制下的官僚机构僵化，并实施了恐怖政治。1986年切尔诺贝利核电站发生核燃料爆炸和放射性物质泄漏事故。受害者仅乌克兰就达348万人。没有任何防护服及其他防护措施，仅靠牺牲精神参与救助的作业人员就有55000人死亡。时至今日，若加上深受后遗症之苦的人，其受害情况更为严峻。从切尔诺贝利核电站发生爆炸和泄漏这一事故中可以看出一方面是自身存在安全管理上的疏漏，另一方面则更加暴露出在僵化的官僚主义体制下，存在救援过程中灭火和救护的处理不当、机器和装备简陋、事故发生后信息传达的延误等问题。可以毫不夸张地说，正是由于切尔诺贝利核电站事故的发生和应对处置的拙劣，致使苏联丧失了国家威信。苏联解体后，乌克兰终止了同类型核电站的运转，但俄罗斯仍旧运转着11座同类型的核电站。即使体制从社会主义转变为资本主义，官僚主义的弊害也不能轻易清除。

在2011年3月11日的福岛第一核电站事故中，首先，无论是日本政府内阁府的原子能安全委员会、经济产业省管辖下的原子能安全和保安院，还是民营企业的东京电力公司都未能采取有效对策。1号机组发生氢气爆炸是在3月12日的下午3点36分，但开始“排气”（打开反应堆容器的阀门，释放蒸汽减低压力）的时间当初公布的是当天的下午2点30分。之后，在首相官邸主页上的公开记录中，这一时间被偷偷篡改为大约4小时前的当天上午10点17分。[1] 此举乃是官僚机构为明哲保身和逃避责任而为的“信息操控”。

第二，事故发生后不久，澳大利亚、挪威、英国、德国等国就公布了从福岛第一核电站发生放射性物质扩散的预警，而日本的文部科学省下辖的原子能安全技术中心和气象厅却在事故发生过后三个星期，也没有公布放射性物质扩散的预警。这是典型的“隐瞒信息”。

第三，由于冷却反应堆的电源停止工作，取而代之进行了用消防车注水，用直升机从海里运送海水从空中洒水的原始作业。原子能安全和保安院也不得不承认被高浓度放射性物质污染的这些冷却用水几乎全部扩散到了外海。这完全暴露了本应妥善管理核电站的各级政府管理部门和企业全都没有应对周全的危机管理对策的事实。

自民党众议院议员河野太郎，作为自民党议员是一个异类，他是一位坚决表示“反核电站”的政治家。针对核电站的“安全神话”是如何被塑造出来的疑问，他回答如下：

其中心是自民党、经济产业省和电力公司。自民党从电力公司那里得到政党活动经费，竭力建立了易于向所在地区地方政府提供补助的制度。经济产业省让电力公司出资，成立公益法人，

① 大沼安史：《世界所看到的福岛核电站灾害——海外媒体报道的真相》，绿风出版社，2011年，第212~214页。

为自己的高官“下凡”[①]确保了职位去向。东芝、日立等生产厂家和建筑行业等产业界也为建设核电站推波助澜。电力公司向大学提供研究经费，豢养出一些只说好话的御用学者们。得到巨额广告费的媒体对聚集在核电站周围、勾结为一体的政、官、商们的批评也较为温和、宽容，简直是助纣为虐。政治、官僚、产业、学术、媒体这五角形就制造出了这样一种“安全神话”。[②]

从河野的这一回答中也可以看出即使是在资本主义国家，也形成了政界、官员与商界互相勾结，以及紧紧抱着这些利益源泉不放的特权阶层。

原有体制若长期继续的话，干部和官僚的特权化就会蔓延。在党掌握行政干部人事权的“上级指派”制度下，形成了阶级金字塔。不光高级干部自己，其子弟也被赋予了特殊的权利。在配给制下，物资缺乏的经济形势助长了人情关系社会，带来了贪污和腐败的横行。

在东西方冷战时期的一些社会主义国家中，形成了连家人和亲友都无法相信的情况。例如，在前民主德国从事反体制运动是要豁上性命的：1981年薇娜和一个叫科诺德的青年结了婚。他俩一个是国家保安局将校的女儿，一个是柏林洪堡大学教授的儿子，是高级干部子女间的令人羡慕的姻缘。此后两人一起在一个叫做“和平俱乐部”的反体制运动的组织里进行活动。1989年柏林墙倒塌后，两德统一。作为反体制派被流放国外的薇娜回国

---

① 日本各政府机构省厅的公务员退职后会被各省厅指派到政府下属的许多独立行政法人和公益法人处任职。——译者注

② 《朝日新闻》2011年5月5日。

后，成为统一德国的“绿党”党员并当选为议员。1991年，薇娜获得一个阅览前民主德国国家保安局档案的机会。档案里详细记载着住房贷款首付款的金额、写给孩子的信件、夫妇两人的秘密旅行等薇娜自家的内情。而提供这些情报的人使用了“德纳尔德”这一假名。这个人到底是谁呢？实际上薇娜根本没想到这个人竟会是既是同志也是丈夫的科诺德。[①] 因此，在不得不怀疑自己最该信任的人是否是告密者的社会中，很难有安心的时刻。

第二，中央统管型的计划经济已无法赶上世界日新月异的技术革新。在优先发展重工业的倾斜式生产方式中，中央下达指令性计划的社会主义统管经济确实也起到了一定的作用。但从20世纪70年代后半期开始，在进入高新科技发展时代的过程中，毫无竞争的统管经济已经无法跟上西方的技术进步。这时的消费资料也因高新科技产业的发展有了长足进步。无论是家电产品还是小汽车，与西方生产的小巧精致、品质优良、故障也少的消费资料相比，社会主义阵营的产品别说生产资料，就连消费资料也全都是厚重、粗大的东西。在西方，消费者的需求多样化，要求的生产方式是多品种、少批量化的生产，而统管型的计划经济无法敏锐地应对品种和需求的多样化。随着经济的发展和规模的扩大，对此进行调控的信息处理能力也变得无法与之匹配。

第三，苏联和东欧从20世纪60年代开始尝试进行经济改革，在从原有的统管经济向市场经济转换的过程中，产生了各种各样的矛盾。在剧变前的苏联，煤矿工人等为要求配给肥皂和毛巾而

① T.罗森伯格斯（T. Rosenbergs）著，平野和子译：《和过去战斗的国家》，新曜社，1999年。

频繁进行罢工。为了压制他们的不满，就必须提高工资或者支付物价补贴。这不但导致财政赤字的扩大，而且更进一步引起通货膨胀的恶性循环。

通货膨胀的恶化和经济实力的低下表现为本国货币的弱势化。法定汇率仅仅虚有其名，数倍于此的黑市汇率成为实际的兑换值。无法信赖本国货币的国民能感受到自己国家体制和领导人的尊严吗?

第四，由于信息和通信产业的发展，一国采用“铁幕”等手段来阻隔来自西方的信息已经不可能。革命前的捷克斯洛伐克首都布拉格也经常放映邻国联邦德国的电视节目。通过电视新闻、广告，在市民间渗透了与西方世界相同的价值观。中国也从80年代开始，广东省南部的电视天线全都朝向香港。去海外打几年工、挣了钱的回国人员一回到家乡就显摆起来，对限制出国的现有体制表现出了不满。这是1984年夏，笔者在中国吉林省长春市旅行期间发生的一件事。一天傍晚在南湖公园散步时，一个年轻人走过来向笔者搭话。他流露出想去日本的想法。当时的中国是只有极少数人才能出国的时期。但他们对西方生活水平的向往也是非常迫切的。特别是因为亚洲“四小龙”的发展是从落后于战后苏联和东欧的工业化水平开始的，所以更让当时的人们痛切地感到了自己国家的落后。

第五，原有体制欠缺缓和民众和政府间发生冲突的“缓冲垫”，缺乏把对体制的不满进行转移发泄的措施。因此，民众的不满直接变成对政府的批判，很容易演变为暴动。

虽然西方各国的民众也并非对现在的生活全都感到满足。在资本主义残酷的竞争中，他们备受压力和紧张的折磨。加班到深夜后，疲惫不堪的身体还须忍受上下班交通拥堵之苦。但是，如果能在酒吧或小酒馆里喝上一杯，或是在休息日去打打高尔夫球，对体制的不满也就会随之消散。职业棒球、职业足球，或者玩玩老虎机、赛马、赛车、赛艇、麻将等，在“胜败乃人生大事”之中，也就难以涌动出参与政治运动的能量了。但在以往的一些社会主义国家里，能够吸收民众不满的娱乐产业非但不成熟，甚至还认为如果把赌博作为政府公认的“愚民政策”来采用的话，就是对体制名誉的一种伤害。

1989年11月柏林墙倒塌。此后东欧各国连锁反应。苏联在切尔诺贝利核电站事故中暴露了其危机管理的薄弱。日本也在20世纪60年代的安保斗争[①]时期，岸信介首相曾要求出动自卫队来维持治安。当时的防卫厅长官赤城宗德以“一旦成为同胞相向的‘残酷物语’的话，无异于是在内乱的苗头上火上浇油”为由予以拒绝。

以前面的社会主义国家的剧变为鉴，朝鲜的社会主义也有可能最终发生变化。围绕绑架日本人问题[②]，为孤立朝鲜，在日本国内主张强化经济制裁的声音非常强大。但在朝鲜金日成、金正日的体制下，通过从学生时代开始到成人后就职期间建立起来的人脉关系，形成了由一部分党、军、官僚阶层构成的特权阶级。[③]

① 指1959~1960年和1970年两次在日本开展了反对《日美安保条约》，由工人、学生、市民参加的日本历史上具空前规模的反战和平运动。——译者注

② 20世纪70年代到80年代期间，朝鲜特工把许多日本人秘密绑架到朝鲜。在日本由于这一事件被认为是极大地威胁了国民生命和安全，因此许多日本人对朝鲜抱有反感。——译者注

③ 布兰德里·K.马丁（Bradley K. Martin）著，朝仓和子译:《北朝鲜的“伟大的爱”的幻想（上、下）》，青灯社，2007年。

对这样的体制而言，“阳光政策”较之“寒风政策”更为有效。

现在的朝鲜与二战结束前夕日本的状况极为相似。民众生活在困窘中，却信奉着排外的民族主义。就像喜剧演员古川洛巴虽然对警察刨根问底地讯问剧本的情况感到愤慨，却仍费尽心血地通过戏剧宣扬国民的战争意识。[①] 甚至是对战时体制看得相当透彻的山田风太郎[②] 也在终战前的1945年8月主张彻底抗战，并在他的日记中这样写道：“为了开展继续战争的运动，需要强大的组织，需要纪律，需要统帅和指挥系统。这些组织、纪律、统帅是绝对的。血誓和私刑可能都需要。”[③]

朝鲜的对外开放虽然还处于萌芽阶段，但可称为“经济特区”的开成工业园的最终目标是建成拥有100万人口的城市。已有来自韩国的200~300人的技术人员和经营者每天乘坐巴士跨越军事分界线上下班。其产品也作为“韩国产”的商品出口国外。[④] 如果考虑到西方世界的信息和产品的进入会促使封闭体制的自我瓦解，采取不阻断朝鲜同外部交流的方式，对朝鲜的体制转换和绑架日本人问题的解决，可能更加行之有效吧。

四、日本的社会主义

战前和战中的日本对社会主义者的镇压是极其残酷的。如在

---

① 滝大作监修：《古川洛巴的昭和日记（战中编）》，晶文社，1987年。

② 山田风太郎原名山田诚也。1922年出生于兵库县丰冈市，2001年病故。他是日本奇幻忍术小说界中地位最崇高的作家，也被业内人士称为“日本的金庸”。——译者注

③ 山田风太郎：《战中派不战日记》，讲谈社文库，2002年。

④ 日本海对外贸易研究会：《关于日本海对岸贸易的可行性》，京都大学经济学研究科上海中心，2007年。

1910年的大逆事件[①]中，26名社会主义者和无政府主义者因涉嫌策划“暗杀天皇计划”被捕。其中，幸德秋水等12人被判处死刑。与谢野晶子是为奔赴战场的弟弟写下反战题材的诗歌《你不要死去》的和歌作家。她写的《纪州的阿深》这篇作品中的主人公，就是因大逆事件而被杀害的新宫的医生大石诚之助的女儿。大石被处刑后，阿深和弟弟信太郎还有母亲必须从宽敞的西洋馆搬到只有两间房间的小房子里。[②]一般来说社会上如果一家之主被歧视排斥、无法立足后，剩下的家人就会陷于生活的困顿中。像大石医生这样的罪状完全是冤枉的。

---

① 又称“幸德事件”。1910年5月下旬，日本长野县明科锯木厂的一个工人携带炸弹到厂，被查出。反动政府即以此为借口镇压日本的社会主义运动。同年6月，当局开始对全国的社会主义者进行大肆逮捕，并封闭了所有的工会，禁止出版一切进步书刊。从1910年底到1911年1月，对被逮捕的数百名社会主义者进行秘密审判，诬陷日本社会主义先驱幸德秋水等26人“大逆不道，图谋暗杀天皇，制造暴乱，犯了暗杀天皇未遂罪”。经大审院一审即终审的特别判决后，于1911年1月18日宣判幸德秋水等24人为死刑，另外两人为有期徒刑。消息传出后，立即引起日本人民和世界人民的愤慨。在巴黎、伦敦、旧金山、纽约等地，主持正义的群众召开了抗议集会，并向日本驻外使馆写信抗议。在日本人民和世界舆论的谴责和压力之下，大审院被迫以天皇的名义将死刑中的12人减为无期徒刑。但幸德秋水等另外12人却于1月24日被处以绞刑。日本人民把幸德秋水等12人称为“十二烈士”。日本的社会主义运动由于这次大规模的残酷镇压受到严重打击，走向低潮。第二次世界大战结束后，“十二烈士”中森近运平和坂本清马的遗族于1961年向日本政府提出重审此案的要求。1965年日本最高法院确认原判仍然有效。——译者注

② 上田博、古泽夕起子编，与谢野晶子原著:《童话 环的一年》，和泉书院，1994年，第178~182页。

产房[①]小屋里，十二白棺材，大逆之囚魂，竖在我枕边。

晶子

“姓幸德，名传次郎”，幸德秋水并非单纯的社会主义信仰者，他还是一个富有人情、善良敦厚的人。这也可以从他为田中正造给天皇写直诉状的这件事中看出来。社会主义者和无政府主义者向天皇申诉这件事本身就是自相矛盾的。即便如此，秋水也没有回绝：

直诉状之类的东西，无论是谁都会不愿意的。但你要是看到那些经过长年苦斗已精疲力竭的老人家，还能说出拒绝的话吗？

无政府主义者大杉荣在1923年关东大地震后的极度混乱中，同妻子伊藤野枝、外甥橘宗一（六岁）一起被麹町的宪兵队绞死。这是奉后来执掌伪满洲国的甘粕正彦宪兵上尉的命令行事的。伊藤野枝曾担任过《青鞜》[②]杂志的编辑，是一位坚持自由恋爱的女性。她抛弃了经父母的劝说而结婚的第一任丈夫，开始是

① 为了女性生孩子而准备的专用房间。由于以前在日本生产被认为是不洁、污秽之事，所以有在居住的房屋之外另设一间小屋、完后烧毁的习俗。而且男性都尽量避免靠近产房小屋。——译者注

② 明治44年（1911年）9月，以平冢雷鸟（1886~1971年）为代表的女性文学爱好者组织了一个进步的团体“青鞜社”（“青鞜”原意是指蓝袜子，后来成为女学者或才女的别称）。这些女性大多毕业于东京女子大学，并创办了近代日本最初的女性文学杂志《青鞜》。参加成员有平冢雷鸟、与谢野晶子、长野智慧子等当时最优秀的知识女性。她们聚集一堂，积极活跃在文坛上。“青鞜社”的女作家们回归自我，深度的自恋与袒露的自我解析，宣传妇女的自我解放，大大触动了日本父权社会的根基，使保守势力惊惶失措，对她们横加压力，使“青鞜社”终于在1916年被迫解散。——译者注

和作家辻润同居，并生了两个孩子。但数年后，野枝又离开辻润和孩子，与大杉同居。在大杉身边，除了她以外还有神近市子、堀安子两个女人。这四个男女一起陷入了泥沼般的“四角关系”中。[①] 辻润则看破红尘，放浪形骸，最终饿死了。生前，辻润曾说过“自己是轻松快活了，但面对孩子们，我根本抬不起头，都不知如何道歉”[②]。纯粹为了政治思想和恋爱而活也并不轻松。不光搭上自身性命，还给家人和周围的人带来伤害。尽管如此，青年们，也无须畏惧恋爱和结婚。“恋爱带给人生希望，结婚赐予人生勇气”。

日本20世纪前半叶是一个不允许思想言论自由的时代。即使没有进行反对现有体制的实践性活动，单凭具有这样的思想倾向也会被逮捕。以《贫困物语》而著名的马克思主义经济学家河上肇（1879~1946年）就曾以违反治安维持法的罪名而被投入狱中。河上不仅限于做专门的经济学研究，还是一位具有广博学识的人。他在狱中因读到为之而倾倒的宋代诗人陆游的诗歌，撰写并出版了一本汉诗评论——《陆放翁鉴赏》。在1937~1938年的人民阵线事件[③] 中，大内兵卫、有泽广巳、宇野弘藏等劳农派[④] 马克思主义经济学家也遭到逮捕。

---

① 松田道雄：《别谈恋爱了吧》，朝日文库，1995年。

② 折原修三：《辻诚・父亲辻润》，平凡社，2001年。

③ 指1937年12月15日，为响应共产国际的反法西斯统一战线的号召，策划在日本结成人民阵线的劳农派系的大学教授和学者团体被逮捕的事件。——译者注

④ 劳农派指战前的非日本共产党系的马克思主义者团体。因1927年创刊的《劳农》杂志而得名。它由在日本资本主义论阵中对抗讲座派的经济学者、最左派的无产政党的社会活动家、“文战派”的无产阶级文学者等组成。——译者注

批判体制的川柳[①]作家鹤彬[②]即使被征兵到了部队也继续从事着川柳的创作，最后年仅29岁就死在狱中。从1929年昭和危机[③]开始到战时的作品中有如下几首诗歌。这是只要是一个士兵，想必都能产生共鸣的一种悲哀吧。鹤彬后来被本应与之并肩战斗的人所杀害。

贫困中为尽孝，终沦为修生典范外的娼妓。（1936年）

手足尽被拧掉，成为“原木”而归。（1937年）

曾高呼万岁的手，留在了遥远大陆。（1937年）

无产阶级作家小林多喜二1933年死于特高[④]的严刑拷打，其浑身淤青血肿的遗体被送回了家。据说，他的母亲在闻讯赶来的

---

① 日本的一种诗歌形式，音节与“俳句”相同，按五、七、五共17个音节的顺序排列。但它不像俳句那样要求严格，也不受“季语”的限制。川柳的内容大多是调侃社会现象，随手写来，轻松诙谐。——译者注

② 鹤彬于1909年1月1日出生于日本石川县。七岁时，父亲病死，母亲改嫁。虽然以第一名的成绩从小学毕业，但没能继续升学，后在其伯父的纺织作坊里干活。他立志成为无产阶级的川柳作家。1930年应征入伍，被编入第九师团金泽第七连队。为抗议军队内部的暴力制裁，组织起“不殴打同盟”。后因携带非法出版物《无产青年》而被捕入狱。1933年被释放，并被部队开除。1937年又因涉嫌违反治安维持法被捕。1938年在狱中罹患痢疾，未被释放就在医院病逝。有种说法是他被当做实验品接种了痢疾杆菌（楜泽健:《所以，鹤彬》，春阳堂出版社，2011年，第150页）。

③ 1929年秋，在发生在美国并席卷全世界的金融危机中关系日本部分的总称。日本几乎同时被波及，并急剧恶化。这是在战前日本发生的经济危机中最严重的一次。——译者注

④ 特别高等警察课，简称特高警察或特高，是日本第二次世界大战前的秘密警察组织，以“维持治安”的名义，镇压社会主义、共产主义等破坏原有社会体制的活动。其属性算是政治警察。——译者注

亲友面前抱起儿子，刚强地呼唤着："欸！孩子，再站起来！站起来给他们看看！"[①] 面对特高的残酷暴行，母亲的悲愤让人痛彻心扉。

仅仅有反体制的思想也难以处世。生于米子市的无产阶级诗人生田春月[②]（1892~1930年）虽然发表了下面这首激进的诗篇，但他38岁时在濑户内海投海自尽。笔者的母校米子东高中的后门附近就有纪念春月曾在此就读的木制纪念碑，却没想到此人的一生竟然如此激荡残酷。

人道主义也好，自由主义也罢，
全是沆瀣一气的反动主义，
资本主义的犬，资产阶级的马。
为那些剥削者，为那些暴君，
只知作为犬马效力。

---

① 出久根达郎：《出处进退在我——出头的102人》，文春新书，2004年，第180~181页。

② 生田春月1892年出生于日本鸟取县米子市。10岁时经营酿酒业的父亲破产。12岁时因贫困从小学中途退学，全家去了朝鲜的釜山。15岁时回到日本，在大阪立志从事文学。16岁时去了东京，成为同乡的评论家生田长江的门生。17岁时回到故乡，成为一个经营当铺的人的养子，五个月后再次上东京。19岁时在《帝国文学》等刊物上发表诗歌。22岁时和共同喜爱《青鞜》杂志的长曾我部菊子一起共同生活，但其家庭生活并不美满。20岁至30多岁期间专心作诗，同时还翻译了海涅的诗集、屠格涅夫的《初恋》、陀思妥耶夫斯基的《罪与罚》等书。38岁时在濑户内海的播磨海滩投海自尽。生田的墓碑就位于米子市的法城寺，上面刻有生田的发小田中幸太郎为他所作的诗歌。其中部分为："春月自幼辞乡，日日流浪。至后东都（东京）苦学力行，拓诗人之独自之境地，成文学之一家。一生所作颇丰，诗、小说、评论、随笔，全收于《春月全集》十卷。无不是动人心弦之真情告白。其人至纯至诚。忠人生之第一要义，苦个人对社会之相克，苦闷之极遂选自死。"

没有中立，无谓局外，

也无红十字，在这场战争中。（下画线部分发表时被当局隐去）[①]

战前曾是被残酷镇压对象的社会主义者及社会主义思想和运动，经过战后的民主化，最终获得了合法的公民权。保障战后劳动者基本权利的劳动三法——《劳动工会法》（1946）、《劳动关系调整法》（1946）和《劳动基准法》（1947）也是社会主义工人运动的成果。主导战后复兴时期经济的经济安定本部（后来的经济企划厅）采纳了计划经济的思想。这一思想是以采取向煤炭产业和钢铁产业进行重点投资的产业倾斜政策，为抑制通货膨胀设定法定价格，以及构建社会保障制度等形式表现出来的。

战后的民主化并未使工人运动消失。在依然如故的雇佣关系下被迫从事苛刻劳动的人不在少数。1954年在滋贺县的近江绢丝公司，女工们进行了为期106天的罢工。在被称为“昭和女工悲哀史”[②]的恶劣劳动条件下，每年雇佣的3500人中有3000人仅干了一年就辞职了。尽管当时二战已过了近十年，仍然连基本的人

---

① 广野晴彦编：《校定本 生田春月诗集》，弥生书房，1981年修订版，第204页。

② 日本知名的《女工哀史》一书由作家细井和喜藏写成，于1925年（大正14年）由改造社付梓。从明治至大正时期是日本的资本主义兴起时期，这一时期纺织业成为日本的出口产业。为生产大量成本低廉的纺织品，公司招募的都是来自贫困农村的年轻女孩们。这些女工在繁重的劳动量、低工资和简陋的食宿等恶劣的劳动条件下劳动。不仅如此，她们还受到招工者、上司、监工、男员工等人的虐待和性暴力，根本没有基本的人权和作为劳动者的权利。细井和喜藏以自己的所见所闻和对妻子的采访为素材，真实细致地记录了这些纺织女工的实际情况。曾在中国公映的电影《啊，野麦岭》是根据山本茂实于1968年（昭和43年）发表的同名小说拍摄而成。这部作品中也描写了当时女工的悲惨境遇。

权都无法保障。罢工要求以下八项权利:（1）支付加班补贴;（2）反对强制信佛教;（3）上夜校的自由;（4）结婚的自由;（5）文化活动的自由;（6）废止信件和私人物品的检查;（7）废止告密制度;（8）外出的自由。

浅沼稻次郎（1898~1960年）是1960年安保时期的社会党委员长。1960年10月12日，他在日比谷公会堂进行演说时，被信奉右翼思想的17岁少年山口二矢刺杀身亡。浅沼在访问北京时，发表了“美帝国主义是日中两国人民的敌人”的演说，鲜明地表明了其政治立场。浅沼还是一个从年轻时就具有强烈正义感的热血男儿，早在战前就读早稻田大学期间就曾被右翼分子当做“国贼”而处以私刑。他被投入市谷监狱时，看见一个因盗窃被抓的少年被五花大绑吊起来后，抗议说:“太残酷无情了！”结果遭到了刑务官的惩罚。[①]

在国会发表演讲追悼浅沼的人是与社民党敌对的自民党总裁——时任首相池田勇人。这是一次动人心弦的演讲——既具有池田直言不讳的风格，又饱含深情。

浅沼是一个巡回演讲的平民百姓。穿着脏衣服，拿个破皮包。他今天在本所[②]的公会堂，明天就去了京都十字路旁的寺庙。

① 出久根达郎:《出处进退在我——出头的102人》，文春新书，2004年，第54~55页。

② 位于东京都墨田区的中小企业聚集的工商业区。——译者注

五、社会主义的存在意义

20世纪80年代末，世界上的社会主义国家大部分消失。中国和越南仍高举社会主义的旗帜，但其经济运行体制却朝着与古典社会主义相去甚远的市场经济的道路迈进。从现代的观点来看，社会主义具有怎样的历史存在意义呢？

第一，社会主义明确了拥有生产资料者（资本家阶级）和非拥有者（劳动者阶级）之间存在的剥削与被剥削的关系，并指明了劳动者团结起来一致反抗赤裸裸的资本主义剥削的道路。作为社会主义思想和实践的成果，成立了工会，承认劳动者的基本权利，建立了社会保障的架构。然而另一方面，工会虽对被组织起来的劳动者的权利维护和福利扩大表现得十分积极热情，但其力量还无法顾及到在社会最底层劳动的还未被组织起来的劳动者。例如，在神户震灾前，控制神户码头装卸工人的是黑社会山口组，釜崎的日雇短工在恶劣的劳动条件和低廉的报酬下仍忍受着困苦的生活。①

第二，社会主义曾是抵抗帝国主义侵略和殖民主义的中坚力量。对于战后的新殖民主义和南北差距的扩大，社会主义国家的领导人提出了与之对立的观点。中国在1958年提出的“中间地带论”和1974年的“三个世界理论”中，将自己定位为发展中国家，同时提出了反对殖民主义和美苏两个超级大国的国际政治战略。1992年在巴西里约热内卢召开的地球峰会上，卡斯特罗的演讲就

---

① 平井正浩：《无缘声声——日本资本主义残酷史》，藤原书店，1997年。

是为发展中国家的代言。卡斯特罗控诉残酷的环境破坏的重大责任在于殖民主义和帝国主义，即现代的发达资本主义各国所带来的消费社会。他的演讲在会场上得到了绝大多数与会成员的鼓掌支持。

格瓦拉（1928~1967年）虽出生于阿根廷，但被称为是“在古巴最受尊敬、最受爱戴的男人”。他同卡斯特罗一道为古巴革命而战，1959年革命胜利后，他担任政府要职。然而在矢志不渝地坚持世界革命理想的格瓦拉和优先一国的社会主义建设和稳定的卡斯特罗之间，渐渐地产生了分歧。在卡斯特罗看来，格瓦拉的继续支援非洲等发展中国家革命的外交政策会把古巴拖入危险的境地。1965年2月24日，在阿尔及利亚召开的亚非人民团结组织的经济会议上，格瓦拉做了如下的演讲，这明显是意图批判苏联的内容。

在落后的各国将饱含无数汗水和辛劳成果的原材料以国际价格卖出后，又不得不去购买从大国自动化的大型工厂里生产出来的机械的这一结构中，根本没有“平等”和“互惠”的关系。如果这种结构存在于两国之间的话，尽管是社会主义国家，但从某个角度来看不得不说是帝国主义掠夺的帮凶。社会主义国家应当立刻停止这种和西方的剥削国家之间默契的共犯关系。关于反对政治压迫的解放斗争，应该用基于无产阶级国际主义的原则来应对。[①]

① 户井十月：《切·格瓦拉的遥远之旅》，集英社文库，2004年，第202~203页。

通过社会主义化，古巴也实行了肉类、牛奶、鞋子、牙刷等物资的配给制。有人向格瓦拉批评实施配给制后没有得到充足的粮食供给。格瓦拉回答说:“没这回事。在我自己家里也是这样吃的。”但后来经过仔细调查后发现对干部存在特殊追加分配的情况。于是，格瓦拉命令对自己家也必须按照配给手册来配给。[①] 在古巴国内，格瓦拉对干部优待和官僚主义思想的批判被认为过于理想化。1965年3月，格瓦拉告别了在古巴国家领导人立场和对格瓦拉个人友情之间左右为难的卡斯特罗，踏上了革命支援的道路。1967年，格瓦拉在玻利维亚的群山里开展游击战争时，被政府军逮捕并杀害。40年后的2006年，玻利维亚的土著人埃沃·莫拉莱斯（Juan Evo Morales Aym）就任总统，农地改革和天然气国有化法案在议会上获得通过。格瓦拉的革命终于没有白费。

展示了格瓦拉坚定地站在民众一方的小插曲，在日本也曾发生过。1959年，格瓦拉作为经济使节团的团长从刚成立革命政权的古巴来到了日本。他不顾日本政府表现出的为难，执意访问了广岛。在以《从原子弹爆炸的悲剧中站起来，日本哟》为题的格瓦拉的手记中，写着“令人悲痛的是，在投掷原子弹后过了14年的今天，仍有很多人死于后遗症”，“在资料馆里，见到了令人撕心裂肺的场景”的语句。[②] 正如在罗伯特·雷德福监制的电影《摩托日记》（*The Motorcycle Diaries*）中所表现的那样，对于富有正义感，并深切体会到受虐待人们的痛苦的青年格瓦拉来说，难道

---

① 帕柯·伊格纳西奥·泰博二世（Paco Ignacio Taibo Ⅱ）著，后藤政子译:《埃内斯托·切·格瓦拉传（下）》，海风书房，2001年，第530页。

② 《朝日新闻》2006年8月1日。

除了武装斗争之外就没有其他的选择了吗？

第三，为了实现经济发展，必须进行相应的制度改革和产业基础的建设。中国和越南的社会主义计划经济转变为市场经济政策后，实现了持续的经济高速增长。其中也有在社会主义政权下完成的革命和建设的成果，如土地改革能促进农业生产力的提高、农民收入的增加和国内市场的扩大，以及农业劳动力向第二、第三产业的转移。中国在1952年前完成的土地改革起到了资产阶级革命中重要一环的作用。在社会主义国家，几乎所有的女性都参与社会性劳动。就学率和识字率较高也是社会主义国家教育的特点。除了人力资源，社会主义国家也在铁路、大坝等基础设施的建设上下了很大力气。

大宅壮一是日本著名的纪实文艺作家。他创造出"一亿总白痴化"和"车站便当大学"等讽刺世道的流行语，巧妙地捕捉到世间百态，并将之表现出来。[①] 他在1960年发表的《共产主义的劝学》是一部记述周游亚非各国的纪行文。在这部作品中，他得出了"共产主义对落后国家的发展是最为切实有效的一个过程"的结论。[②] 发展中国家为了进行制度改革和完善产业基础，必须靠政府主导，集中资金和各类人才来进行。在这点上，计划经济

① "一亿总白痴化"和"车站便当大学"都是日本的社会评论家大宅壮一创造出的讽刺日本社会现象的流行语。"一亿总白痴化"是在电视急速普及的背景下创作出来的，意指电视等大众媒体是非常低俗的，人们如果总看电视的话，其想象能力和思考能力就会变得低下。车站便当大学是指"二战"后日本在联合国军最高司令部的指导下实行学制改革，造成各地方新国立大学激增，出现了"一县一个国立大学化"的现象，一般指"二战"后激增的、算不上一流的、没有个性的地方国立大学。——译者注

② 大宅壮一:《共产主义的劝学》，参见文艺春秋编:《战后50年日本人的发言（上）》，文艺春秋社，1995年，第649页。

体制下政府具有巨大作用的社会主义是行之有效的。

六、资本主义胜利了吗？

1. 资本主义不等于民主主义

在东西方冷战结束之时，出现了由于社会主义国家的剧变而认为资本主义取得胜利，从而宣告了对立和抗争历史的结束等谬论。实际上，资本主义制度本身就具有产生差距和矛盾的契机，纷争和冲突的根源不断。此外，也不能错误地认为资本主义的胜利就是民主主义的胜利等。即使在资本主义各个国家里，也存在着歧视和压制。

海伦·凯勒（Helen Adams Keller）克服了盲、聋、哑的三重痛苦，作为毕生致力于残障人士福利的"人道主义者"在日本众所周知。但凯勒自从就读哈佛大学拉德克利夫学院（Radcliffe College）起，就是一个社会改革激进派人物。1909年，她加入马萨诸塞州社会党一事就不太为人所知。自从深刻理解到人们的贫困和残障是同资本主义的阶级社会紧密相关后，她开始倾向于社会主义。在知道凯勒是一名社会主义者之后，媒体的态度大变，开始责难凯勒。即便如此，凯勒依然支持美国总统大选的社会党候选人尤金·V.德布斯（Eugene Victor Debs），还向因麦卡锡主义被关入狱中的美国共产党领导人伊丽莎白·格利·弗林（Elizabeth Gurley Flynn）寄去鼓励的信件。[1]

---

① 詹姆斯·W.洛温（James W. Loewen）著，富田虎男监译：《美国的历史教科书问题——老师告诉我们的谎言》，明石书店，2003年，第32~35页。

20世纪50年代，在席卷美国的麦卡锡主义之中，许多人被揭发为共产主义者或是其支持者。起因在于1950年2月，共和党参议院议员麦卡锡（Joseph Raymond McCarthy）在地方的党内集会上进行的演说中捏造了“国务院里有205名共产党员”的言论。舆论因此沸腾起来，D.G.艾齐逊（D.G.Acheson）、G.C.马歇尔（George Catlett Marshall）等民主党要人和研究中国的学者欧文·拉铁摩尔（Owen Lattimore）等人遭到了攻击。加拿大外交官哈佛·诺曼（Edgerton Herbert Norman）也成了“剿共”的目标。他既是日本近代史的研究学者，也是战后作为盟军总部（GHQ）的顾问来到日本，对占领政策产生重大影响的人。[①] 诺曼在就读剑桥大学时就有曾加入英国共产党的经历，在担任GHQ顾问期间又被怀疑曾当过“苏联间谍”。1950年，他受到加拿大外交部的盘问，当时被认定是清白无辜的。然而1957年4月，担任加拿大驻埃及大使的诺曼从开罗的一栋大楼上跳楼自杀身亡。这正好是他在哈佛大学读研究生期间的友人都留重人遭到美国参议院国内安全小组委员会的传讯，并要他作证后不久发生的。

此外，好像还有一种把都留的作证同诺曼的自杀联系起来，批判“进步文化人的懦弱”的论调。[②] 但无论都留的作证和诺曼的自杀是否存在关联，责难都留都是没有道理的。因为麦卡锡主义本身就是诓骗，与承认思想和信念自由的民主主义的理念背道而驰，所以无论怎样都无法逃脱其魔掌。

美国国务院每年都会出版《世界人权报告》。在2004年版中，

① 中薗英助:《在奥林匹斯山上的神柱之后》，现代教养文库，1993年。

② 每日新闻社编:《岩波书店和文艺春秋》，第190页。

美国把不尊重人权的矛头指向了朝鲜、中国、沙特阿拉伯、日本等国家。正是由于像美国那样的超级大国都将之视为问题，所以各国也不能完全无视人权问题，从这点上来说美国的行动具有一定的意义。然而面对2004年发生的美军虐待伊拉克俘虏等本国人权压迫问题时，美国又从不正视自己的问题。对他国严厉，对自己姑息——中国这样批判美国也不是完全没有道理。

随着美英联军在伊拉克令人发指的虐囚行为不断曝光,世界上没有谁还会相信,这只是士兵的个人行为。美国军方和情报部门在把自己钉在历史的耻辱柱上的同时,也在国际人权史上留下了一大丑闻,并把美国“人权卫士”的画皮剥了个干干净净。虐囚事件再一次向世人展现了美国人权的虚伪和双重标准。美国政府指责世界上一百多个国家有侵犯人权的问题，却从来没有正视过自己不光彩的人权记录。而虐囚事件更向世人揭示出隐藏在美国人权幌子背后的霸权图谋：动辄指责他国侵犯人权，不过是为其干涉他国内政，甚至颠覆他国政权寻找理由而已。[①]

2. 资本主义的局限

资本主义的市场经济用难以抗拒的力量破坏自给自足经济，把世界纳入其价值观和规则当中。被称作制度经济学始祖的托斯丹·凡勃伦（Thorstein B.Veblen）曾论述过资本主义具有追求无限的“炫耀性消费”的倾向。因为有闲阶级为了显示同他人的差

① 《瞭望关注：虐囚·人权》，参见《瞭望新闻周刊》2004年5月17日号，第4页。

异化，“礼服必须是昂贵、烦琐、最新式和浪费的”[①]。

资本主义不光把产品，还把土地、自然，甚至人和道德都当做商品。以研究欧洲经济史而著名的角山荣举出了以下三个本不应作为商品的东西：

（1）人、人的肉体（血液、脏器、器官等）、人的劳动；

（2）自然、美丽和健康的自然环境、土地；

（3）货币。

在此基础上，角山认为“这三根支柱如果被作为市场经济贪得无厌的利润追求对象而被放任的话，人类社会健全的内涵将濒临崩溃，连人类自身的生存都将变得危机重重。”[②]

把货币作为商品进行买卖的资本主义的发展尽头就是对冲基金。通过外汇买卖和股票交易，有时能在一天内挣取数十亿美元。在与实际的商品生产和销售毫无瓜葛的领域里，投机游戏蔓延，巨大的资金流动着，成为赌场资本主义的世界。通过经济的全球化，对冲基金跨越国境自由移动，每次都给发展中国家的经济带来毁灭性的打击。

3. 与进步史观的诀别

如前所述，社会主义的理念是从否定资本主义原理产生的。但是，社会主义和资本主义存在着共同的价值观。这就是生产力主义和进步史观。村上泰亮在其遗作中提出了如果考虑到现代的

① 托斯丹·凡勃伦著，高哲男译：《有闲阶级的理论——关于制度进化的经济学研究》，CHIKUMA文艺文库，1998年。

② 角山荣：《市场主义中人类的危机无可挽救》，载《大航海》1999年2月号，第57页。

资源不足和环境污染的问题，人类必须认识到生产力主义和进步史观的局限性，而应该以“超产业主义”作为目标的建议。[①]美国历史上最著名的记者之一W.李普曼（Walter Lippmann）对盘踞在美国人头脑中的进步史观描述如下：

美国人可能对大部分的侮辱都能忍耐吧，但只要被人背后指责没有进步的话就无法忍受。[②]

那么，作为取代资本主义和社会主义的一种制度，应该建设一个什么样的社会为好呢？罗马教皇雷奥十三世在1891年以《资本主义的弊端和社会主义的幻想》为题提出了这一问题。100年后的1991年，约翰·保罗二世将之改为《社会主义的弊端和资本主义的幻想》，又提出了新的问题。针对这一问题，宇泽弘文论述道，20世纪末的状况是因为资本主义和社会主义都未切实地做到管理和维持“社会性共同资本”。宇泽定义的社会性共同资本由以下三要素构成：[③]

（1）自然环境（大气、水、森林、河流、海洋、土壤等）；

（2）社会性基础设施（道路、铁路、上下排水设施、电力、燃气等）；

（3）制度资本（教育、社会保障、金融、行政等）。

最后介绍一下笔者于20世纪90年代初期长驻美国伯克利时，

---

① 村上泰亮：《反古典的政治经济学（上）——进步史观的黄昏》，中央公论社，1992年，第60~61页。

② W.李普曼著，挂川富子译：《世论（上）》，岩波文库，1987年，第148页。

③ 宇泽弘文：《社会性共同资本》，岩波书店，2000年，第8~9页。

在街边文具店购买的明信片。这张明信片上描绘着世界地图，把世界上的共产主义国家——古巴、越南、中国、朝鲜涂成了红色。除此以外，还有一个位于美国西海岸的小红点。这里写着"People's Republic of Berkeley"（伯克利人民共和国），把伯克利当做共产主义国家之一。在这样的幽默中让人感受到了美国人胸怀的宽广。

加利福尼亚大学伯克利分校是反越战运动的据点学校，也曾在电影《阿甘正传》中出现过。1968年成立的"忧虑亚洲学者委员会"（CCAS）是一个以年轻的研究学者和学生为主体的机构。他们提出"即使是美国的自由主义知识分子和研究中国的学者，对于越南战争和封锁中国的政策难道不也负有一定的责任吗？"并展开了根本性的批判。[①] CCAS的本部也在伯克利分校。伯克利这座小城市对社会福利和环境问题也相当关注。整个城市都有残疾人无障碍设施，坐轮椅的日本留学生也为数不少。在社会福利设施中，为帮助就业还开设了免费英语教室。虽然在如今的日本也不少见，但伯克利从那时起就把公共汽车的尾气排气筒安装在车顶并方向朝上，使用公共汽车的电动踏板就可以坐轮椅直接上下车。在汽车站，坐着轮椅、行动不便的人上下车需要花费点时间，但没有乘客急躁和埋怨。政治上，在2001年10月，伯克利市议会通过了谴责联邦政府轰炸阿富汗的决议。继而在12月，该市议会又通过了一项法案，设置专门职员为市民提供关于从良心上拒绝服兵役的组织，以及如何避免服兵役的咨询

① 中岛领雄：《中国像的验证》，中央公论社，1972年，第201~205页；小林弘二：《对话和断绝——美国知识分子和现代亚洲》，筑摩书房，1981年，第181~202页。

服务。这就是伯克利鲜活真实的一面。超越资本主义和社会主义制度差异的相互理解和交流，也许就该从像伯克利那样的行动开始吧！

第六章　战后的日美中关系和超级大国的霸权

一、全面媾和还是单独媾和

近年来，日本的政界宣称“摆脱战后体制”，想要修改宪法第九条的放弃战争条款的修宪动向日渐增强。东西方冷战结束后，美国这一超级大国自以为是地发动战争，制造了很多的悲剧。在这种情况下，难道应该修改的不该是1951年的单独媾和，以及《日美安全保障条约》中定位的追随美国型的日本外交和经济政策本身，而不应该是修改“和平宪法”吗？本章将在阐明战后日本的对华外交政策受美国这一超级大国巨大影响的事实的同时，还论及各国在面临各自的外交局面时，有哪些人物采取了怎样的行动。创造历史洪流的是普通民众，但在历史上各种局势的发展中，个人所起的作用也很重大。在历史的决定性时刻，具有怎样价值观和世界观的领导人的登场将左右此后历史的发展方向。

1945年8月14日，日本接受《波茨坦宣言》无条件投降，但是作为正规的手续，必须和交战国缔结结束战争的讲和条约。在缔结讲和条约时，是与包含共产主义阵营在内的整个同盟国缔结（“全面媾和”），还是仅与以美国为中心的非共产主义阵营的国家缔结呢（“单独媾和”）？围绕这一问题的选择，日本国内舆论存在着分歧。

在《世界》杂志1950年3月号上，和平问题谈话会[①]发表了主张全面媾和的声明。在此声明中，安倍能成、有泽广巳、大内兵卫、桑原武夫、久野收、清水几太郎、末川博、田中耕太郎、都留重人、鹤见和子、中野好夫、羽仁五郎、丸山真男、矢内原忠雄、蜡山政道、和辻哲郎等主导日本舆论的学者和文化名人共56人署名。声明作了如下阐述：如果进行单独媾和，就等同于加入到相对立的两个阵营中的一方，结果将是与另一方阵营形成敌对关系，很可能激化世界的对立。声明的结束语有以下四点：[②]

（1）关于媾和问题，如果要我们日本人自己来表达希望，毫无疑问是全面媾和；

（2）日本的经济独立靠单独媾和是无法实现的；

（3）关于媾和后的安全保障问题，希望中立不可侵犯，并要求加入联合国；

（4）无论何种理由，对任何国家都坚决反对向其提供军事基地。

---

① 日本一些有名的知识分子于1949~1961年成立的一个有代表性的反战问题研究团体。他们主张全面媾和，中立且不可侵犯，加入联合国以及反对军事基地，被评价为提供了战后日本和平思想的基础。——译者注

② 《世界》1950年3月号，第63~64页。

安倍能成是后来担任文部大臣和学习院[①]院长的大人物，这个声明给社会带来很大影响。吉田茂首相优先考虑的是让处于GHQ（指盟军最高司令官总司令部）占领下的日本尽早独立，摸索着单独媾和的道路。对于当时的吉田来说，恐怕妨害单独媾和之类的动向是无论如何都无法容忍的吧。他指名道姓愤怒指责并未在声明中署名的东京大学校长南原繁，说他“完全是对国际问题一无所知的曲学阿世之徒，不过是学者的空谈罢了”。南原则在当年3月举行的东京大学毕业典礼的告示中这样说道：

在我国政府以及一部分人中，自去年秋天以来大肆宣扬的单独媾和之说，难道就不是短视和轻率的吗？暂且不说这并没有真正地坚持民族独立和和平的理念，只能说这是在变幻的国际形势现实面前反而蒙上了自己的眼睛。[②]

1951年9月，在旧金山召开了对日和会。同日本交战的同盟国方面52个国家参加了此次会议。但理应坐在这次和会议席上的中华人民共和国和中国台湾（国民党当局）都未被邀请。理由是因为美国和英国间存在方针上的分歧。1950年6月，朝鲜战争爆发，由于中国随之参战，美国的对华政策变得强硬起来。美国强化亲台政策，反对邀请中国参加和会。而英国在1950年1月承认了中华人民共和国。为了维护英国在香港的利权，英国的意向是

① 学习院最早源于1847年、由仁孝天皇在京都御所内设立的、以面向朝廷贵族为对象的教育机关学习所。经历了明治维新后，学习所于1876年改名为华族学校（贵族学校）。1877年改名为“学习院”。由于日本的大多数皇族就读于此，所以学习院在日本具有很高的知名度。——译者注

② 每日新闻社编:《岩波书店和文艺春秋》，第64~67页。

同意中国参加。因此作为美英两国的一个妥协方案，达成了以下三项协议:（1）中华人民共和国和中国台湾（国民党当局）都不被邀请参加和会;（2）日本的对华政策走向由日本自己来决定;（3）日本放弃台湾和澎湖列岛的主权。

在作为对日战争重要当事人的中国和中国台湾全都缺席的情况下，1951年9月8日签订了《旧金山和约》。共产主义阵营的苏联、捷克斯洛伐克、波兰三国拒绝签字。同日,《日美安全条约》也正式签署。此举不仅把日本划归到了西方阵营，还确定了在美国军事保护伞下主要追求经济发展的战后日本的发展模式。

二、巨大虚构的产生

日本尽管和西方各国签订了和约，为战争打上了休止符，但仍留有该如何制定对华政策的课题。1951年12月，吉田首相在寄给时任美国国务卿顾问杜勒斯的信件中，与美国约定同中国台湾媾和。吉田举出中国台湾在联合国中拥有中国的席位和中国由于派兵参加朝鲜战争而被联合国谴责为侵略者，以及1950年签订的《中苏友好同盟互助条约》敌视日本等几个理由。吉田在信里写道：日本和“中华民国”的条约适用于“现在在‘中华民国’政府的统治之下或今后应包括在内的所有领域”[①]，还明确表达了支持叫嚣反攻中国大陆的蒋介石政府的态度。所谓“适用于今后应包括在内的所有领域”，反过来就是说“‘中华民国’的统治现在

① 日本外务省亚洲局中国课监修:《日中关系基本资料集1949~1969年》，霞山会，1970年，第27~28页。

还未触及的地区”，不适用于“日台条约”[①]。所以也就有可能解释成日本还未承认台湾地区是代表整个中国的政权。吉田由于在解释上留有一定的模糊性，所以就想破解此难题。但就这一点，1952年5月中国外交部部长周恩来的一句声明——完全无法想象是在理智的状态下作出的行为，就已将它给反驳了。[②]周恩来通过这一声明，批判了美国政府强迫日本的吉田政府和台湾的蒋介石集团合作，造成对中国的军事威胁的这一企图。此外还明确表明中国政府不承认日本的吉田政府敌视中、苏，并在美国的指使下与台湾的蒋介石集团签订的“日台条约”，以及要求所有的占领军都撤出日本。

1952年4月28日，日本和中国台湾的国民党当局签订了“日台条约”。此条约是《旧金山和约》的延续，与吉田首相给杜勒斯的信件内容一样。

在“日台条约”中，明确了中国台湾放弃战后赔偿的权利。放弃赔偿被台湾方面定位为“是对日本国民的宽容与善意的象征”。1937年7月7日至1945年8月15日的日中战争给中国造成了巨大的人力、物资损失。关于中国方面的损失额，根据台湾的“国民政府”于1947年公布的结果为556亿美元，其中直接损失为311亿美元，间接损失为204亿美元，战争经费达41亿美元。[③]

---

① 即《日本国和中华民国间的和平条约》，台湾方面称为《中日和平条约》，通称为《日台条约》。——译者注

② 日本外务省亚洲局中国课监修：《日中关系基本资料集1949~1969年》，霞山会，1970年，第39~42页。

③ 小岛丽逸报告：《日本的对外经济合作和中国》，第29页（参见上海市人民对外友好协会和日中人文社会科学交流协会共同主办“日中关系史学术研讨会”1987年，9月1~3日）。

1950年日本的年度中央财政支出不过有1.8129万亿日元（相当于50亿美元）。如果日本政府必须全额支付赔款的话，是无论如何都赔付不起的，就算能支付，估计日本战后的经济复兴也会大大推后。

日本根据1895年甲午战争后签订的《下关条约》(《马关条约》）从清政府得到2.3亿两白银的赔款。这一金额相当于清政府当时财政预算的2.6倍。日本利用获得的赔款，完成了金本位制度的变革。①

1954年12月,美国和中国台湾之间缔结了“美台共同防御条约”。美国制定了联合日本、韩国、台湾地区，铺设反共防线的战略。日本沿袭美国的方针，也同台湾签订了“日台条约”。从此，国际关系上一个巨大的虚构就被建立起来。之所以称为虚构，是因为没有承认实际上统治中国辽阔大陆和当时6亿人口的中华人民共和国为正式政府，而取而代之把统治台湾岛一千数百万人口的国民党当局当做中国的代表。战后日本外交的按钮启动错误就此开始。

三、日中邦交正常化运动

日本和中国没有正式外交关系的状态持续了大约20年。在这期间，多方人士都想至少在民间层次上推动中日间的经济文化交流。政界中有自民党的松村谦三、高碕达之助、古井喜实、宇都宫德马、田川诚一等议员，他们为了促进日中贸易和恢复日中

① 马家骏、汤重南:《日中近代化的比较》，六兴出版社，1998年，第226页。

邦交而积极地活动。随着要求恢复日中邦交的国民运动和媒体舆论的不断高涨，作为超党派议员联盟的日中邦交恢复促进议员联盟（前外相藤山爱一郎任会长）、公明党派系的日中邦交正常化国民协议会、社会党派系的日中邦交恢复国民会议（评论家中岛健藏任议长，日本工会总评议会前秘书长岩井章任秘书长）相继成立。作为民间层次的日中友好运动团体，虽有日中友好协会，但由于社会党派系和共产党派系的对立，自1966年起就分裂了。1967年，两派在善邻学生会馆发生的冲突事件[①]等，都是受到中苏对立的国际局势的左右。

在为恢复日中邦交而竭尽全力的人士当中，应该浓墨重彩予以介绍的人恐怕就是冈崎嘉平太。冈崎在任职日本使馆驻上海事务所的参赞期间，迎来了战争结束。但日本在战争中给中国带来的巨大灾难令他深感痛心。战后，他作为经济界人士一边担任全日空航空公司社长等要职，一边倾力促进日中贸易。

冈崎于1966年因贸易备忘录的谈判在北京停留期间，全日空航空公司的一架飞机在四国的松山海面上坠毁。当时的首相佐藤荣作是保守派骨干岸信介的弟弟。由于佐藤首相采取的是亲台政策，所以一直对致力于日中邦交恢复的冈崎的活动感到不满。佐藤说："正因为社长丢开自己的工作而醉心于日中问题，所以才发

① 1967年2月28日至3月2日，居住在日本东京都文京区的善邻学生会馆（现日中友好会馆）的15名华侨学生出现在一层的日中友好协会本部，抗议协会的事务员撕毁贴在正门大厅的一张海报。双方发生冲突后，各自的支持者先后赶到，最终从小规模冲突发展为群殴，造成流血事件。这一事件既对在日的日中友好运动产生重大影响，同时也是导致中日共产党敌对的决定性事件。——译者注

生了这样的事故。”佐藤要求冈崎辞去社长一职，并向经团联[①]会长石坂泰三施加压力。

受佐藤之命的石坂逼迫冈崎辞职，冈崎一度回绝道：“我是股东大会选任的社长。如果是股东要求我辞职，我二话不说立刻会辞。但首相插手私营企业的人事问题是毫无道理的。”但当石坂让他在日中问题和全日空社长这两者间选其一时，他说：“能当社长的能人很多，但投入日中问题的人却没有。我选日中。”之后毫不留恋地从全日空社长的职位上退了下来。[②]

冈崎参与策划了1954年成立日本国际贸易促进协会，1963年就任LT贸易[③]事务所代表，1968年签订贸易备忘协定等，为促进日中贸易和恢复日中邦交倾尽全力。1972年的日中恢复邦交如果没有松村谦三和冈崎嘉平太等人的努力是不可能实现的。松村谦三得到周恩来的信任，甚至被指名和廖承志一起担任日中双方的“总联络官”，但他没能亲眼看到日中正式恢复邦交，在这前一年就去世了。

廖承志（1907~1983年）是中国政府对日外交的负责人，是一

---

① 即社团法人日本经济团体联合会，是与日本商工会议所、经济同友会并称的“经济三团体”之一，以东京证券交易所部分上市企业为中心构成。2002年5月由前经济团体联合会（经团联）与日本经营者团体联盟（日经联）统合而成。略称日本经团联、经团联。由于众多有实力的大公司的加盟，使其成为对日本社会、政界、经济界具有巨大影响力的一个组织。——译者注

② 田川五郎：《铸起战后日本的男人们》，载《THIS IS 读卖》1994年11月临时增刊号，第99~101页。

③ 以1962年11月签订的《关于日中综合贸易的备忘录》为依据的长期贸易协定。因为是由中日外交的负责人廖承志和原通产大臣的高碕达之助之间签订的，取两者名字的开头字母而命名为LT贸易。此协定还规定了相互设置民间事务所和互换新闻记者等事宜。——译者注

位曾留学于早稻田第一高等学院的知日派。其父廖仲恺是被国民党暗杀的著名革命家，毕业于日本中央大学。其母何香凝是中华全国妇女联和会的名誉主席，曾在日本女子大学、女子美术学校求学。留学生无论是在现在还是在过去都是两国间的友好桥梁。

冈崎未被日本外务省邀请参加日中邦交正常化一周年的纪念典礼，但在周恩来的安排下，他作为民间人士被邀请到了北京。冈崎甚至不惜辞去全日本航空公司社长一职也要致力于实现日中邦交正常化的想法是从哪里产生的呢？从下面冈崎的文章中，可以看出一些端倪：

中国正在努力地去忘记。但在现实中，既有被扔进土坑后的生还者，也有亲眼目睹双亲和兄弟姐妹惨遭杀害的人。很多家被烧光或被驱赶而流落异乡的人还都活着。面对这些遵照政府和党的方针正在拼命努力去忘记，忘记如此残酷经历的中国人，曾经是加害人的日本人和他们的子孙们，如果根本没感到任何的责任和同情的话，难道能说日本人是文化水平高、有道德的人吗？①

土光敏夫精明强干，曾因石川岛播磨重工和东芝的重建经营而闻名，在他担任经团联会长期间，还被称为“财经界总理”。他喜欢朴素的生活，一向讨厌宴会，甚至因此还被取了个“沙丁鱼干土光”的绰号。侍弄庭院、种菜是他的兴趣，曾被路人误认

① 冈崎嘉平太：《外交和道义——对“日中正常化后”的思考》，载《世界》1973年1月号。

为是园艺工而请他去做园艺活。[①] 土光和冈崎是同乡，又是同岁，分别出生于冈山县内相邻的两郡吉备郡（现加贺郡）和御津郡（现冈山市）。晚年，土光和冈崎经常一起访问中国。旅途中，土光总是让冈崎坐在上座，以示向日中问题的先驱表达敬意。[②] 从土光和冈崎的生活方式中让人感到一种作为财经界人士的自尊和志向。

四、“尼克松访华”——虚构的崩溃

1972年实现日中邦交正常化并非是由日本为主体能动地实现的，而是美国先行一步达成美中和解，日本不甘落后奋起追随的结果。

美国同中国进行和解的最大原因在于越南战争战局的恶化。1968年1月在整个南越土地上发起了春节攻势，美国方面明显处于劣势。同年5月在巴黎召开了越南和平会议，结束战争的议程也开始正式启动。1969年年初，共和党的尼克松取代民主党的约翰逊，就任美国总统。尼克松政府所面临的课题之一就是如何让美国保持威信，体面地从越南战场撤退。为此，美国必须力图同对越南具有巨大影响力的中国改善关系。中国也因中苏对立陷入一筹莫展的境地，正希望同美国达成和解。

美中在私下摸索着和解之路。其中之一就是1971年3月末至4月初在名古屋召开的世界乒乓球锦标赛。在赛场上，从美国乒

---

① 志村嘉一郎:《土光敏夫留给21世纪的遗产》，文春文库，1991年，第68页。

② 田川五郎:《铸起战后日本的男人们》，载《THIS IS 读卖》1994年11月临时增刊号，第101页。

乓球队选手科恩误入中国队队车这一偶然事件开始，两国球队开始了交流。中国队负责人与北京频繁联络后的结果是紧急邀请美国队访华。中国方面是在美国队即将回国前的4月7日才公布这一决定的。三天后，包括美国在内的四个国家的乒乓球队匆忙访华。这对主办这次锦标赛的日中文化交流协会的干部们来说，也是极其意外，从他们愤慨的样子，也可看出这是一起事先无法预测的事件。但从中国方面来看，似乎从某种程度上还是有所预见的。周恩来在乒乓球代表团的壮行会上，反复指示要以“友谊第一，比赛第二”的精神去参赛。① 围绕日中恢复邦交问题，日本政府的一个失败就在于没能察觉出乒乓外交背后蕴涵的美中两国的动向。

乒乓外交三个月后的1971年7月9日，美国国家安全事务助理基辛格秘密访华。一周后的7月15日，美国公布尼克松访华计划。美国对苏联是在当天上午9点把大使召到白宫向其转达的，但对盟国日本仅仅是在即将公布前向日本驻美大使进行电话通知。② 尼克松访华计划的公布对日本来说简直是晴天霹雳。这与停止美元兑换黄金的政策一同作为“尼克松冲击”一直被后世所评论。

1971年10月，中国恢复联合国席位，实现了重返国际社会的愿望。翌年，即1972年2月，尼克松访华，美中发表承认“台湾是中国的一部分”的联合公报。尼克松访华的冲击对日本的外交影响尤其严重。就在中国实现重返联合国的联合国第26届代表

---

① 李静主编:《实话实说西花厅》，中国青年出版社，2000年，第126~141页。

② 詹姆斯·曼(James Mann)著，铃木主税译:《美中奔流》，共同通讯社，1999年，第60~61页。

大会上，日本只能可怜地附和美国的方针，与美国一道提出“重要事项指定方式”（提议由联合国来指定，须取得表决人2/3赞成而不是过半数的重要问题）提案等。尽管如此，美国却跳过日本，与中国走到了一起。

在前驻美大使朝海浩一郎的《我的履历书》中写有一个与此相关的颇有意思的插曲。朝海担任驻美大使是在20世纪60年代初肯尼迪总统执政期间。这是他在美国的国家军事学院（National War College）演讲时发生的一件事。在演讲后的答疑中，有位上校提出了这样一个问题：“作为日本的大使，在处理日美关系过程中，您最担心的是什么？”朝海大使大致作了如下回答：“某日美国政府突然打来电话，说有要事让我过去。我过去后听到‘美国政府决定承认中华人民共和国，因此在公布此决定的前一日向友好国家日本通报一声。谢谢，这里请回’，然后被指向门口。”朝海大使的担忧不幸被言中了。在前驻日大使约翰逊的回忆录中，就把此事作为“朝海大使的噩梦”作了介绍。现实情况则更加辛辣，美国根本不是在公布的前一日通知这种“越顶外交”的，而是在公布前的最后一刻，并且还只是电话通知。

五、日中邦交恢复谈判

针对因美国越顶外交造成在邦交恢复谈判中落后于人的日本外交的现实，日本国民和媒体舆论的批评相当严厉。当时，佐藤荣作首相被奚落为“佐藤无策”[①]，最终不得不于当年的7月辞去

---

① 佐藤荣作的“作”的日文发音同“策”的发音一样。——译者注

首相一职。佐藤的最后一次记者招待会开得十分不同寻常。“为什么记者们都在这里？我讨厌报社记者。”当佐藤在会场说漏嘴时，“那么，我们都出去吧！”“走吧，走吧！”报社记者全体退出了会场。最后，佐藤面对留下的几个电视台工作人员和摄影师做了个冷清的退任声明。

佐藤首相绝非无能无谋之人。他在1972年5月实现了冲绳回归。其实，冲绳回归是由濑长龟次郎等代表的冲绳县县民开展的回归日本的民众运动的结果，而并不仅仅是依靠国家政府层次的谈判实现的。[①] 冲绳历史上先后经历过1879年的琉球处置[②]、1945年的冲绳战役、1950年的行政分离[③] 等三次因日本的私利而被任意摆布的情况。1972年冲绳回归本土后，又背负了作为美军基地的这一沉重负担。1974年，佐藤因实现冲绳和平回归的功绩获得了诺贝尔和平奖。然而，后来在诺贝尔奖评审委员会编纂的《百年纪念志》上却写着：授予佐藤和平奖是错误的。如果这样被记录在内，倒不如一开始就不要授予为好。佐藤晚年时虽对人权问题寄予极大关注，投身于“大赦国际”（Amnesty International，政治犯的人权保护团体）等活动，但对越南战争、对华外交、围绕冲绳回归问题的秘密协定（1969年11月的佐藤—尼克松会谈上，

---

① 中野好夫、新崎盛晖：《冲绳战后史》，岩波书店，1976年。

② 琉球处置是指在明治政府统治下琉球进行了一系列的加入日本近代国家的进程。在此期间，冲绳在1872年被设置为琉球藩，1879年废藩置县，到翌年发生分岛问题为止，前后跨越九年。——译者注

③ 1945年美日冲绳战役之后，冲绳被美军占领。1950年冲绳的美军政府改称为美国民政府，但任命美国远东军司令麦克阿瑟为首任民政长官，美国琉球司令比特勒为民政副长官，由美军来统治的状况并未发生实质改变。可以说日本通过把琉球群岛扔给美军控制来谋求自身的尽早独立。——译者注

达成“去核、与本土同等、两三年内”回归原则的背后，又签订了当发生紧急事态时允许核武器进入冲绳的秘密协定，以及本该由美军支付的400万美元的军事用地复原补偿费由日本来承担的秘密约定）等，在采取亲美的外交政策上具有不可推卸的责任。

继佐藤之后就任首相的是田中角荣。田中就任两个月后的9月25日，与外相大平正芳等一行飞赴中国。这是日本首相的首次访华。在同毛泽东、周恩来会谈后，于29日发表了《日中联合声明》，就此达成了三点共识:（1）承认中华人民共和国政府是中国的唯一合法政府;（2）理解和尊重台湾是中华人民共和国领土不可分割的一部分的立场;（3）中华人民共和国政府为了中日两国人民的友好，放弃对日本国的战争赔偿要求。

中日间意见分歧最大并使会谈陷入困境的是围绕如何表达对侵略战争的道歉以及战后处理的问题。田中首相在25日下午的第一次会谈和晚上的欢迎宴上致词时，先后两次提到“在第二次世界大战中，日本给中国人民造成了相当大的麻烦（日语为‘迷惑’）”。这“迷惑”一词，按照中文里“添麻烦”的意思被日方翻译成日常使用的“麻烦”，并传达给中方。对“麻烦”一词，中方的抵触情绪非常强烈。在翌日的会谈上，周恩来提出了如下异议：

田中首相对过去不幸的过程深感遗憾，并表示要深刻地反省，这是我们能够接受的。但是“添了很大的麻烦”这一句话，引起了中国人民强烈的反感，中国遭到侵略蒙受巨大损害，用

"添了很大麻烦"之类的说法是说不过去的。[①]

田中角荣听后慌忙拼命解释道:"日语中'迷惑'一词是诚心诚意表示谢罪的意思,还有'以后不会重蹈覆辙、请求原谅'的含义。"就"迷惑"一词产生的纠纷,其责任在日方翻译,日本的报纸等对此进行了报道。但与其说是翻译的问题,不如说还是"迷惑"这一日语词汇本身的问题。最终关于日本的战争责任,双方在联合声明的前言中以加上下文的方式,达成了协议:

日本方面痛感日本国过去由于发动战争给中国人民造成重大损害的责任,并表示深刻的反省。

尽管有这样的龃龉,田中首相和大平外相致力于日中邦交恢复正常化会谈的姿态基本上还是真挚的,也得到中方的认同。这可以从即使在田中因洛克希德事件[②]下台后,来日访问的中国要人还经常拜访田中宅邸以示敬意中得到印证。1972年9月29日发表日中联合声明,日中间的邦交得到恢复。台湾"外交部"获悉后,立刻表示与日断交。日本和中国台湾于同年12月签订"日台民间交流协定"。作为相关的实际事务处理机构,台湾在日本设

① 罗平汉:《中国对日政策与中日邦交正常化》,时事出版社,2000年,第239~244页。

② 事件起源于美国洛克希德公司为与竞争对手争取订单,在推销其新型宽体飞机L-1011三星飞机时,不惜向日本首相田中角荣及其他重要政治家行贿5亿日元,令原本打算采购洛克希德的竞争对手产品——麦道的DC-10客机的全日空公司被迫购买三星客机。田中因被指控金权政治而被迫于1974年12月下台。田中角荣还因此事被判处有期徒刑,但其仍在幕后指挥日本政治走向,对自民党党内有强大的影响力,直到1987年田中派分裂为止。——译者注

立了“交流协会”，日本在台湾设立了“亚东关系协会”。此后，日本于1978年和中国签订《日中和平友好条约》，明确把立足点转移到重视同中国的关系上来。而美国从1972年发表中美联合公报至两国邦交正常化却经历了一段时期，直到1979年1月1日才发表中美建交公报。并且美国尽管在1979年4月把驻台美军全部撤回，但把《与台湾关系法》作为美国国内法生效。《与台湾关系法》是为保护台湾免遭中国大陆的军事威胁，约定向台湾地区提供武器的法律。至今每年仍有数十亿美元的武器从美国出口到台湾。

六、台湾的民主化运动及大陆与台湾的关系

中国大陆和台湾在1949年以后，隔着台湾海峡一直持续敌对状态。直到20世纪70年代在大陆政府和台湾当局之间仍存在统一中国的争斗。20世纪80年代以后，对立的基轴转变为围绕合并台湾实现一个中国（大陆方面），或台湾独立另成一国（台湾方面）的斗争。前面已说过在社会主义的中国大陆实行的是社会主义体制，而在资本主义的台湾，也对反体制派进行了极其残酷的镇压。这也给大陆和台湾的关系投下了巨大的阴影。

发生于1947年的“2·28”事件[①] 的背景就是台湾地区的行政长官陈仪的统治遭到台湾民众的反抗。取缔私卖烟草的官员向民众开火成为导火索，导致暴动蔓延，政府方面得到军队支持，

---

① 1947年2月28日，台湾军警取缔香烟贩发生枪击伤亡事件，引燃对国民党政府和接管部队不满的台湾本省人的怒火，酿成大暴动，蒋介石则调大陆部队展开全岛血腥镇压，即“2·28”事件。——译者注

采取杀戮方式镇压了抵抗。死亡人数估计达18000~28000人。侯孝贤导演的电影《悲情城市》就讲述了因这一事件而家破人亡的一位台湾实业家家族的悲哀。笔者初次观看这部影片时，放映结束后仍久久无法离席。中国电影界的陈凯歌和张艺谋导演的作品虽然也很精彩，但不迎合欧美市场商机的台湾侯孝贤的作品最吸引笔者。

一直到1987年，台湾持续30年执行了戒严令，把台湾民众置于远离民主主义的体制之下。[①]《丑陋的中国人》的作者、以犀利的评论而著名的柏杨曾是《自立晚报》的编辑，1968~1977年曾因叛乱罪而被捕入狱。1979年发生的高雄事件[②]（美丽岛事件）就是对要求民主化的党外势力进行的官方军事镇压。被军事法庭起诉的民主派省议员林义雄的家遭到袭击，其母亲和女儿惨遭杀害。

翌年的1980年，陈水扁担任在高雄事件中被逮捕的民进党主席黄信介的辩护律师。陈水扁后来历任“台北市市长”，最终登上“总统”宝座。陈水扁的妻子因遭到暴徒袭击而瘫痪。利用权力进行镇压不光局限在台湾岛内。撰写《蒋经国传》、旅居洛杉

① 蔡德本:《台湾本省人》，集英社，1994年。

② 美丽岛事件又称高雄事件，当时国民党当局称其为高雄暴力事件叛乱案。这是于1979年12月10日的国际人权日那天在台湾高雄市发生的一场重大官民冲突事件。以美丽岛杂志社成员为核心的党外人士，组织群众进行示威游行，诉求民主与自由。其间发生一些小冲突，但在民众长期积怨以及国民党当局的高压姿态下却愈演愈烈，竟演变成官民暴力相对，最后以国民党当局派遣军警全面镇压收场，成为台湾“2·28”事件后规模最大的一次官民冲突。此事件对台湾的政局发展有着重大影响，国民党不得不逐渐放弃自迁台以来的一党专政路线，以应时势，甚至解除了长达38年的戒严，开放党禁、报禁，台湾社会因而得以有更充足的自由、人权。——译者注

矶的作家江南被台湾“国防部情报局”指派的黑社会成员所杀，就是因为其书中写有批判蒋介石、蒋经国父子的内容。

台湾的戒严令和强权政治中虽然有同大陆进行对立的影子，但台湾的政治经济体制并非保持着当初的“反共军事独裁”而毫无变化。由于成功地实施了土地改革、由技术官员主导的工业化，台湾渐渐地向“发展独裁”的体制转变。①

中国改革开放后，中国大陆和台湾之间的经济文化交流取得了显著发展。隔着台湾海峡，在中国大陆厦门的宣传牌上写着“一国两制，统一中国”的口号，而台湾金门岛的宣传牌上至今仍写着“三民主义，统一中国”的口号。台北的故宫博物馆里陈列着许多从北京故宫带去的珍宝和工艺品。台湾虽然不断强化独立意识，但随处可见以“一个中国”为目标的历史性痕迹。

1997年香港回归中国时，香港中国化，还是中国香港化之类的话题在媒体上热议。不过在社会和文化方面，比起曾长期是英国殖民地的香港来说，处于国民党统治下的台湾更近似大陆。例如在回归前的香港，广东话和英语是其主要官方语言，而在台湾，普通话是官方语言；在车辆行驶上，香港是右侧方向盘、靠左行驶的英国式，而台湾和大陆一样，都是左侧方向盘，靠右行驶；无论大陆还是台湾，在经济发展上都是国有企业发挥巨大作用。在香港，人们都会给学生取个类似安（Ann）·黄、爱德华（Edward）·李之类，除中文本名之外的英国式名字，但在台湾几乎没有这样的迎合西欧式的做法。

2005年12月，在马来西亚首都吉隆坡召开了东亚峰会。与

① 若林正丈:《台湾——分裂国家和民主化》，东京大学出版会，1992年。

此同时，在台湾召开了国际研讨会“中国的崛起和亚太地区的未来”（The Rise of China and the Future of the Asia-Pacific Region，台湾“外交部”主办，台湾亚洲基金会承办）。笔者在这次研讨会上也得到了一个作报告的机会。许多作报告的专家学者们的讨论都集中在顾虑中国的经济实力和军事实力的增强，台湾该如何回避这一问题上。于是，笔者决定以突出强调与此稍微不同的观点来作报告。台湾不要局限在台湾这一狭小区域内，不如把积极参与促进中国社会的稳定发展作为目标去努力。其他国家做不到的事，台湾能做到。当然笔者也认为中国绝不能用武力统一台湾，而且两岸统一的道路还很长，极力主张台湾独立也并非上策。从现状来看，台湾实质上已是一个独立的经济体，而且照现在这样在东亚地区不断加深经济文化交流的话，将很有可能实现构建东亚共同体的理想。也就是说从这当中自然而然就能看到两岸关系的解决方向。

七、邓小平和胡耀邦的访日

中国从1978年末开始在邓小平领导下实行改革开放的政策。1976年，周恩来、朱德、毛泽东，三位领导中国革命的巨星相继陨落。邓小平逐渐掌握内政、外交政策的实权。1979年1月，邓小平访问了日本和美国。这次访问不仅在外交上具有重大意义，也给中国社会带来巨大的震撼。因为随着报道邓小平行程的电视新闻的播出，日本和美国民众的日常生活也作为影像一起被中国人看在眼里。在中国的学校里，根据马克思主义的理论，一直教授的是资本主义的劳动者忍受着压榨，挣扎在贫困中。但在实际的资本主义国家里，普通劳动者的家庭里也有彩电、空调、小汽车，而且住在设施完善的住宅中。人们开始思索起来。邓小平自己也在参观学习现代化工厂的设施和技术的过程中，意识到有必要引入市场经济的竞争机制。坐上新干线，他说感觉催人奋进、受到鞭策也是在这个时候。邓小平在参观新日铁千叶君津工厂的最新设备后，决定将之引进中国，并邀请松下幸之助到中国投资建厂。在新日铁的协助下建设的上海宝山钢铁公司虽然经过各种曲折，终于在1985年建成，如今已成为中国顶级企业之一。被拍成电视连续剧的山崎丰子的小说《大地之子》的主人公陆一心所活跃的舞台，就是以建设这个钢铁公司作为背景原型。

对于社会和体制的变化，长远来看民众的意愿具有决定性力量。邓小平倡导“时间就是金钱，效率就是生命”的市场经济，提倡让有条件先富的人先富起来的“先富论”。民众响应这一号召，向各种经济活动迈进。在这样的改革开放路线下，中国近30年持续保持年增长率近10%的高速增长。

另一方面，虽说放弃了计划经济体制，引进了市场经济原理，但市场经济不一定就能立刻顺利地发展起来。经过20世纪80年代的高速增长期后，也出现了收入差距扩大、贪污腐败严重和从农村到城市打工的众多劳动者劳动条件恶劣等问题。

1987年1月，被称为邓小平路线得力干将之一的胡耀邦辞去总书记职务。胡耀邦1983年访问了日本，并在国会作了演讲，承诺邀请3000名日本青年访问中国。这一日本青年访华活动在1984年得以实现。聚集在北京的日中两国青年最后流着眼泪依依惜别，此次活动取得了巨大成功。然而1985年夏，中曾根首相以公职人员的身份参拜了靖国神社。此外，还发生了胡耀邦曾献花的长崎少女塑像被人用红漆污损的事件。这些事件严重刺激了中国方面。日中贸易中，中方的赤字扩大也进一步加剧了中国与日本的矛盾。由于中曾根首相自己曾同胡耀邦总书记倡议建立中日“相互信赖”的关系，所以此后再未正式参拜过靖国神社。与小泉首相不同，这点正是中曾根首相作为政治家的老练之处。

无论哪个国家都有主张对外采取强硬路线的人。他们最优先考虑的是维护国家利益。但是，一旦追求短视狭隘的“国家利益”时，反而有损本国的长期利益。参拜靖国神社、污损长崎少女塑像，这些对于坚持对外强硬派的人来说，也许是种坚持自己信念、值得自豪的行为，但实际上却是让那些成为对日外交窗口的中国方面的政府官员和企业人员陷于苦境。这种结局对日本来说，难道不是自己卡自己的脖子吗？

八、日美中关系的新展开

1989年北京政治风波后，美国采取停止对华武器出口、中断政府间高层往来等制裁措施，还要求国际金融机构延缓对华贷款。受此影响，日本也取消了第三批对华日元贷款。然而，停止交流和对话根本无法解决问题。中国被国际社会孤立，也无益于亚洲地区的稳定。日本在1990年的休斯敦西方七国首脑会议上表明将重启对华日元贷款的方针。此后，老布什政府也逐渐缓和制裁，再开对华融资。

美中关系虽然存在着各种对立的因素，但两国间的经济文化交流不断发展，相互依存的关系也不断增强。1993年，国家主席江泽民为出席亚洲太平洋经济合作组织（APEC）领导人非正式会议访问了美国。翌年，克林顿总统在决定将中国的最惠国待遇延长一年的同时，表明今后将此问题与人权问题脱钩。1995年台湾领导人李登辉访美，1996年台湾近海的中国导弹演习等事件，让中美关系暂时陷于紧张。但中美双方一定会朝着缓和对立的方向去努力。1997年国家主席江泽民访美期间，中美约定达成“建设性战略伙伴关系”。1998年克林顿总统访华期间，在“两国战略性核导弹互不瞄准对方”上达成共识。

在美中两国的国内，孕育着利用广泛的渠道将两国联系起来的强大势力。在美国是来自中国的学者、文化名人和企业家，在中国则是留美归国人士。而日中关系长期以来都被比美中关系更广泛的经济文化交流和相互依存的纽带联系在一起。但在面向未来日中关系的交流和人脉的形成上，日本正不断落后于美国。

1992年是中国受邓小平南方讲话的影响、进一步加快改革开放步伐的一年。外国企业掀起对华投资的热潮，中国也基本从1989年的那场政治风波的阴影中摆脱出来。日本也在这一年对中国的再次繁荣起到了重要的作用。4月江泽民总书记访日后，10月日本天皇和皇后访华。但到了1995年，中国的核试验以及日本因此停止对华无偿援助，1996年钓鱼岛问题的再次爆发等，使日中之间发生了一系列的纠纷。1998年江泽民主席访日，尽管在《联合宣言》中提出“建立致力于和平与发展的友好合作伙伴关系”，但当时江泽民主席访日期间表现出来的对历史问题的强硬姿态在日本的评价却并不好。此后，2001年日本对中国产农产品的进口设置限制措施，2002年日本驻沈阳总领事馆事件，还有围绕小泉首相就任后的参拜靖国神社问题以及中国春晓油田的开发，日中间的龃龉不断。日中之间，持续着经济文化交流的发展和围绕政治、历史、领土问题的对立并存的“政冷经热”的关系。

针对经济持续增长的中国，日本也出现了“中国威胁论”和攻击中国的言论。其中还有日本虽然对华给予了巨额援助，但中国民众对此知之甚少、中国政府也宣传不足的看法。事实上，在1979~2002年间，日本对华日元贷款累计达2.9504万亿日元，无偿资金合作和技术合作也有2597亿日元之巨。这一数额占中国接受来自外国的两国间政府发展援助的50%以上。如果还包括国际合作银行（JBIC）的商业融资在内的话，就达7万亿日元以上。[①]但是，在此必须明确以下几点：

第一，日本对华援助的大部分是日元贷款和JBIC的商业融资，无偿援助的金额并没有那么多。日元贷款和商业融资即便是低息，也必须要本息一并偿还。从中方来看，这是背负日元升值风险的资金借入，与无偿援助的性质完全不同。

第二，对华援助在促进中国继续改革开放政策和参与国际社会方面发挥了巨大贡献。川田侃已经论述过日本自20世纪80年代起对社会主义中国经济改革的成功和参与国际社会不惜给予支援和合作，是日本为实现亚太地区发展所承担的职责和发挥的作用。[②]在让中国并入国际合作的轨道、发展市场经济这点上，日本的对华援助对于东亚的和平和稳定发挥了极其重要的作用。给予他人支援和帮助是否得到对方的感谢并非大问题，重要的是这些援助是否真的起到了作用。别说中国民众不知道日本援助一事，也未得到中方的感谢，就是在日本，知道日本利用世界银行

① 日本财务省委托调查:《中国新体制下的诸问题——关于对华支援的现状》，国际金融信息中心，2004年。

② 川田侃:《以国际经济政治学为目标》，御茶水书房，1988年，第307页。

的融资（各项目资金合计达8.6亿美元）修建了东海道新干线和东名高速公路（东京至名古屋）一事的日本人也不多。如果想得到中国普通民众的感谢，就必须从培养能策划出受普通民众欢迎的项目并使之得以实现的人才开始去努力。

第三，中国方面也有一些人把放弃战后赔偿和要求援助相捆绑，认为正因为中国放弃了赔偿，所以日本对华援助也是理所当然的。这样的言论完全违背了1972年日中在发表联合声明时着眼日中关系未来发展的中国领导人的精神，是一种贬损中国信用的行为。

九、从经济层面来看日美中关系的龃龉

无论是内政还是外交，长期左右一国政策的最大因素是经济上的利害关系。优先考虑政治关系和意识形态而有损经济利益的政策即使在短期内能够取得成功，也无法长久持续。在日本、美国这样的资本主义体制的国家里，这一理念较容易得到理解和赞同，而在社会主义的中国也是如此。

中国改革开放后经济显著增长。2005年中国的GDP继美、日、德之后位居世界第四位。出口总额超过日本，继美、德之后排在第三位。出口依存度（出口额/GDP）在1979年为5.2%，而2005年则上升到34.2%。与同年的日本（13.1%）、美国（7.2%）的数值比较来看，中国的比率相当的高。[①] 1985年中国的原油出口为3003万吨，进口为零，但到2005年出口807万吨，进口为1.2682

① 小岛丽逸、堀井伸浩编:《巨大化的中国经济和世界》，亚洲经济研究所，2007年。

亿吨，成为石油进口大国。此外作为海外企业投资国，最受关注的也是中国，对华直接投资额在1979~2005年间累计达6224亿美元。如同资源小国日本把贸易立国作为国策一样，人口大国中国也只有同国际社会相协调来谋求自身的发展。

再看进入20世纪90年代以后日美中的贸易关系。美国对日本和中国出现巨额的贸易赤字。由于累积的贸易顺差，每年大量的美元流入日本和中国。如把这些资金直接投放到外汇市场上，日元和人民币就会升值，从而抑制本国的出口产业，所以政府货币管理当局或央行就会卖出日元买入美元（中国则是卖出人民币买入美元）进行外汇干预。其结果是美国的贸易赤字表现为日本、中国的外汇储备（政府货币管理当局或央行持有的外汇）的增加。截至2006年9月，各国的外汇储备总额中，中国位居第一，达到9879亿美元，第二是日本，为8812亿美元。2007年3月，中国的外汇储备过万亿，达到12020亿美元。

相对于中国国内10%的金融利率而言，美国国债的收益率为5%，所以购买美国国债对中国来说并不是个良好的资金运用方式。因此，2007年6月，中国决定将2000亿美元的外汇储备出资给海外投资运作公司。但是如此高风险的运作方式作为外汇储备的使用方法来说，并非正道，也非主流。

日本卖出日元买入美元的外汇市场干预所需的日元资金是通过发行政府短期证券（FB）这一国债来筹措的。这样积累起来的美元（外汇储备）由财务省外汇市场课来运作。具体的运作方法没有对外公布，但据说外汇储备的75%被用来购买证券，证券的80%又是美国国债（《朝日新闻》2004年3月5日），由此可推算出日本大概外汇储备的60%都用来购买了美国国债。据说中国也一样，70%~80%都是以美国国债为主的美元资产。根据美国财政部的数据显示，2007年6月世界各国所持有的美国国债余额为22187亿美元。其中，约28%被日本、18%被中国（仅大陆方面）持有。也就是说包含伊拉克战争费用在内的庞大的财政支出，美国是用从日本和中国的借款来填补的。[①]

如果像2007年美国金融利率比日本高3%的话，日本用外汇储备购买的美国国债一年就有1.5万亿~2万亿日元的收益，但美国的财政说不定什么时候就会破产。过多向外发放巨额贷款时，由于贷款人（债权人）担心成为呆账，渐渐会顺从借款人(债务人)要求而不得不放贷的情况在金融界也是常有的事。何况美国在世界政治、军事、金融、信息方面具有绝对影响力。日本和中国绝不可能卖掉美国国债使美国经济陷入危机。由于支撑着美元作为世界通用货币的地位，无论是日本还是中国，都走上了一条如果美国经济破产，本国经济也将破产的与之成为一个命运共同体的道路。

倾向将美国国债的持有余额相应减少的是欧盟各国。英国和德国在2000年3月购买的美国国债超过了中国，但在4月急剧减持。这与1999年1月1日欧洲货币联盟（EMU）的成立紧密相关。《华盛顿邮报》的汤姆·利德（T. R. Reid）认为欧盟才是第二超级大国“欧洲合众国”。在金融、通商、政治全球化的世界里，有可能威胁美国霸权的不是日本和中国，而是欧盟。对于欧盟内的企业来说，欧盟经济融合的益处在于既无须顾虑国境和货币的问题，又不受20多个政府当局的干涉，而且还能打进占世界

① 广濑隆:《日本的未来 亚洲的未来》，日本实业出版社，2004年，第157~167页。

GDP30%、拥有5亿人口的市场。在EEC（欧洲经济共同体）、EC（欧洲共同体）、EU（欧盟）这一系列欧洲区域融合的发展过程中，也发挥着阻止“二战”后新兴的日本等亚洲各国及地区的产品涌入的经济壁垒的作用。欧洲新单一货币“欧元”在被投入市场后，不到三年就已成为世界最强的货币。欧元对美元的汇率在2001~2006年间上涨了40%。假日酒店、唐恩都乐甜面包圈连锁店、吉普、阿姆科公司、七喜、布克兄弟高档服装等可被称为美国贸易标志的众多企业，都加入到欧洲企业集团的旗下。[①]

2007年，次贷问题引发的金融动荡席卷了世界。所谓次贷，是指类似日本泡沫经济时期的住专[②]的专项住宅金融高利贷（年利率约为20%）。在美国，不光是不动产公司，连收入不高的普通人都把还在支付房贷的自家住宅作为担保，转而再去借钱投资不动产。在房价不断上涨，账面隐性赢利时倒还好，一旦房价开始下跌，就如同日本的经济泡沫破灭一样，就会出现担保物的价格暴跌和无法还贷的问题。在财政和贸易的赤字不断膨胀的情况下，由于经济泡沫的破灭和美元的暴跌，还存在着美国将陷入债务违约这一危机的可能性。[③]

---

① T. R.利德著，金子宣子译：《“欧洲合众国”的真面目》，新潮社，2005年，第141~148页。

② “住专”的全称是“住宅金融专门会社”。“住专”是由母体银行共同出资设立的主要从事面向个人住宅按揭贷款服务的金融机构。泡沫经济时期，金融机构面向“住专”的融资大量增加，而“住专”对房地产市场的贷款也大量增加。泡沫破裂后，随着地价的不断下跌，“住专”的不良贷款犹如滚雪球般地膨胀起来。在对“住专”坏账问题的处理中，最后不仅动用了纳税人的钱，而且还因为其中牵涉到各方错综复杂的利益关系，留下了很多后遗症，给日本金融体系的持续动荡不安埋下了伏笔。——译者注

③ 副岛隆彦：《美元霸权的崩溃》，德间书店，2007年，第155~157页。

日本要么选择风险较高的、和美国成为命运共同体的道路；要么探寻另外一条路途虽然艰险，但对建设和平和经济文化交流来说具有相当发展前途的、同亚洲一起共存共荣之路；要么则作为真正的友邦，迫使美国走上严格紧缩财政和缩小军备的和平之路。总之，应该呈现出面向国际和平与长期展望的姿态。

2007年8月，日本和东盟就缔结经济合作协定（EPA）最终达成协议。东盟已经和中国、韩国签订自由贸易协定（FTA）。以东盟+3（日、中、韩）为中心的东亚经济融合，进而面向建设东亚共同体的方向，按照自由贸易的意愿，不断深化发展。EPA在包括接收护理福利[①]方面的研修生和从业人员，以及制定投资和知识产权相关规则等方面，比FTA包含的范围更广，它的根本在于促进以撤销关税为主的自由贸易上。如同欧盟当初也是从煤钢共同体（ECSC）起步一样，经济成为区域融合的牵引力是双方在利益追求上的必然选择。然而，对于横跨比欧洲更为广阔的地域，区域内差距较大、人口众多、社会和文化也多种多样的东亚地区来说，通过自由贸易来实现的市场融合并不一定就能带来这一区域内的发展和社会稳定。比起因自由贸易带来的长途运输，地产地消的方式对环境而言更为适宜。欧洲如果是从煤钢共同体起步的，那么东亚也可以从把可再生能源的技术开发和普及作为目标的“东亚环境技术共同体”开始起步。对包括中小企业在内的日本产业界来说，可贡献的技术有很多。不断深化以充实

① 在日本有种“护理福利员”的专门职业，主要为日常生活自理困难的人提供洗浴、排泄、就餐、家务、购物等方面的护理服务。EPA也接收护理福利员、护士等从业人员。——译者注

环境、教育、福利等社会性共同资本为支柱的国际合作和国际交流，推动扎根于各个地域的和平制度的建设将成为东亚地区共存共荣的关键所在。

第七章　国际政治经济的结构和权力

一、全球化资本主义的破坏性

1. 何谓全球化？

东西方冷战结束后，资本主义的市场经济成为主宰世界的体系。在全球化资本主义下，贸易不仅扩大到世界规模，资本和企业的对外投资也大规模地迅速展开。全球化的第一层含义是指物、人、资金、信息跨越国境自由转移的意思。

有这样一个黑色幽默：

问：什么是全球化？

答：一位曾是英国王室的妇女和一个埃及人陷入爱情，在巴黎乘坐德国产小轿车时，被骑着日本产摩托车的法国狗仔队追逐，最后引起交通事故的意思。[①]

但这些定义只说明了全球化的表面现象，关于其结构和权力

① 早坂隆：《世界的日本人笑话集》，中央公论新社，2006年，第217页。

问题还未说清。苏珊·乔治给出的定义是:“全球化是指大型跨国企业为了获得贸易和交易上的自由以及集中财富和权力而进行融合的一种制度。”[1] 这一定义尽管有缺陷，只看到全球化资本主义的支配和权力集中的一面，但确实还是抓住了其本质。

全球化资本主义带来跨国企业自由发展的同时，也实现了实体经济同金融的分离。1995年世界商业和服务的贸易额为5万亿美元，而世界外汇交易总额达到430万亿美元，两者之差竟达80多倍。金融曾经是承担贸易结算的业务，实体经济和金融之间又是互相关联的。但在全球化资本主义时代，实体经济的经营和金融的运作出现了巨大的背离。并非是为了买卖物资而使用金钱，而是利用金钱来购买金钱的投机交易占了很大比重。在这样金融交易巨大化的背景之中存在以下内情:

第一，无法控制承担着世界通用货币角色的美元的流通量。美国的境外银行所持有的美元和美国国内银行不同，不受美国联邦储备制度的约束。也就是说，由于不受商业银行要把贷款额的一定比率作为存款准备金上缴中央银行制度的制约，导致美元的贷款额会急剧膨胀。

第二，由于信息产业的发达，世界金融市场通过在线连接，可瞬间完成巨额交易。

第三，向哪个对象投资多少之类的实质性决定权集中在大银行和对冲基金等少数资金管理人的手上。

第四，在金融效率化和全球化不断深化的现代资本主义制度下，顾客甚至要求资金管理人要在一个月内的短期时间里就要产

① 苏珊·乔治:《赞成/反对全球主义》，作品社，2002年，第13页。

生利润。因此，巨额投资资金为了获得短期的利润而在世界范围内游走。[①]

2. 亚洲金融危机和对冲基金

1997年秋，亚洲金融危机爆发，亚洲各国的货币和股票暴跌。币值和股价的下跌导致亚洲金融市场损失1万亿美元。失业率也飙升，泰国达到危机前的3倍，印尼达到10倍，韩国达到4倍。

亚洲金融危机的原因在于，随着泰国金融市场的自由化，大量的海外热钱涌入，并流向不动产和股票，从而产生了泡沫经济。1996年经济泡沫破灭后，不动产行业和金融机构相继倒闭，加上出口疲软，泰国陷入通货币值暴跌的境况。[②] 在亚洲各国发生的货币币值暴跌的连锁反应也和对冲基金的运作密切相关。所谓对冲基金，就是个人或企业集团拿出巨额资本来运作的国际性投机集团。

亚洲金融危机爆发前，来自海外的众多资本汇集到金融利率较高、经济比较景气的泰国。而且，由于泰国采取的是美元固定汇率制度，所以向泰国投资不存在汇率变动的风险，对投资家来说是个相对安全有利的投资。然而，对冲基金盯上了当时泰国的贸易赤字持续数年、泰国货币泰铢兑换美元的价格较高这一点。

---

① 大卫·C.科顿（David C. Korten）著，西川润、樱井文译:《所谓全球化经济的怪物》，施普林格东京出版社，1997年，第236~237页。

② 河合正弘:《东亚各国货币动摇的结构》，载《世界》1997年12月号，第131页；泷井光夫、福岛光丘:《亚洲货币危机——东亚的动向和展望》，日本贸易振兴会，1998年，第23~24页。

今后若持续这一情形的话，泰铢对美元的固定汇率制度将会取消，泰铢将不得不贬值。事先预计到这一点的对冲基金以迅猛的势头发起了抛售泰铢的行为。

1997年夏，泰国金融管理当局为了维持泰铢兑美元的汇率，同来自海外压倒性的抛售泰铢买入美元的行动针锋相对，抛售美元买进泰铢。但弱势对强势，泰国的外汇储备立刻见底，已无法再用买进的手段来支撑泰铢的价值。最终，泰国不得不放弃维持泰铢兑美元的固定汇率制，泰铢变为浮动汇率制。泰铢兑美元的汇率从1997年7月到10月仅三个月的时间就暴跌了35%。泰国泰铢的暴跌相继波及东南亚各国。几乎是在泰铢暴跌三个月的同一时期，印尼的卢比、马来西亚的林吉特、菲律宾的比索兑美元的汇率也分别大幅下跌了32%、26%、22%。

对冲基金大量抛售泰铢利用的就是信用交易的方式。我们以1997年夏季到秋季的对冲基金的信用交易为例，首先，7月2日对冲基金从泰国的银行借入240亿泰铢后将之换成10亿美元，即抛出泰铢买入美元。像这样短期大量地集中抛售泰铢的结果是泰铢币值下跌，只有以前价格的65%。接下来，对冲基金在10月13日以6.5亿美元赎回240亿泰铢，并将这240亿泰铢返还给泰国的银行。通过这仅仅三个月时间的信用交易，对冲基金就挣取了10亿美元和6.5亿美元的差额3.5亿美元的利润。

对冲基金自身拥有的资本并不雄厚。被称做“对冲基金三剑客”的乔治·索罗斯（George Soros）、朱利安·罗伯特森（Julian Robertson）和路易斯·贝肯（Lewis Bacon）的基金合计起来也才只有400亿美元左右。但一旦把它运用到“杠杆原理”上，就能进行50~100倍于自有资本的投资。[①] 例如，首先将自有资本1亿美元和贷款9亿美元合起来进行10亿美元的投资。投资对象如果升值一成，自有资本就增加1亿美元。然后，以此为担保借入8亿美元后再以这个贷款为担保，从别的银行那里再借入7亿美元。如此一来，对冲基金所能够运用的资本就能像滚雪球一样膨胀起来。现在世界上对冲基金的数量接近1万家，可运作资产总额达到12000亿美元。[②]

笔者在亚洲金融危机最严峻的1997年9月，因日本亚洲经济研究所的研究项目，调查访问了泰国、新加坡、印度尼西亚。当时在印度尼西亚发生了大规模的森林火灾，山火难以扑灭。山火产生的浓烟甚至飘散到了马来西亚和新加坡，这些地区全被烟雾笼罩，并产生了导致视野极其有限的"霾"现象。笔者在等待由新加坡飞往雅加达的航班时，听到了大约一小时前在苏门答腊岛附近海面上发生飞机坠毁的消息。据说，原因正是由于浓雾造成的视野受阻。金融危机加上烟雾灾害和飞机坠毁事故，使人的心情变得暗淡消沉。

据印度尼西亚当地报社的记者说，为了扩大大型种植庄园，就必须开垦森林，但比起一棵一棵地去砍伐树木，采取放火烧山的方式显然更省力更高效。当时的森林大火有可能就是因此引发的。金融危机和霾现象都与全球化的进展密切相关。

---

① 滨田和幸:《对冲基金》，文春新书，1999年，第130~131页。

② 《高风险和格斗（上）：对冲基金》，载《日本经济新闻》2007年3月29日。

3. 各国、各区域市场规模的差异

东南亚发生的金融危机并不仅限于东南亚地区，还波及了中国香港、韩国、日本等地。亚洲金融危机最严峻时，日本也有大银行和大证券公司破产。北海道拓殖银行曾是北海道地区最有名的地方银行。山一证券作为日本四大证券公司之一，曾是主要的金融机构。这类优良金融机构为何破产？原因之一就在于拓殖银行在泡沫经济时期扩大融资，背负了大量的不良资产，而山一证券自己的经营也出现停滞。如果没有被以美国投机资本为主的对冲基金大量抛售股票的话，拓殖银行和山一证券应该不至于倒闭。

奥村宏认为，日本泡沫经济破灭的基本机制在于通过股票持有的法人化和相互持股，导致股价被推升时，又从1987年起引入期货交易（信用交易的一种形态），从而使得股票的供求无法得到控制。

实行信用交易后，由于投资家即使自己没有股票也能抛售股票，从而煽动了投机的热潮，具有破坏实物市场供求关系的作用。山一证券在其后赎回贬值股票和债权的约定下，不断反复采取向有关公司和交易方进行临时销售的方式，即所谓的“跳账”，因此造成损失额急剧膨胀。[①] 掌握这一信息的对冲基金预测到山一证券的股票必然下跌，便策划并使山一证券倒闭了。

① 奥村宏:《股票的计策》，平凡社新书，2006年，第227~230页。

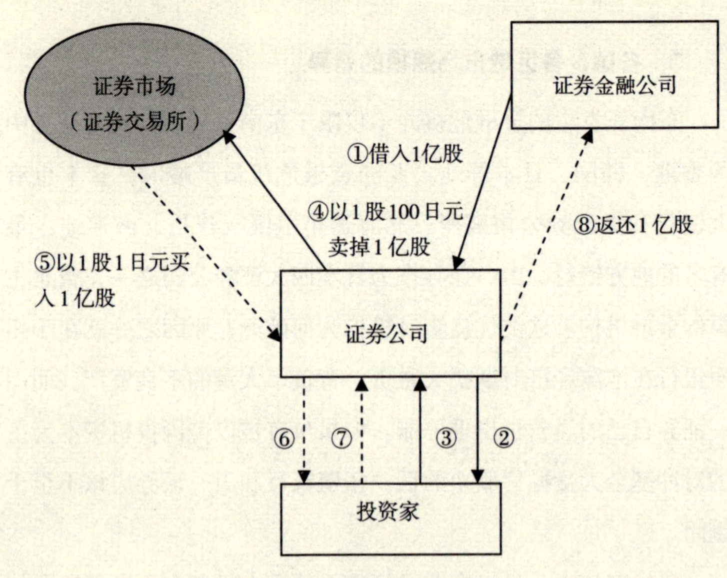

图7-1 信用交易的结构

资料来源：笔者参考日向野利治《提心吊胆的信用交易》（明日香出版社，1998年，第32~37页）整理作成。

请参看图7-1。对冲基金首先采用信用交易的方式，从证券金融公司（与证券业务相关的专业金融机构）那里借入1亿股，再把正常经营的山一证券的股票以每股100日元的价格售出。这样100亿日元就进了对冲基金的口袋里（图7-1的①~④）。如此大量的股票集中抛售的后果是山一证券股票暴跌，最终不得不宣告破产。接下来，对冲基金把借入的股票返还给证券金融公司。已宣告破产的山一股票虽已一文不值，但即便如此，对冲基金仍按照1股=1日元的价格再次买入1亿股用来归还借入的股票（图7-1的⑤~⑧）。④和⑤交易差额的99亿日元就是这期间用信用交易获得的对冲基金的利润。企业的倒闭，无论是对企业员工，还是对整个经济都将带来重大的损失，但相反有人却因此而暴富。

拓殖银行在1997年11月17日破产。当初的拓银1股曾是67日元。破产后，被装入整理箱的拓银股票在1998年2月之前，有6亿股按照1股1~2日元的价格被赎回。由此可见有人至少收益360多亿日元的差额资金。1997年11月21日破产的山一证券的股票数额更大，共有18亿股被赎回。因山一证券的倒闭，有人至少获利1800多亿日元。[①]

日本长期信用银行是根据1952年的《长期信用银行法》[②]，以长期资金的供给为目的的具有较长历史的民间金融机构之一，而且还因拥有竹内宏等少有的经济学家而著名。后来，这家长银的经营恶化，在财政向其投入5万亿日元的公有资产后，于1998年10月倒闭。破产后的长银资产被新生银行仅以10亿日元购得，其业务也被接管。新生银行的最大股东是高盛集团（Goldman Sachs）的投资公司——利浦伍德控股公司（Ripplewood Holdings LLC）。但偏偏竟然就是这家美资投资公司兼任了长银破产后的会

---

① 伊东光晴:《“经济政策”这样行吗——现代经济和金融危机》，岩波书店，1999年，第11~12页。

② 《长期信用银行法》是日本战后为组建和管理长期信用银行而制定的法律，简称“长银法”。战后，盟军废除了前特殊银行制度，让普通银行来接受所有贷款业务。但是为了维持日本经济的高速发展，1952年12月，《长期信用银行法》正式发布执行。1952年12月，日本兴业银行从普通银行正式转变成为了长期信用银行，随即日本长期信用银行也宣布成立。1957年，日本不动产银行（1977年改名为日本债券信用银行）成立。随着90年代日本泡沫经济的崩溃，长银和日债银分别宣布破产，随后被国有化出售给私人投资机构，成为了新生银行和青空银行。兴业银行被富士银行合并进了瑞穗银行。2004年4月，新生银行正式成为普通银行。2006年4月，青空银行被转换成了普通银行，所有由《长期信用银行法》产生的银行全部宣告终结。——译者注

计审计。由想买这件商品的人来决定该商品的价格，当然是不可能作出公正评价的。难怪对5万亿日元的公有资产究竟消失在何处的疑虑怎么也消除不了。[①]

面对亚洲金融危机，泰国政府为了对抗对冲基金抛售泰铢，想用买入的方式来支撑泰铢。但是对方运用巨额资本，瞬间就让泰国政府的外汇储备耗尽。拓殖银行和山一证券的情况也是投机方狂抛的股票数量极大，根本不是一家公司所能支撑得住的。实际情况是一旦成为投机方的饵食，几乎没有哪家企业能与之抗衡。

通过比较亚洲金融危机最严峻的1997年8月这一时期的世界股票市场的市值总额来看，美国压倒其他国家和地区，位居首位。假设美国的股票市值为100的话，其他的顺序为日本33、英国30、德国8、法国7、中国香港5。东南亚各国则更小，其结果仅为：马来西亚1.8、新加坡1.3、印尼0.7、菲律宾0.5、泰国0.5。[②]即使到了2006年10月，情况也几乎没有变化。纽约证券市场为14.8万亿美元的话，东京市场为4.5万亿美元，伦敦市场为3.6万亿美元，香港为1.5万亿美元。

美国股票市场的整体规模很大，而且各个企业的资产也相当雄厚。2002年美国的股票市值总额前10位的企业分别是微软、沃尔玛、通用电气、埃克森美孚、辉瑞制药、强生、AIG（美国国际集团）、花旗集团、可口可乐、宝洁。这些企业仅一家公司的股票市值总额，就超过了某一国股票市场的整个市值总额。首位

---

① 高杉良：《外资的真相》，光文社，2002年。

② 伊东光晴：《"经济政策"这样行吗——现代经济和金融危机》，岩波书店，1999年，第50页。

的微软达到2440亿美元，第10位的宝洁为1160亿美元。个人资产的规模也相当庞大。微软公司创始人比尔·盖茨的资产在1999年达到1000亿美元。这一数额可与当时泰国的GDP总额1225亿美元、马来西亚的GDP总额791亿美元相匹敌。

在股票市场和资产规模上存在如此巨大差距的情况下，如果推动贸易、投资和金融的自由化，将会如何呢？根据“国际金融三元悖论”理论，某国在宏观经济的运营上是不可能同时实现以下三点的：（1）自由的资本移动；（2）汇率稳定；（3）金融政策的独立性。既无强大的国际竞争力，又无充足的外汇储备的发展中国家如果实施前面的第（1）点，那么第（2）点和第（3）点就会出现危机。主张在泰国、韩国、印尼实行海外资本贸易自由化的是信奉新古典派理论的各国中央银行和调查部门的经济学家们，然后与他们互相呼应，从外部施加压力想要实现资本市场自由化的是美国财政部和国际货币基金组织。在日本的经济泡沫从产生直到破灭的这一过程中，日本国内外也存在着推动金融管制的松动和资本市场自由化的新古典经济学性质的动向。[①] 资本主义市场经济下的自由竞争是一个弱肉强食的世界。类似身强力壮的成人和步履蹒跚的幼儿之间展开竞争，胜败乃一清二楚。针对全球化资本主义的破坏性和危险性，对冲基金的头号人物之一乔治·索罗斯（George Soros）自己也这么说：

金融市场就像破坏建筑物的一个巨大的铁球一样在运动，从

① 理查德·A.韦纳（Richard A. Werner）著，吉田利子译：《日元的支配者——是谁让日本经济崩溃》，草思社，2001年，第292~304页。

一个国家撼动到另一个国家，击溃了弱小的国家。[①]

二、国际政治经济的结构

1. “霸权国家”美国的世界战略

由于世界上社会主义阵营的消失，出现了作为引领资本主义的美国一国独大的局面。美国在经济、军事上都确立了“霸权国家”的地位。2003年美国的GDP达11万亿美元，把第二名日本的4.3万亿美元远远地甩在了后面。正如在第一章已论述的那样，美国的军费也独占世界军费总额的半壁江山。

此外，美国还有作为潜在的破产国家的一面。2004年度美国的财政赤字达到4126亿美元（45万亿日元）。2002年以后财政支出急剧增加的最大原因是因伊拉克战争导致的国防预算的猛增。2003年以后，在扩大正式的国防预算基础上，又增加了追加补充预算1910亿美元和国土安全保障费用的增额。2004年美国政府的累计债务达7.4万亿美元，并且其中1/3的2.5万亿美元是外债。美国的贸易赤字也在2003年度达到4265亿美元。

背负着如此沉重的巨额财政赤字和贸易赤字，美国经济为何没破产呢？这是因为：第一，美元是世界基础货币，美国能够发行美元用以支付外债。1971年8月，美国公布了停止美元兑换黄金的新经济政策（尼克松冲击）。由此，美国摆脱了1盎司黄金等于35美元的黄金—美元本位制（战后的布雷顿森林体系）的束缚，

---

① 乔治·索罗斯著，大原进译:《全球化资本主义的危机》，日本经济新闻社，1999年。

将自由发行世界基础货币的特权掌握在手中。财政赤字、贸易赤字通过国债来筹措，当难以偿还国债时，直接印刷美元就可解决。第二，日本和中国等持有巨额外汇储备的国家大量地购买美国国债。如前一章所述，日本和中国的货币管理当局为了防止日元、人民币升值而介入外汇市场，买入并支撑美元。日本、中国积攒的外汇储备（美元）被用来购买美国国债。只要外国购买国债，美国又不断发行国债的话，就总能够作为消费者持续进口。日本2005年度国家财政累计债务为827万亿日元，相当于日本国内生产总值（GDP）的1.5倍，国民人均为648万日元。日本背负着庞大的财政赤字的同时，却又支撑着美国政府的贷款。①

北野幸伯认为，美国世界战略的目标在于保持其作为霸权国家的地位。为此，需要以下三个条件：（1）维持美元体制；（2）确保石油利权；（3）在一超（美国）四强（欧盟、中国、俄罗斯、日本）体制下维持其支配权。特别是对于苦于财政赤字和贸易赤字的美国来说，维护作为基础货币的美元的地位至关重要。②

曾有人因为想动摇美元的地位而被美国清除。此人就是伊拉克的萨达姆·侯赛因。2000年9月24日，当时的伊拉克总统萨达姆·侯赛因宣布："作为石油货款，今后一概不接受美元，全部按欧元来销售。"海湾战争失败后遭到制裁的伊拉克当时只能通过联合国来销售石油。10月30日，联合国表示接受伊拉克的这一意向。这与动摇美元作为基础货币地位的动向相一致，对美国来说是最不愿被触及的地方。美国发动伊拉克战争，逮捕了萨达

① 广濑隆：《日本的走向 亚洲的走向》，日本实业出版社，2004年，第165页。

② 北野幸伯：《支离破碎的霸权国家》，风云舍，2005年，第74~77页。

姆·侯赛因，并对其进行军事审判，最后慌忙将其处死的理由之一难道就不在于此吗？

北野幸伯还预测推翻了伊拉克的萨达姆政权后，美国世界战略的下一个目标就是伊朗。其理由是因为伊朗具备了以下四个条件：（1）石油和天然气的生产大国（扩大美国石油业界的利权）；（2）伊斯兰教国家（美国要维护基督教右派和以色列的利益）；（3）中东的国家（同理）；（4）反美（同理）。美国前总统布什获得支持的根基就在于新保守派和军事产业的复合体、石油业界、基督教右派，还有以色列。① 就算布什政府卸任后，只要要求此类政策的势力一直存在，伊朗就会被置于极其危险的境地。

2. 全球化媒体的支配

国际政治经济的结构和权力随着时代的推移而不断地变化。从19世纪末至20世纪前半叶的帝国主义时代，与产业资本相结合的金融资本拥有很大的实力。20世纪末的全球化资本主义时代，全球化媒体作为一种巨大的权力开始登场。1991年以来，由美国的合众国际社（UPI）和美联社（AP）、英国的路透社（Reuters）、法国的法新社（AFP）提供了世界上90%的资讯信息。这些资讯中当然是关于欧美各国的报道占大多数。据说合众国际社71%的报道都是关于美国的信息。由于全球化媒体的展开，以发达国家国民为主、占世界人口20%~30%的人们通过共同的文化体验被同时联系起来。约翰·汤姆林森（John Tomlinson）把这种状况形

① 北野幸伯：《支离破碎的霸权国家》，风云舍，2005年，第234~235页。

容为“文化帝国主义”。[①]

山本美香作为日本新闻（Japan Press）的记者，在巴格达采访了伊拉克遭轰炸一事。山本针对在报道战争的现场看到的信息操控和记者们的被害情况写下了这样一段话：

美国好像是这样想的：“不服从的就要清除。这对我们美国来说是一种正当行为。”这虽然令人恐怖，但都是半岛电视台的塔利克、路透社的塔拉斯、西班牙电视台的何塞等人被杀的事实告诉我的。在战争中，谁都丧失了理智。美国为了坚持唯独自己的“正义”而发动了这场战争，发疯似的进攻，杀害了众多市民，接着向记者们瞄准射击。[②]

3. 发展中国家的累积债务问题与国际货币基金组织和世界银行

在谈到国际政治经济的结构时，必须事先弄清产生发达国家和发展中国家之间差距的结构问题。在贸易中存在着发达国家出口高附加值的工业产品，而发展中国家出口低附加值的农产品和原材料的这一结构问题已在前面说过。即便在投资和金融领域里，提供资金的也总是发达国家，而发展中国家则穷于应付债务的偿还。苏珊·乔治认为，1982~1990年代期间，发展中国家返还给发达国家的债务有13450亿美元（a）。其中，半数以上的7060亿美元被充当利息支付。从发达国家流向发展中国家的资金

① 约翰·汤姆林森著，片冈信译：《全球化主义——超越文化帝国主义》，青土社，1997年，第342页。

② 山本美香：《未被直播的巴格达》，小学馆，2003年，第133~134页。2012年8月20日，山本美香在叙利亚采访政府军同反政府军之间的武装冲突时被子弹击中，遇难身亡。

是9270亿美元（b），由援助、捐赠、贸易信用、民间直接投资、银行贷款等组成。a、b的差额4180亿美元就是从发展中国家那里得到的发达国家资金的净增部分。[①]发展中国家就算偿还贷款，支付了利息，仍然积留有贷款，还要继续背负债务偿还重担的经济结构就这样产生了。

筱原三代平曾经把发达国家对发展中国家的企业投资、技术出口变为发展中国家产品进口的增加，最后又返回到发达国家的现象叫做“飞去来器效应”。发展中国家受债务积累的拖累也会转来转去回弹性地最终对发达国家和整个世界都带来各种影响。苏珊·乔治把这一现象叫做“债务飞去来器”。例如，第一是地球环境的破坏日益加剧。发展中国家为了获取外汇，必须促进农产品的出口。为了扩大香蕉、咖啡的大型种植庄园，或为了扩大农场放牧而砍伐森林，并大量使用农药和化肥。第二是快速获取外汇的手段是走私毒品。在玻利维亚、哥伦比亚、秘鲁等南美各国，被称作“金三角”的缅甸、老挝和中国的交界地区，近年塔利班政权倒台后的阿富汗等地种植着大量的毒品。这与美国民间的毒品扩散密切相关。第三是发展中国家如果拖欠偿还债务，发达国家就必须向经营状况恶化的银行注入公有资金。第四是为了促进债务偿还，发达国家如果扩大从发展中国家的进口，将会给发达国家的产业带来冲击，使发达国家的就业岗位减少。第五是南北间收入差距如果扩大，发展中国家流向发达国家的移民和劳工就会增加，有可能造成发达国家的就业波动和社会混乱。第六

---

① 苏珊·乔治:《债务飞去来器——第三世界债务威胁地球》，朝日新闻社，1995年，第9页。

是债务危机还会导致战争。海湾战争中入侵科威特的伊拉克就背负着科威特100亿~120亿美元的债务而难以偿还。在海湾战争中支持攻打伊拉克的埃及有着向美国、沙特阿拉伯、科威特借债达200亿~250亿美元的软肋。站在美国一方，埃及才能让美国将这些债务一笔勾销。而对美国来说，埃及债务减少后才有可能再向埃及出口武器。

针对发展中国家的债务危机问题，国际机构为了促进债务的偿还，采取了种种对策。最具代表性的是20世纪80年代中南美债务危机时适用的"结构调整"政策。世界银行（WB）、国际货币基金组织（IMF）劝说难以偿还债务的发展中国家采取以下面三条为主的政策：（1）推动市场经济化和民营化；（2）通过削减财政支出来缩减财政赤字；（3）通过货币贬值来促进出口。是否响应这一劝告则被作为世界银行和国际货币基金组织向各发展中国家融资的条件（附带条件）。

最初引入结构调整政策的虽然是世行，但世行逐渐将无息和低息的软贷款的重点领域从促进市场经济化转向扶助农村和贫困地区，以及环境保护上。尽管如此，还是有对世行的严厉批评。实行小额贷款的孟加拉乡村银行总裁穆罕默德·尤诺斯（Muhammad Yunus）这样说道："他们根本不顾当地的实际情况，只是把自己的想法和方便强加于人。着手大项目和制作漂亮的报告书就是他们的工作，完全无视现实的贫困。"[①] 此外，推动电力、燃气、水务等公共服务部门商业化和民营化的也是世行。所以，还有人批评世行这样一来就造成了发展中国家的贫困阶层更加难

① 《日本经济新闻》2007年4月19日。

以享受到这类基本服务。[①]

与世行部分转换方针相反，IMF甚至把“结构调整政策”当做自己的代名词一样，强力推进着这一政策。1994年至1995年的墨西哥货币危机、1997年至1998年的亚洲金融危机，还有东欧的前社会主义国家向市场经济转换时，IMF都曾劝说过采取结构调整政策。在市场经济并未自律性发展起来的发展中国家，即使实行了经济自由化，市场机制也无法发挥作用。财政支出的急剧削减会进一步减少基础设施完善、教育和社会保障的资金，还会造成景气衰退。对出口产业还未成长壮大的发展中国家来说，货币贬值很可能进一步加重偿还外债的负担，而不是促进出口。IMF的结构调整政策是否真的把发展中国家的利益放在第一位来考虑并加以推进，这是很令人怀疑的。IMF优先考虑的难道不是发达国家的利益，特别是为了金融界让发展中国家履约偿还债务吗?

约瑟夫·E. 斯蒂格利茨（Joseph E. Stiglitz）是一位曾就任世界银行副总裁的著名经济学家。他对IMF的批评就相当严厉:“在市场常常不会有效发挥作用的信念上成立的IMF如今变成了市场至上主义者，狂热地信奉着这一理念。”[②] IMF推进结构调整政策的结果是各国的经济反而陷入停滞和混乱，世界范围的不平等和贫困更加扩大。其中一个例子就是阿根廷。阿根廷在1992年成立的梅内姆政权下，按照IMF的处方，实行了民营化以及贸易和国际资本转移的自由化。在阿根廷的比索兑美元的固定汇率制度下，发生了和亚洲金融危机中的泰国一样的情况。外汇储备见

---

① 国际调查记者协会编:《世界的“水资源”被支配着！》，作品社,2004年，第21页。

② 约瑟夫·E. 斯蒂格利茨著，铃木主税译:《使世界陷于不幸的全球化主义的真相》，德间书店，2002年，第31页。

底，外债剧增。2001年阿根廷陷入债务违约之中，并发生了导致27人死亡的暴动。

IMF是依据决定二战后国际货币体系的《布雷顿森林协定》[①]，于1945年12月成立的。IMF最初把为维护各发达国家间的汇率稳定而进行融资作为自己的主要任务。但到20世纪70年代，随着取消固定汇率制，逐步向浮动汇率制转变，当初的任务已无必要。因此，IMF把自己的主要任务转移到发展中国家的融资上，在实施以“结构调整”为主干的政策劝说中，找到了自己的存在意义。一般有这样一种倾向：一旦成立起来的国际机构在完成了原有任务后，就需要为了自身的存续找到新的工作。现在的IMF是依靠向金融援助国家（发展中国家）融资获得的资金利息收入来进行运营的。但曾受货币危机影响的巴西（1998~1999年）、阿根廷（2000~2002年）等国家由于近年经济的良好发展，增加了提前还债的数额。因此IMF贷款项目资金的利息收入减少，2006年还出现了1亿美元的赤字。各会员国甚至提出要进行业务调整和大幅削减人员的要求，然而IMF在各国宏观经济政策的监督（监视功能）上找到了自己存在的意义。这里面“组织机构的规律”也起了作用，即组织机构的维持及其构成成员的就业和收入要优先于其社会必要性。

---

① 布雷顿森林协定（Bretton Woods Agreements）是第二次世界大战后以美元为中心的国际货币体系协定。该协定源自1944年7月，44个国家的代表在美国新罕布什尔州布雷顿森林召开联合国和盟国货币金融会议，称为“布雷顿森林会议”。这次会议通过了《联合国货币金融协议最后决议书》、《国际货币基金组织协定》和《国际复兴开发银行协定》两个附件，总称《布雷顿森林协定》。布雷顿森林体系（Bretton Woods system）是该协定对各国就货币的兑换、国际收支的调节、国际储备资产的构成等问题共同作出的安排所确定的规则、采取的措施及相应的组织机构形式的总和。——译者注

曾是秘鲁的外交官和担任过联合国大使的奥斯瓦尔德·德·里贝罗（Oswaldo de Rivero）注意到了IMF和世行对发展中国家进行支配的一种结构。里贝罗认为IMF、世行所象征的"国际官僚机构"变成了对所有发展中国家的经济政策指手画脚并进行监督的"超国家性质的权力"。发展中国家政府如果拒绝世行、IMF单方面提出的政策，就会被国际社会排除在外，无法得到融资。IMF和世行"在对谁都不负责的情况下，对发展中国家每个国民的日常生活不管好坏都带来了影响"[①]。很难期待IMF、世行自己打破作为"国际官僚机构"的组织机构的规律。对IMF、世行的出资额，一直都是美国第一，日本第二。对IMF和世行的改革，日本国民也有发言的权利和义务。

4. 市场经济和军事独裁

如前所述，IMF一直在劝说发展中国家实行以市场经济为中心的"结构调整"政策。一些人认为，社会主义是非民主主义的和贫穷的，资本主义是民主主义的和富裕的，特别是20世纪80年代末社会主义阵营消失，社会主义体制下的种种不合理被暴露出来后，这种认识逐渐扩大。但笔者认为不能简单地这样划分。

海地是被纳入美国经济圈的市场经济国家，但即使在发展中国家中也算是最贫穷的。从1957年起将近30年的时间，由杜瓦利埃父子维持了亲美的军事独裁政权。国家贫困得曾被说成"穷得光脚的人比穿鞋的人还要多"。

---

① 奥斯瓦尔德·德·里贝罗著，梅原弘光译:《剥下发展神话的假面具——全球化真的能使世界变得富裕吗？》，古今书院，2005年，第54页。

智利1970年在阿连德执政下，引入由价格统管和基础产业国有化构成的社会主义政策。美国对这种社会主义性质的政策抱有危机感。1973年皮诺切特在美国支持下发动军事政变，推翻了阿连德政府。皮诺切特引入了美国芝加哥学派的新古典经济学的市场原理的思想，推行市场化政策。[①] 同时，也打出压制反体制派的重拳。工会领导人、记者、学生等反体制派的人们遭到严酷镇压。死亡、失踪人员达3000人，遭到严刑拷问的人约有3万之多。曾在阿连德执政期间担任过外交部长的莱特列尔在华盛顿的美洲大学当教授。莱特列尔开展运动，批判美国政府支持皮诺切特的行为。他说："独裁和自由化是一枚硬币的正反两面。"1976年在华盛顿，莱特列尔遭到暗杀被炸身亡。据说是奉协助美国中央情报局的智利秘密警察机构DINA的头目的命令执行的。[②]

美国为了阻止智利的社会主义化，推行市场经济化，不断地支持军事独裁政权，于是市场化和军事独裁结合起来。美国一直采取的是自己不直接插手来铲除"眼中钉"的方式。"中情局不愿被美国民众知晓的'活动手法'之一就是自己来培养军队和警察的负责人，并赋予其权力。一旦出现了想收拾处理的人物，就把这些名单通告给那些负责人。"[③] 据2007年6月公开的美国政府内部文件（1959~1973年），1960年中情局策划暗杀古巴主席卡斯特罗，委托美国黑社会毒杀卡斯特罗，并约定事成后支付15万美

① 丹尼尔·A.耶金（Daniel A.Yergin）、约瑟夫·斯坦尼斯洛（Joseph Stanislaw）著，山冈洋一译:《市场对国家（下）》，日经商务人文库，2001年，第55~56页。

② 爱德华多·加莱亚诺（Eduardo Galeano）著，大久保光夫译:《被掠夺的大地（拉美五百年）》，藤原书店，1997年。

③ 查默斯·约翰逊（Chalmers Johnson）著，屋代通子译:《帝国美国和日本 武力依存的结构》，集英社新书，2004年，第89页。

元的报酬。

5. 较之权力关系，探寻权力结构视角的重要性

在以分析国际政治为主的国际关系理论的世界里，尽管描绘了权力关系的动向，但往往忽视了决定这种权力关系的政治经济结构。苏珊·斯特兰奇指出了区别论述“联系性权力”和“结构性权力”的重要性。

“联系性权力”是指在现实主义政治学者撰写的国际关系理论的教科书中，通常所说的A迫使B去做他原本不愿做的事情的力量。例如，美国对巴拿马施加压力，让其变更了巴拿马运河的使用条件等。而“结构性权力”是指形成并决定世界的政治经济结构的权力。苏珊·斯特兰奇认为支配世界的是在生产、金融、知识、军事安全四个方面相联系的结构性权力。在这一结构内部，世界的政治制度、经济企业、科学家及专业人员互相影响，并活动着，国际体制也随之被确定。[①]

我们能否同这样的结构性权力相抗衡，变革弱肉强食的世界，并消除差距和贫困呢？结构性权力非常强大，是无法通过革命等方式一下子进行变革的。此外，如果让其崩溃后而没有取而代之的结构和运营管理的话，就只会使事态更加恶化。与目前的结构性权力相对抗的方式也许可以归纳为以下三点：

（1）推进纠正产生南北差距这一结构的措施和行动。其中还包含取消发展中国家的债务和援助发展、扩充公平贸易等。

---

① 苏珊·斯特兰奇著，西川润、佐藤无彦译:《国际政治经济学入门——国家和市场》，东洋经济新报社，1994年，第37~41页。

（2）强化对全球化和环境破坏的控制。需要提高各国政府的宏观调控功能和政策制定、执行能力。为抑制投机资本的破坏性动向，有必要引入托宾税制[①]。还有，必须强化环境保护的国际合作，以及支持环境技术的普及。

（3）为了实现各区域的和平与发展，必须摸索出根植于各地域的社会和文化的发展之路。不是所有的都靠市场规律来推动，而应把重点放在社会性共同资本的构建上。

① 托宾税是指对现货外汇交易征收全球统一的交易税。这一税种是美国经济学家托宾在1972年的普林斯顿大学演讲中首次提出的，他建议“往飞速运转的国际金融市场这一车轮中掷些沙子”。该税种的提出主要是为了缓解国际资金流动尤其是短期投机性资金流动规模急剧膨胀造成的汇率不稳定。托宾税的特征是单一税率和全球性。托宾税的功能有以下两点：一是抑制投机、稳定汇率；二是可以为全球性收入再分配提供资金来源。——译者注

第八章　和平的制度化——国际政治经济学的理论体系

一、构筑和平的方法

1. 和平的概念和构筑和平的方法

何谓和平？在回答这一问题时，可以说几乎一定会引用约翰·加尔通（Johan Galtung）的定义。约翰·加尔通就是1959年成立奥斯陆国际和平研究所的和平学界的泰斗，他还兼任德国萨尔兰大学和瑞士伯尔尼大学的教授。在其著作《结构性暴力与和平》中，加尔通将之定义为“和平就是消除暴力，创造出抵抗暴力的力量”（前言）。在此基础上，他又把和平分为“消极和平”和“积极和平”。

加尔通认为“消极和平”是指无战争的状态。这意味着不存在直接的、个人的暴力，即所谓的狭义的和平。而“积极和平”是指不存在间接的、结构性的暴力，意味着“不存在起因于国际和国内社会结构的贫困、饥饿、压迫、排斥、歧视的状况”，即是广义的和平。[①] 加尔通最终的目标当然是实现广义的和平。如果站在现代的角度上来列举广义和平的条件的话，则要在加尔通的定义上再进一步追加环境、福利、教育这几个方面。

和平的概念如果能分为狭义和平和广义和平的话，那么在实现狭义和平和广义和平的方法与手段上也应该有所不同。联合国前秘书长加利在1992年的报告《和平纲领》中，把维护国际和平和安全的联合国的行动分为预防外交、创造和平、维持和平、强制和平、构筑和平这五种。[②] 此外，2000年的《联合国和平行动问题小组报告》(*The Brahimi Report*，又称《卜拉希米报告》）特别强调维持和平与构筑和平紧密相关。[③] 上杉勇司认为"维持和平"的重要任务在于"制止纷争当事人之间的敌对行为，维持治安和秩序"。而"构筑和平"的目标是"通过消除成为纷争原因的争斗点或转换其性质的方式来重新建立当事人之间的社会关系"[④]。

如果对应上述约翰·加尔通的和平概念来说的话，实现"狭义和平"的行动是维持和平，实现"广义和平"的行动就是构筑和平。下面将就这一内容进行详细的说明：

首先，狭义和平遭到破坏的情况是指现实中发生了战争和武力冲突。这是需要采取所谓危机管理的紧急对策的情况。如置之不理任其发展，则死伤人数将不断增加，物资损失也会扩大。治

① 约翰·加尔通著、高柳先男等人译:《结构性暴力与和平》，中央大学出版部，1991年，第44~45页，以及《译者后序》第231页。

② 上杉勇司:《维持和平与构筑和平的接点》，参见山田满等编著:《新和平构筑论——从纷争预防到复兴支援》，明石书店，2005年，第88页。

③ 上杉勇司:《不断变化的联合国PKO和纷争解决——结合和平创造与和平构筑》，明石书店，2004年，第14~15页。

④ 同上，上杉勇司:《维持和平与构筑和平的接点》，第102页。

安也将恶化，并会进一步发展为二次受害、三次受害。其上策是根据联合国的决定，派遣维和部队，让其立刻停止战争和武力冲突（联合国维和行动，PKO）。

《卜拉希米报告》还阐明了让当地人参与和平建设的重要性，为此提出了以下五项建议：（1）具有速效性的项目；（2）选举是实行民主化和建立公民社会的综合性目标中的一部分；（3）由文职的警官对当地警察部队进行改革、培训、改组，使其成为以民主的方式来维持治安和人权的警察；（4）对军事人员、警察和其他文职人员进行关于人权问题和国际人道主义法律相关规定的培训；（5）前战斗人员武装的解除、复员和重返社会。《卜拉希米报告》在强调为尽早恢复治安而设置民主警察以及解除前战斗人员的武装这两项的重要性的基础上，还进一步摸索让当地人参与和平构筑的方法。可以说这是在联合国以前的维和行动的经验基础上具有实践性的建言。①

其次，正如在1992年的索马里、1994年的卢旺达所看到的一样，派遣联合国部队并不一定就能使维和行动取得成功。在无法制止战争和武力冲突的情况下，作为中策，只能派遣治疗和收容伤员的救援队，以及向难民供给食物和衣服等。像这样在实现狭义和平上所能做的事情非常有限。一旦爆发战争和武力冲突，将会出现招致更多仇恨的连锁反应，阻止暴力就会变得极其困难。这样考虑的话，日常性的努力构筑广义和平，避免产生爆发战争和武力冲突的原因，比起维和行动来更有成效，而且更加重要。

① 筱田英郎：《和平构筑与法律支配——国际和平运动的理论性、功能性分析》，创文社，2003年，第26页。

图8-1显示了构筑广义和平的方法。破坏广义和平的因素多种多样。将这些因素和对策大致进行分类的话，可以分为以下四大类：

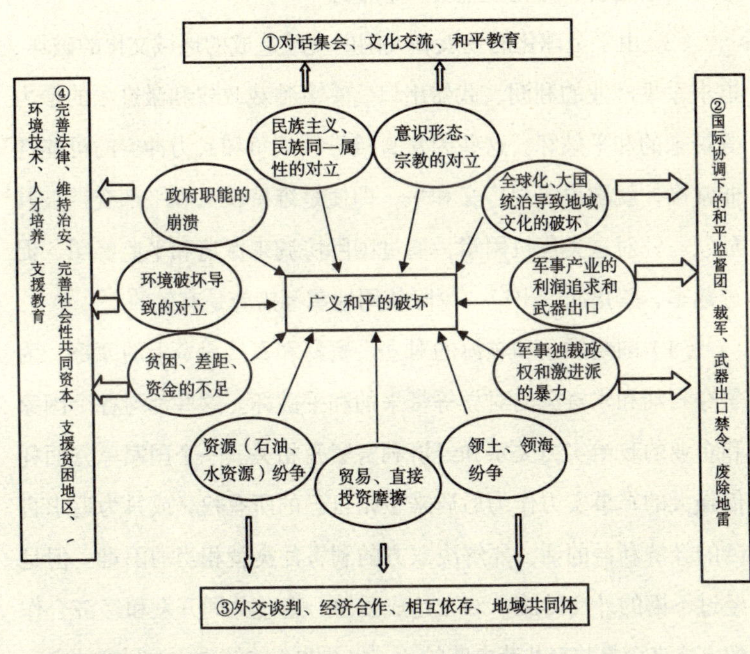

图8-1　广义和平的构筑方法

资料来源：（1）山田满等编著：《新和平构筑论——从纷争预防到复兴支援》，明石书店，2005年；（2）筱田英郎：《和平构筑与法律支配——国际和平运动的理论性、功能性分析》，创文社，2003年；（3）冈本三夫：《和平学的轨迹和展开》，法律文化社，1999年；（4）苏珊·乔治：《鲁加诺秘密报告——全球化市场经济生存战略》，朝日新闻社，2000年；（5）迈克尔·T.克莱尔：《世界资源战争》，广济堂出版社，2002年；（6）唐奈拉·H.梅多斯（Donella H. Meadows）等：《增长的极限——人类的选择》，钻石社，2005年。

（1）因民族主义、民族的同一属性的对立，或是意识形态、宗教的对立等带来的和平破坏。在这种情况下，重要的是促进相互理解和交流，消除对对方的歧视和偏见，必须有组织有计划地推动对话集会、文化交流及和平教育。

（2）由于全球化的发展和大国的支配造成的地域文化的破坏、追求军事产业的利润、武器出口、军事独裁政权和激进派的暴力等带来的和平破坏。这些因素直接导致战争和武力冲突的可能性非常高，就别说实现广义和平，即使是维持狭义和平都变得极其危急。针对这类危机因素，通过国际协调来派遣和平监督团、促进裁军、禁止武器出口、废除使用地雷等措施是有效的。

（3）围绕领土和领海的对立、贸易和直接投资上的摩擦、为争夺石油和水资源的对立等带来的和平破坏。这些都与各个国家和企业的政治实力关系和经济利害紧密相关。一个国家单方面凭借强大的军事实力作为后盾来主张自己的所有权，或只为追求自己的经济利益的话，要解决双方的利害冲突就相当的困难。但是经过不懈的外交斡旋，双方达成妥协，通过共同开发和经济合作的方式来探寻共存共荣之路的话，也并非不能解决此类利害冲突。

（4）由于政府职能的崩溃造成的社会秩序和治安的恶化、财政破产、社会保障的欠缺、教育的落后、环境破坏、贫困和差距的扩大等带来的和平破坏。在政府无法发挥功能的国家里，不具备经济充分发展的条件，难以摆脱贫困状态。而正因为贫困，导致无法普及教育，人才培养和技术发展也毫无进展，甚至都无法培养让政府正常运作的官员、公务员的能力和规范意识。为了阻断这种因贫困带来的恶性循环，需要在政治、经济、社会、教育各领域里进行长期不懈的努力。这虽然是在和平构筑问题上最根本的行动，但同时也不是一个轻而易举就能解决的问题。这可以从发展中国家难以消除贫困和经济差距的现实中看出来。

2. 联合国的性质和局限

在维持和平和构筑和平的行动中，联合国所发挥的作用是不言而喻的。日本的和平外交与联合国中心主义紧密相联也是能够理解的。2004年至2006年联合国会费的分担比率中占第一位的是美国，为22%。日本为19.5%，处于第二位。2006年，在29个联合国机构中工作的日本人人数达到历史最多，有642人。但另一方面，日本人也有容易陷入实现世界和平全靠联合国的“联合国神话”的倾向。实际上，联合国基本上只是一个国民国家间主权互相碰撞、互相妥协的地方，并且安理会常任理事国拥有决定性的权限。从联合国这一组织的性质来看，在维持和平及构筑和平方面，联合国所能做到的事是有限的，而且还存在着作为联合国这一组织所固有的问题：

（1）联合国成立于1945年10月24日，它是在第二次世界大战中胜利的“同盟国”一方的军事同盟的延续。在日本，它同国际性的、面向所有国家开放的联合组织一样，被翻译成“国际联合”，但其正式名称是“United Nations”（英语）、“Organisation des Nations Unies”（法语）、“联合国”（中文）。这的确是战胜国的联合。《联合国宪章》第53条的敌国条款是敌视日本和德国的，而国际联盟（1920年1月至1946年4月）则是把包括战败国在内的确保和平和国际合作作为目标的，故联合国不能单纯说是国际联盟的继承。

（2）《联合国宪章》并未禁止所有的战争。依靠联合国并不一定就能阻止战争。联合国自身的武力行使，成员国个别自卫权的行使，成员国集体自卫权的行使，对前敌国的日本和德国的武力行使，这四种战争是被承认的。①

（3）虽说是"联合国军"，但实际上名存实亡。比如朝鲜战争中，早在1950年6月的安理会决议（苏联否决）之前，美国就投入了驻日美军。1956年的苏伊士运河战争中，以色列和英法联合进攻埃及。苏联和美国想发动联合国介入的决议，但由于英法威胁动用否决权，最终导致联合国部队无法介入。之后在刚果民主共和国停战（1999年）、美军主导的向索马里派遣多国部队（1992年）、卢旺达内战（1994年）等行动中都相继失败。②

（4）联合国大会是一国一票来进行表决的。这一原则虽然是尊重各国主权，但无论人口众多的国家还是人口稀少的国家都同样只拥有一票。站在人口众多的国家角度来看的话，未必就能说是民主的。③ 而且，由于只有美、英、法、俄、中这五个安理会常任理事国才能动用否决权，所以各联合国成员国的权力也并不平等。

（5）正如联合国大学（UNU）校长自己指出的一样，作为国际官僚机构的联合国有这一组织固有的缺陷。由于联合国秘书长是通过安理会的推荐后在联合国大会上被选举出来的，所以比起安理会，秘书长的权限较小，很难发挥领导作用。认定某一国的

---

① 色摩力夫：《联合国的神话》，PHP新书，2001年。

② 琳达 · 波尔曼（Linda Polman）著，富永和子译：《因此，联合国什么也做不了》，艺术社，2003年。

③ 约瑟夫 · S. 奈著，山冈洋一译：《对美国的警告》，日本经济新闻社，2002年，第179页。

行为、事件对和平是否构成威胁的权限在安理会。此外，纽约联合国总部的行政能力和现场实际需求之间的沟壑较大，欠缺思想沟通。[①]而且对于来自发展中国家的工作人员来说，成为联合国职员比在本国当公务员收入至少增加十倍，有时甚至是上百倍。由此也出现了一些人一边从事着发展中国家的扶贫工作，一边在豪华写字楼的舒适办公室里拿着高薪工作的矛盾。[②]

如此一来，联合国无论是从成立时的性质来看，还是从现状来看，都算不上是世界国家，基本上只能将之定位为各国民国家主权相互碰撞和协调的机构。联合国发挥的实现和平的作用虽然很大，但绝不意味着所有的事情全委托给联合国就能实现维持和平和构筑和平。但是，那些因此主张应该立刻加强本国防卫能力，或配备核武器的人，如同第一章所论述的，是一种简单幼稚的论调。

二、和平构筑的理想和政治经济学的理论体系

1. 政治经济学所呈现的理想世界

以上明确了在和平的概念中有狭义和广义之分，以及为了实现这两种和平，需要维持和平和构筑和平两种不同的实现方法。此外，还提到靠联合国中心主义来维持和平和构筑和平也存在着局限性的问题。那么我们该如何去把握和平构筑的理论和方

① 让·马克·夸克（Jean-Marc Coicaud）著，池村俊郎、驹木克彦译:《联合国的局限/联合国的未来》，藤原书店，2007年，第49~84页。

② 格雷汉姆·汉考克（Graham Hancock）著，武藤一羊译:《援助贵族即是蚕食贫困》，朝日新闻社，1992年。

法呢?

前联合国开发计划署(UNDP)署长詹姆斯·G.斯佩斯(James Gustave Speth)曾说过维和行动只是联合国任务之一，社会经济的发展问题才是重要的:

我们知道联合国的维和行动和人道主义援助只不过是联合国各机构的任务之一。从到目前为止的经验来看，如果想对国际社会、和平实施援助行动，不可能不触及发展的问题。因为纷争的火种常常是从社会、经济问题引发的。[①]

我们把斯佩斯的这段话换而言之，就是即便通过“维和行动”实现了“狭义和平”，也无法解决长期的根本性的问题。为了实现“广义和平”，必须推进包含社会经济发展在内的“和平构筑行动”。

在社会经济发展模式里也存在着多种方式。正如我们在“广义和平”中呈现出来的一样，为了建设一个没有贫困、饥饿、压迫、排斥和歧视，并且环境、福利、教育都相当充实的社会，能够因此描绘出一个怎样的理想呢?除此以外，又该依据一个怎样的理论体系和世界观呢?

表8-1是把现代的政治经济学的主要学派分为五类，并将各自的理论体系的内容和特征加以整理后的一个表格。下面就从左开始依次把各个学派所设想的制度和世界观做一个概论。

---

① 联合国志愿者计划编:《和平的构筑法——纷争地带的联合国志愿者》，清流出版社，1999年，第8页。

表8-1 理论体系和世界观

	新古典经济学	马克思经济学	凯恩斯经济学	制度经济学	生态系统经济学
制度	自由资本主义	社会主义	被引导的资本主义	被规制的资本主义	地域循环型系统
所有制	私有制	国有制、集体所有制	私有制	对私有制的限制	地域共同管理
市场观	自由市场竞争	否定市场	市场的不稳定	市场的破坏性	市场的破坏性
政府的作用	小政府为好	全面计划经济	通过财政、金融政策实行宏观管理	社会性共同资本的充实	以地域居民为主体的自治体
生产力发展	无限可能	无限可能	无限可能	有资源、环境的限制	有资源、环境的限制
环境破坏，自然环境和生态系统	可逆，可塑性	可逆，可塑性	可逆，可塑性	不可逆，不可塑性	不可逆，不可塑性
社会中的人	经济人（作为生产者、消费者的人）和“看不见的手”的作用	没有私有财产、阶级、身份上的差别的社会	经济人（作为生产者、消费者的人）和社会的和谐	为回归人性的环境、福利、教育的重要性	为回归人性的环境、福利、教育的重要性
代表理论家	弗里德曼等芝加哥学派	马克思，列宁	凯恩斯，萨缪尔森	凡勃伦，加尔布雷思	瑞德克利夫，沃尔德罗普
同国际关系理论的联系	权力政治（H.摩根索）	世界体系理论（I.沃勒斯坦）	现实主义和理想主义的平衡（E.H.卡尔）	对军事安全、生产、金融、知识的权力结构的批判（苏珊·斯特兰奇）	反全球化（苏珊·乔治）

资料来源：(1) 川田侃：《以国际政治经济学为目标》，御茶水书

房，1998年；（2）宇泽弘文：《宇泽弘文著作集第1卷：社会性共同资本和社会的费用》，岩波书店，1994年；（3）伊东光晴：《经济学的疑问2：现代经济学的变迁》，岩波书店，1997年；（4）村上泰亮：《反古典的政治经济学》，中央公论社，1992年；（5）熊本一规：《可持续性发展和生态系统经济学》，学阳书房，1995年；（6）迈克尔·瑞德克利夫（Michael Redclift）著，中村尚司、古泽广佑监译：《长期可持续的发展》，学阳书房，1992年；（7）M.米切尔·沃尔德罗普（M. Mitchell Waldrop）著，田中三彦、远山峻征译：《复杂系统经济学——科学革命的震源地·Santafe研究所的天才们》，新潮社，2000年；（8）都留重人著，中村达也、永井进、渡会胜义译：《制度经济学的再探讨》，岩波书店，1999年；（9）砚谷明德：《制度经济学的最前沿——理论·应用·政策》，Minenuva书房，2004年；（10）正村公宏：《思考人的经济学——建设可持续的社会》，NTT出版社，2006年；（11）邓肯·K.弗利（Duncan K. Foley）著，龟崎澄夫、佐藤滋正、中川荣治译：《亚当·斯密的谬论：经济神学的指南》，中西屋出版社，2011年。

2. 新古典经济学和马克思经济学

新古典经济学理论认为，正是资本主义下的自由市场竞争才使资源得到合理并有效的配置，并认为政府所发挥的作用应该停留在应市场之需调节货币供给量的程度上，即小政府为好。这是弗里德曼（Milton Friedman）的芝加哥学派代表性理论。英国的撒切尔、美国的里根、日本的中曾根等各届政府都将其作为新保守主义的政策加以推行。尽管同样是市场原理思想性质的政策，撒切尔主义[1]较为重视通过市场化和民营化来搞活经济，而后来的布什总统、小泉首相所采取的政策则把重点转移到激化竞争和扩大差距上。较之顾虑社会性差距的扩大而言，优先考虑的是基于弱肉强食的价值观和世界观，通过竞争刺激社会，提高效率。古典经济学的亚当·斯密也在《国富论》中认为“看不见的手”会带来经济的发展和均衡，从而提倡建立自由的市场经济体系，但同时，他也说过在市场经济运营中需要维护正义的规则和道德。日本一桥大学教授高岛善哉在失明后仍继续从事的亚当·斯密理论研究的主题也在于此。古典派和新古典派的不同就在于是否在各自的理论体系中加入了“道德哲学”。20世纪90年代以后，由于赌场资本主义[2]的倾向日益增强，发展中国家和发达国家之间的矛盾加深，民营化、市场化的发展造成差距扩大和抛弃弱者

① 所谓撒切尔主义，是指撒切尔夫人上台后在保守党内出现的一股占统治地位的“新右派”势力的意识形态，是当代西方“新自由主义”与“保守主义”的混血儿，在新工党执政前主宰英国政坛近20余年。它一方面坚持新自由主义的自由市场经济理论，另一方面却又主张新保守主义的文化右翼纲领政策。它反对建立在凯恩斯经济学和对福利国家的支持之上的“共识政治”，是更为广泛的、从某种程度上说是国际性的反对平等主义和集体主义倾向的一部分。在对待平等问题上，撒切尔主义非常明显地表现出对不平等现象的漠视，或者是对这种现象的积极支持。提出“社会不平等天然就是错误的或有害的”这一观点是“天真的和不合情理的”，平等主义的政策（特别是苏共所遵循的）只能创造出一个单一的社会，而且这些政策只能借助专制力量来推行。在撒切尔主义的主宰下，经济上的不平等现象越来越严重，进而导致了在社会地位和其他领域方面的不平等。——译者注

② 赌场资本主义是英国著名政治经济学专家苏珊·斯特兰奇在《赌场资本主义》这本著作中对当代资本主义经济的一种比喻，它形容当代资本主义具有高度的投机性和风险性。斯特兰奇和其他一些西方左翼学者认为，当代资本主义社会恰如一个巨大的赌场，它具备了赌场的所有要素——赌徒、赌具、赌资、筹码和赌场的规则，它也像赌场一样充满了投机和风险，少数赌徒可能一夜暴富，但更多的则是满盘皆输。——译者注

的现象也随之出现。从国际关系理论的领域来说，新古典派则接近新保守派和H.摩根索（Hans Morgenthau）等人的权力政治理论的立场。

在对市场的态度上，与新古典经济学处于完全对立立场的是马克思经济学。马克思经济学全面否定市场经济，以通过资产、设备的国有化和集体所有化来实现计划经济，把没有私有财产、阶级、身份上的差别的社会作为理想目标。在马克思生活的产业资本主义时代，马克思经济学所倡导的社会主义起到了唤醒受残酷剥削的劳动者的阶级意识的作用。资本主义进入国家垄断资本主义时代后，希法亭（Rudolf Hilferding）的《金融资本论》和列宁的《帝国主义论》登场，提供了反对帝国主义列强侵略的理论根据。但是，马克思经济学倡导的社会主义计划经济的建设实际上并非易事，由于其低效率的资源配置、落后的技术革新、单一且陈旧的消费资料的生产等原因导致在同资本主义的竞争中缺少竞争力。

在国际关系理论的领域里，基于马克思主义的思想展开的是依附理论。在世界资本主义国家里，形成了核心的各发达资本主义国家剥削边缘的发展中国家的一种结构。发展中国家无论怎样努力独立地发展，都还未形成这些努力最后变成利润被返还给发展中国家的一种体系。依附理论在古巴革命后的拉丁美洲各国得到了支持，但如同亚洲“四小龙”的崛起一样，一部分发展中国家实现了经济发展后，其影响力逐渐就衰退了。继承并发展了依附理论的是到20世纪70年代后期才登场的沃勒斯坦（Immanuel Wallerstein，1930~ ）的世界体系理论。沃勒斯坦在把依附论的二元结构（核心—边缘）重新归纳为三层结构（核心—半边缘—

边缘）的基础上，论述了各国在边缘和半边缘的层次级别间就算有升有降，但三层结构的存在本身是不变的这一理论。[①]

大卫·哈维(David Harvey，1935~)也站在了马克思主义的世界观上。他把1978~1980年以后扩大到世界范围的一股市场经济化的潮流作为新自由主义进行了批判。所谓新自由主义，是指主张只有保护私人所有权、民营化、贸易和金融的自由化、削减社会保障等框架措施才能充分发挥企业和个人的能力，给人类带来财富和福利的一种观点。哈维认为，不光里根、撒切尔，带领中国转向改革开放政策的邓小平也属于此。他还论述，各国在被国际性的市场经济不断融合的全球化进程中出现的是财富和权力向资本主义上层集中，以及与国家权力相结合的新的统治阶级的形成。[②]

达拉·考斯塔（Mariarosa Dalla Costa）等人认为,由于IMF、世行的结构调整政策，给非洲妇女带来了被赶出土地和在就业上比男性更加困难的问题。这也可以说是依据资本的原始积累理论的马克思主义的女权主义思想。作为结构调整的抵制策略，考斯塔等人提出的是草根妇女运动[③]、女权主义运动、妇女的民间网

① 石井贯太郎编著:《国际关系理论的研究 理论与实证》, Mineruva书房，1999年，第62页。

② 大卫·哈维著，渡边治监译:《新自由主义——其历史的展开和现在》，作品社，2007年。

③ 以低收入阶层的女性为主的一种民众层次的社会活动。后文中的旺加里·马塔伊（Wangari Muta Maathai）的绿丝带运动可算其一。——译者注

络[①]。[②]发达国家强加的经济发展首先会给妇女和儿童带来巨大冲击的这一主张虽然能被理解，但对此所采取的抵制措施恐怕过于倚重妇女运动的发展了。

认为由发达资本主义阵营和其外围的发展中国家构成的世界资本主义的结构没有发生变化的依附理论和世界体系理论的论述，或者哈维对新自由主义作出的世界史性质的验证等，这些理论从马克思主义的观点出发对现代资本主义的批判是相当尖锐的，但是一说到该如何去变革这种世界资本主义体系的问题时，这些理论就都未能呈示出一个现实可行的版本。[③]

3. 凯恩斯经济学的意义和局限

凯恩斯经济学是一个为尽可能地抑制资本主义经济带来的景气波动，防止资本主义崩溃而提出的理论。与新古典派的市场规律至上的思想不同，这一理论重视的是政府通过财政金融政策来调控宏观经济，以所谓的“被引导的资本主义”为目标。凯恩斯经济学认为，为了实现市场均衡和完全就业，在经济不景气时，通过放宽金融政策和扩大财政支出来唤起需求，当经济过热

---

① 20世纪90年代开始，以NGO为主的国际性网络TCS(Transnational Civil Society)的活动发展盛行起来。在裁军、人权、环境、发展、艾滋病、贸易等众多领域里对国际条约等的订立产生了重要的影响。WCGJ(Women's Caucus For Gender Justice)就是一个以女性为主的一个网络。——译者注

② 达拉·考斯塔、乔瓦娜·弗兰卡·达拉·考斯塔编，伊田久美子监译:《被制约的发展——国际债务政策和第三世界的女性》，Impact出版会，1995年，第14~15页。

③ Bernstein, Henry, *Development Studies and the Marxists,* Kothari, Uma, ed., *A Radical History of Development Studies —individuals, institutions and ideologies,* David Philip, 2005, pp.130~131.

时则通过金融紧缩和削减财政支出来抑制需求。由于有了凯恩斯经济学，资本主义能将经济危机的发生防患于未然，虽然是以一种修正资本主义的形式，但却能存活下来。在国际关系理论的领域里，与凯恩斯经济学发挥相同作用的恐怕是爱德华·霍列特·卡尔（Edward Hallett Carr）。国际关系理论是门新兴的学问，卡尔的经典著作《危机20年》，奠定了后来的国际关系理论的基础。卡尔认为，要在通过武力重视均衡的现实主义和着眼于道德对国际社会影响力的理想主义之间保持平衡的基础上，去实现和平。

由于凯恩斯经济学的出现，资本主义看似实现了市场和政府之间的良性平衡，找到了持续发展的道路。然而站在现代的角度来看，凯恩斯经济学中存在着两大缺陷：第一，缺乏防止出现资源不足和环境破坏的观点，而一味地追求生产力的发展。不仅如此，只要能够刺激经济，无论怎样的浪费性消费都是有意义的这种理论也成为无用的公共事业项目泛滥的原因。在信奉生产力主义这点上，凯恩斯经济学和新古典经济学、马克思经济学处于同一层次。第二，凯恩斯经济学和新古典经济学一样，把人理解为"经济人"（作为生产者和消费者，按照经济合理性行动的人），只看到人的单一面。人在社会生活中，不光具有即使是违反经济合理性也会互相帮助的一面，还有保护环境、追求与自然和谐共生的一面等。凯恩斯经济学缺乏把充满矛盾的行为纳入理论体系的视角。

就资本主义和社会主义的未来，提出了与凯恩斯经济学和马克思经济学截然不同的见解的是熊彼特（Joseph Alois Schumpeter）。熊彼特在《经济发展的理论》（1926年）中，把资本主义的利润源泉归结为企业家独创性的创意和技术革新。[①] 熊彼特认为，资本主义为了具备资本主义的性质，必须不断地进行技术革新产生利润。然而假如经济发展到了最高阶段，也就到了不断的技术革新已是不可能的阶段，这样一来，资本主义就无法具备资本主义性质，最终不得不向社会主义发展（《资本主义、社会主义和民主主义》，1950年）。与预测资本主义会因工人阶级的贫穷化和经济危机而崩溃的马克思经济学不同，熊彼特反向论述了资本主义由于其经济的成功而将不得不转变为社会主义的理论。

熊彼特也饶有兴趣地谈到了瑞典的社会主义。瑞典社会主义是"不断对应着极其正常的社会进步，而且踏实稳健地成长起来的"，而且"知识分子和劳动者双方的素质都很高，故而在两者之间不存在任何大的文化隔阂"。熊彼特认为瑞典社会主义所具有的这些特征是基于"瑞典国民的素质和少有的社会结构的均衡性"而产生的。所以，其他国家的国民想模仿瑞典是"不符合逻辑"的，[②] 并指出采用不符合本国的社会、文化、历史的形式而直接照搬外国的体系也是不会成功的。

4. 制度经济学和生态系统经济学

克服凯恩斯经济学上述两大缺陷的理论是制度经济学。制度经济学的观点认为，资本主义的市场经济具有破坏社会经济、环

① 熊彼特著，盐野谷裕一、中山伊知郎、东畑精一译:《经济发展的理论》(上、下)，岩波文库，1977年。

② 熊彼特著，中山伊知郎、东畑精一译:《资本主义、社会主义和民主主义》，东洋经济新报社，1995年，第520页。

境和文化的危险一面，所以必须限制私有制，规制资本主义的发展，即“被规制的资本主义”。制度经济学在对政府、公共部门领域的定位上也比凯恩斯经济学更加积极，加上产业基础的建设、金融制度的建设等，重视包含环境、福利、教育在内的社会性共同资本的完善。生产力的发展受到资源和环境的制约，并非是无限可能的，因此，制度经济学主张环境一旦遭到破坏就无法复原以及自然环境和生态系统的不可塑性。在这点上，制度经济学同新古典经济学、马克思经济学、凯恩斯经济学里共同的生产力主义有着截然不同的立场。此外，制度经济学还谈到人不光要按照经济合理性去行动，还应该优先考虑人性的回归。制度经济学在人性观上也与新古典派和凯恩斯经济学的“经济人”不同。

制度经济学的代表理论家有在《有闲阶级论》中尖锐批判资本主义奢侈性消费的凡勃伦（Thorstein B. Veblen）、对高度产业社会中上层统治阶级的形成及其腐败和堕落敲响警钟的加尔布雷思（John Kenneth Galbraith）、阐明了社会性共同资本的重要性的宇泽弘文等学者。宇泽认为，在制度经济学追求的理想经济制度下，公民的自由能最大限度地得到保障，人的尊严和职业道德可以得到尊重与维护，并且实现了稳定和谐的经济发展。这样的经济制度并不是被一个普遍的、统一的原理进行了理论上演绎的制度，而是“各个国家乃至区域所具有的伦理的、社会的、文化的以及自然的条件相互交错产生的”[1]，而且这种制度总是对应经济的发展阶段和意识的变革而不断地变化。因此，为保障制度正常

① 宇泽弘文:《社会性共同资本》，岩波书店，2000年，第20页。

发挥功能和运营，承担这一重要作用的是自然环境、基础设施、教育、社会保障、金融、行政等社会性共同资本。在国际关系理论的领域里，与制度经济学立场接近的是苏珊·斯特兰奇。她对支配国际政治经济的军事安全、产业、金融、知识一体化的权力结构具有超越国民国家的力量的现象进行了批判。

最后，作为新的具有复合性视角的学术领域而出现的是生态系统经济学。在承认资源、环境的制约条件和环境破坏的不可逆性这点上，生态系统经济学和制度经济学处于同一立场。此外，在指出为回归人性的环境、福利、教育的重要性上，也与制度经济学相近。二者的不同之处在于如何应对资本主义市场经济的破坏性。生态系统经济学全面否定在全球化中发展的资本主义市场经济，以通过资源的区域共同管理来构建区域循环型系统为目标；对经济运营的调控也非国家程度的规模，而主要是以区域居民为主体的一种自治，把区域内的自给自足作为理想，货币也使用的是区域货币。而制度经济学则没有如此彻底地否定市场经济。生态系统经济学推崇享受当地的自然和景观，品味当地生产的产品的生活方式。这一理论具有“世外桃源”般的世界性共同的魅力。但生态系统经济学还未形成理论的体系化，并且对现实的适用性也只停留在限定区域的实践水平。在国际关系理论的领域里与生态系统理论相近，从根本立场上摆开论阵的恐怕是主张反全球化和取消发展中国家债务的苏珊·乔治。

与生态系统经济学持相同观点，并在世界范围内展开理论实践的一个组织是WWOOF[1]。这是一个为人们提供食宿，让大家在无农药、无化肥的农场劳动，以此亲近自然并进行人与人之间交流的一个组织系统。它1971年始于英国，后传到澳大利亚、新西兰，现在扩展到世界20多个国家。在参加的东道主中除了有机农场，还登记有农家旅馆、农家餐馆、咖啡馆、绿色自然食品商店、自然体验学校、疗养院、陶艺工坊等。笔者的研究室里就有一个女学生觉得这比大学更适合自己的个性，于是休学去了澳大利亚的WWOOF。作为大学教师的我真是愧对其父母。

5. 理论体系和世界观

正如前面各章中的论述，阻止战争和恐怖主义、缩小南北差距、保护环境和传统文化、摈弃生产力主义，以及对抗推动国际政治经济的结构性权力等都是国际社会和各地区实现广义和平的必要条件。本书中将此一并称为“和平的制度建设”。为找到和平的制度建设之路，需要有一套把握现代国际政治经济结构的特征和问题点，并揭示出该朝着哪个方向去变革体制和制度的理论体系。

前面的表8-1里所列出的政治经济学和国际关系理论的各种理论体系并非纯技术性的分析工具。这些理论体系都被各自的人性观、历史观、世界观所印证，并树立了与之相应的理论框架和

---

① WWOOF是World-wide Opportunities on Organic Farms的缩写，简称世界有机农场机会组织，为1972年在英国率先成立的一个组织。当时的用意是为让“都市人”体验农村生活而推出一种“以工换食宿”的工作假期。在澳大利亚、新西兰、丹麦、哥斯达黎加等数十个国家运作多年，串联起全球的有机农场主人与旅人。现在WWOOF已经演变为一种全世界范围内的集旅游、劳动体验及文化交流的特种旅游。——译者注

理想。新古典经济学中的人性观认为人是追求利益而行动的，不会做有损自己之类的事情。新古典派认为各人追求利益会带来整体社会的发展和均衡，但在现代世界里，发展中国家和发达国家之间无论是在资金、设备，还是技术、人才方面，都存在着巨大的差距。在这样的条件下，即使引入自由竞争，也只是财富向原本就富裕的发达国家集中。在新古典派的市场经济体系中，无法实现世界的和平与稳定。

应该如何应对资源的有限性和环境破坏问题，是构建一个未来和平稳定的社会系统的重要前提条件。如果不考虑这一问题，就不可能根据资本主义和社会主义的生产力主义来设计未来的理想。我们必须摸索出一种社会形态，这种社会形态要尽可能抑制资本主义私有制和市场经济带来的差距和环境破坏，并把重点放在保护环境、完善福利、发展教育上。但在资本主义市场经济高度发达的现代社会，建设像生态系统经济学提倡的那种自给自足型社会，在现在还缺乏可行性。现阶段，揭示出最具现实性且较为理想的社会发展蓝图的是制度经济学的理论，它把重点放在充实社会性共同资本上。

制度经济学认为制度是变化、发展的，在制度中劳动、生活的人们的行为也会发生变化。新古典经济学、凯恩斯经济学把资本主义的市场经济体系以及其中的人的行为模式作为前提条件来展开宏观、微观经济理论的论述。在这一点上，制度经济学与新古典经济学、凯恩斯经济学对比鲜明。制度经济学由于批判现行体制以及主流经济学派，当然在美国算是一种非主流的政治经济学。加尔布雷思在《富裕的社会》（岩波书店，1978年）和《新工业国家》（TBS-Britannica出版社，1980年）中，切入到现代资本主义里大型企业的垄断强化和支配的结构，又在《满足的文化》（新潮社，1993年）中明确了发达资本主义国家中富足的人们维护其既得权益的社会结构。即使到了晚年，他的批判精神仍未衰减，针对美国的军事预算，一语道破其总额和分配“在美国大部分都是根据兵器产业这一私有部门和一帮议员们的主导权和压力来决定的”①。他对布什总统从“9·11”恐怖袭击起至伊拉克战争的帝国主义性质的政策的批判也相当尖锐。② 前面说过制度经济学是非主流的，加尔布雷思尽管遭到众多的反对，但仍被推选为美国经济学会会长，由此可见他对美国经济学界的影响之大。

加尔布雷思也曾作为成员参加了德国和日本战后复兴援助的调查团。1949年，在关于向战时的德国实施战略性轰炸的联邦调查委员会的调查报告中，他写道：“除了滥杀无辜和残暴地屠杀平民外，轰炸城市对阻止战争几乎毫无效果，因为在这期间德国战斗机的生产架数反而增加了。”当时，加尔布雷思本来要就任哈佛大学教授一职，但由于此报告，他遭到袒护空军的学者们的阻挠，使他的就任推迟了一年。

加尔布雷思作为战后日本民主化调查团的一员也曾来过日本，而且在肯尼迪政府任期内担任过美国驻印度大使。

我在印度学到的是，发展中国家经济发展需要：第一是教育，第二是资金，第三是政府自身要具有强烈的意识去努力实施……

---

① 加尔布雷思著，佐和隆光译：《无恶意的欺瞒》，钻石社，2004年，第74页。

② John K.Galbraith, *Unbearable Cost: Bush, Greenspan and Economics of Empire*, Palgrave Macmillan,2006.

还想加上一点，这就是和平。[1]

我想和加尔布雷思一起强调的是，发展中国家在实现社会经济发展过程中，最关键的是“社会性共同资本”的充实。社会性共同资本的重要性在于——在完善铁路、港口等基础设施的同时，要将重点放在财政、金融等宏观管理、社会福利、环境保护、教育等制度资本的建设上。通过充实这些社会性共同资本，就能实现社会的融合和稳定。其中教育发挥的作用非常重大。通过教育，如果能让世界各国的人们共同认识到社会融合的理念、环境保护、和平共存的重要性，世界就更有可能朝着和平的方向迈进。

① 加尔布雷思:《我的履历书》，载《日本经济新闻》2004年1月24日。

第九章　地域实践型的和平构筑
——地域研究的视角

一、和平构筑的形式和方法

1. 国际贡献

20世纪末，即便是社会主义阵营的消失和东西方冷战时代的终结也未能在世界上消除战争和地域纷争。根据加拿大一所研究世界各地的武力冲突的组织“化剑铸犁促进会”的数据，2005年世界上27个国家发生了32起武力纷争。为实现狭义和平，实施紧急人道援助和维和行动虽然也有有效的时候，但为了实现广义和平，仍需作出许多努力以使社会得到长期的稳定与发展。一方面，社会性共同资本的扩充，以及建设运营这些共同资本的各项制度和人才培养对于实现社会的长期稳定和发展非常重要，并且只有当地人给予支持，才有持续发展的可能性；另一方面，在建设以当地居民为主体的制度和推动社会发展上，国际社会在许多方面都能给予合作。本章将探讨针对发展中国家的和平稳定和社会发展，国际社会该如何去给予合作和援助的问题。

国际社会给予发展中国家的合作和援助，有各种各样的形式和方法。图9–1标示出了国际贡献、国际合作、国际交流的概念。

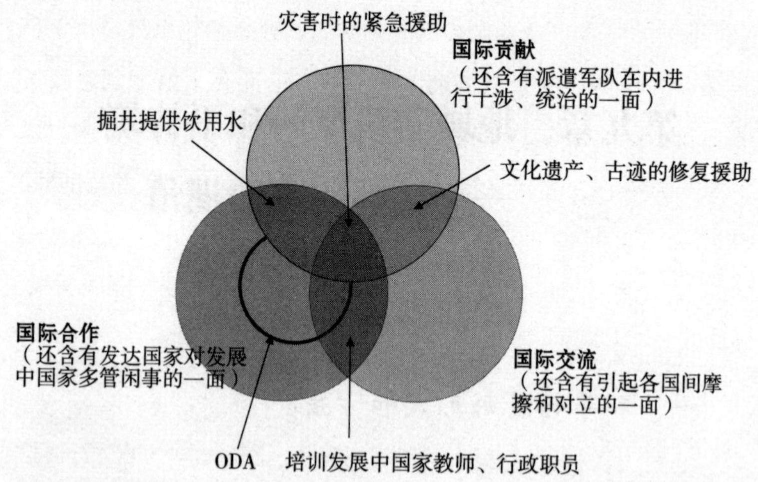

图9-1　国际贡献、国际合作、国际交流的概念

“国际贡献”中有军事性贡献和非军事性贡献，日本一直采取通过和平方式进行贡献的立场。1991年的海湾战争中，日本提供了130亿美元的巨额资金，支援了以美国为主的多国部队。站在另一角度来看，这也算是近似“军事性贡献”。但也有对日本只出钱不出人（士兵）的批评，国际社会也几乎未对这一行为给予肯定。笔者认为，日本对海湾战争出资130亿美元是犯了双重错误：第一个错误在于日本支持“军事性贡献”，站在参与“军事性贡献”的立场上，自己却待在安全圈里只想出钱了事。国际上对日本的批评也多集中在此。另一个错误则更为严重，那就是日本没有明确表示军事性贡献在宪法上既不被允许，又非自己擅长的领域。日本政府应该对用武力构筑和平的有效性持怀疑态度并予以拒绝后，提出其他取代军事性贡献的和平构筑的形式和方法。

比如是不是应该把国际贡献的重点放在地震、海啸、台风、洪水、干旱、火山喷发等自然灾害，或者油轮事故、化学药品事故、传染病等紧急援助上呢？日本已经有了国际紧急救援队（JDR），1987年自派遣国际紧急救援队的法律制定以来，以JICA[①]为中心20多年来持续开展了各项活动。JDR拥有救助队、医疗队、专家队、自卫队部队，根据灾害的种类和规模，派遣单独团队或多个团队。在2007年救助队的登记人员中，警察厅440人、消防厅600人、海上保安厅600人。医疗队主要以志愿者为主，由医生200人、护士334人、药剂师39人、医疗协调员163人组成。2005年10月8日，巴基斯坦北部地区发生的地震造成7.3万人死亡，6.9万人受伤，400万~500万人受灾的巨大灾难。翌日，来自海上保安厅、警察厅、东京消防厅的队员加上医生、护士共49人的JDR被派往该地。随后又派遣医疗队第一梯队、第二梯队，自卫队用直升机把他们运送到受灾地区。在当地，他们与NGO一起，通过“全日本”（All Japan）的共同合作展开了重建援助。[②]

阪神、淡路岛大地震时，许多人被熊熊燃烧的大火烧死。如果能更快地灭火的话，遇难者的家人和赶来救援的人们也就不会追悔莫及了。在美国、中国，一旦发生森林火灾，就会绵延不绝地燃烧多日。如果把耗费在武器和军事技术开发上的资金和人力投入到防灾器械和防灾技术的开发上，地震火灾和森林火灾就能更快地被扑灭吧。军队是用于战争的，而救援队却是救人的。如

① JICA(Japan International Cooperation Agency)是日本国际协力事业团（现国际协力机构）的简称，直属于日本外务省，是日本政府对发展中国家进行技术合作的执行机构，用以培养人才和支援发展中国家的开发建设。——译者注

② 《日本国际协力机构月刊》（*monthly Jica*）2007年9月号，第10~23页。

果提高日本的紧急救援水平，而不是军事实力，想必会得到国际社会的更大肯定和欢迎。

然而，日本政府的领导层好像并不这样考虑，他们选择了更加倾向于军事性贡献的方式，因此还制订了在国际贡献中强化军事性贡献的色彩、以协助联合国维和行动（PKO）为目的的《协助联合国维和行动等相关法案》（国际和平协力法）。这一法案在海湾战争后的1992年获得国会通过。在伊拉克战争期间的2004年，日本向“非战斗地区”撒马沃派遣了自卫队。

这样的国际贡献带有浓厚的政治、军事含义。从其内容来看，国际贡献也同其字面含义大相径庭，它包含了派遣军队在内的“大国的干涉和支配”的一面。军事性贡献过去既常常招致当地人的抵制，又不是拥有和平宪法的日本所应选择的道路。有能够取代军事性贡献的更为有效的和平构筑的方法。像伊拉克战争那样，与美国、英国等国一道派遣军队进行贡献的方式的确是太过于缺乏智慧，也非发挥日本特长的道路。

2. 国际合作与国际交流

相对于军事性贡献色彩浓厚的国际贡献而言，“国际合作”意味着通过非军事性的手段来协助发展中国家。下村恭民举出了国际合作的三大支柱是ODA[①]、国际文化交流和以和平为目的的合作。[②]确实，就像文化交流事业项目等，国际合作和国际交流虽然有重叠之处，但两者的理念和框架不同，还是区别看待

① 指日本向发展中国家提供的政府发展援助。——译者注

② 下村恭民等著：《国际合作——新的潮流》，有斐阁选书，2001年，第7~10页。

为好。

国际合作的主要内容和形式是发达国家对发展中国家提供的经济合作和技术合作。这是以发展中国家的经济发展和提高教育、福利水平为目的而实施的。此外，在国际和平合作中，既有紧急人道援助、参与国际性监督选举活动等为实现狭义和平的合作，也有摆脱贫困和饥饿、阻止环境破坏、接收受灾人员和难民等为实现广义和平的合作。在向发展中国家提供经济合作与和平合作的主体中有国际机构、政府机构、企业和NGO等民间组织。其中，由政府及政府机构实施的援助是ODA（政府发展援助）。ODA包括无偿提供物资和服务、低息或无息的融资。如果要更具体的标准的话，则赠予比率如果未达到25%以上，就无法认定为ODA项目（按照市场金融利率的融资为0%，完全无偿赠予为100%）。

到20世纪90年代，主要承担日本ODA的是国际协力事业团（前JICA）、海外经济协力基金（OECF）和日本进出口银行。1999年，后两家机构合并成立了国际协力银行（JBIC）。而前JICA在2003年由特殊法人变为独立行政法人，名称也变更为国际协力机构（新JICA）。2006年，JBIC的ODA日元贷款部门合并到新JICA的机构改编也确定下来（2008年实施）。

在日本的ODA机构改编中，还夹杂着监管省厅部门的利害关系。在各机构创立时，JICA隶属外务省管辖，海外经济协力基金隶属经济企划厅、大藏省、外务省、通产省（现经济产业省）四部门的管辖，日本进出口银行属大藏省管辖。对各个省厅来说，把特殊法人和独立行政法人纳入自己的旗下，不光在政策执行和信息收集上有利，而且在官僚“下凡”的职位确保和提供各种方便上也纠葛着利害关系。

省厅之间不仅有如此复杂的利害关系，而且在ODA事业朝着JICA一体化的背景当中，还存在着把日本的外交政策和ODA挂钩的意图。除了各省厅在纵向分割管理上存在弊端外，在统一政府对外援助方针上，ODA机构的合并本身是没有错的。但另一方面，也可以看出日本政府想通过ODA换取发展中国家对日本外交给予支持的打算，因此很难说ODA是纯粹以资助发展中国家的发展与和平合作为目的的。我们必须清楚地认识到在这样的国际合作中不仅混杂着优先考虑援助方利益的倾向，而且在援助里还有发达国家对发展中国家“多管闲事”的一面。

日本ODA的基本方针在1991年制定的ODA四项原则的基础上，写入了1992年内阁会议通过的ODA大纲里。该大纲规定在实施ODA时，应遵循联合国宪章的各项原则（特别是尊重主权、互相平等、不干涉内政），以及以下四方面：（1）兼顾环境和发展；（2）避免用于军事性用途上；（3）注意军事开支和武器开发的动向；（4）促进民主化和市场化。

JICA根据ODA大纲的基本原则，在1996年把JICA的职责定位成“为可持续发展的伙伴关系”，明确了面向发展中国家自主的可持续性发展，在人才培养和国家建设，以及经济和社会的组织、制度等方面的基础建设上提供援助的方向。①JICA自从由绪方贞子担任总裁以来，设定了“现场主义”、“人的安全保障”、“效果、高效和迅速”三大事业运营的纲领，强化了更具实践性的工作作风。2003年，事隔11年再次修订了ODA大纲，把以下

① 《国际协力事业团二十五年史》，国际协力事业团，1999年，第126页。

五点列为基本理念：(1）援助发展中国家的自助形式的努力；(2）确保人的安全保障；(3）确保公平性；(4）活用日本的经验和智慧；(5）国际社会的协调和联合。在此基础上，2005年的新ODA中期政策从人的安全保障的视角出发，又提出了削减贫困、持续发展、努力解决全球规模的问题、构筑和平等课题。[①]

在前面已提到的国际贡献和国际合作中，给予贡献、合作和接受贡献、合作的，双方关系不能说就一定是平等的。但是，国际交流却有可能在双方平等的关系上进行。真正的国际交流就是把对方当做一个平等的人去对待，从促进相互的理解开始的。国际贡献和国际合作确实对构筑和平发挥了重要的作用，但国际交流从另外的方面对实现和平具有重大的意义。某个国家的国民去别国观光，因商长驻，或是留学时，如能同当地人进行交流，相互理解，也就筑就了两国间和平友好的基础。这样的人际交流如果扩展到国民各界各阶层当中，也就不至于因两国间的小对立小摩擦而导致大的骚动吧。另外，在国际交流的过程中也存在着引发新的“经济摩擦和文化冲突”的一面，在推进交流时，需要周到细致的准备和考虑是不言而喻的。

安倍晋三首相在内政、外交两方面都给人一种比小泉首相更加鹰派的印象，其任期很短，也无像样的成果。然而在东亚外交方面，他能比小泉政府获得更好的评价。至少他重新开启了小泉时期中断了的日中和日韩首脑对话。2007年1月，在菲律宾宿务召开的第二届东亚峰会（EAS）上，安倍首相公布了今后五年每年将从东盟、中国、韩国、印度、澳大利亚、新西兰等国家和地

① 日本外务省编：《外交蓝皮书2006》，2006年，第198~199页。

区邀请6000名青少年访问日本的交流计划。根据这一计划，“21世纪东亚青少年大交流计划”开始启动，高中生之间的交流也由此开始。包括已有的由国际交流基金、JICA、JICE等机构承办的青年交流项目在内，这些青少年交流活动都是增进相互理解的出色创意。通过这些项目的实施，可以不断地增加了解日本的国外年轻人人数。希望日本政府像中国政府为普及中文和中国文化在海外设立孔子学院一样，也在这方面积极并真正地作出努力。

以上对国际贡献、国际合作、国际交流三个领域的各自概念进行了阐述。这三个概念既互相区别，又互相重叠。如前面图9-1所示，因战火而被毁坏的文化财产、遗迹的保护和修复既是国际贡献，也是国际交流。战争期间的掘井提供饮用水既是国际合作，也是国际贡献。培训发展中国家的教师和行政职员的项目既是国际交流，也是国际合作。还有灾害发生时的紧急援助可以说是国际交流、国际合作和国际贡献的复合体。

实现广义和平也有各种各样的形式和方法。国际贡献、国际合作、国际交流有着各自不同的目的和手段。此外，在各自的形式里，从理念、构想的阶段到具体政策、措施和现场实践还有多种环节。如果没有体制和制度的革命性变革，也许很难实现宏伟的理念。即使是到了把理念变成更加具体化的构想的程度，也需要相当彻底的改革。而一旦到了政策、措施的程度，就是在现行体制和制度的框架内进行改良。再者，即使不合理的政策、制度依旧，通过实地现场实践的智慧和钻研，也能克服政策与制度的缺陷。不断的改良很有可能使体制和制度发生巨大变化，我们不能像过去的反体制势力一样轻视和否定改良主义。

二、从地域的实地和实际出发的视角

1. 地域研究的视角和方法

前面已谈过为实现社会稳定和经济发展不可缺少政治经济学的规律，还特别论述了现阶段制度经济学的思想是有效的观点。此外，发展中国家为了真正摆脱贫困，实现社会稳定和经济发展，还必须考虑各种各样的条件。正如没有万能的特效药一样，根本不存在根据全球化的单一基准得来的强效解决方法等。为实现广义和平，只能根据各个国家和地域的社会实际和文化的特征去探索发展中国家独立发展和国际交流、国际合作的道路。这就叫做地域实践型的和平构筑。

在地域实践型的和平构筑中，不可欠缺的是以各地域的政治经济、社会文化、历史为基础去综合探寻和把握的地域研究的观点。这里所说的地域研究的观点是指包含地域研究的视角和方法，对各地域进行的个别具体的实证性研究的积累。

从地域研究的观点出发，应该学习的第一点是：如果所处的地域、立场不同，即使是针对同一事件或相同现象，其看法、评价都会发生变化，即必须秉持所谓的“正义”、“真理”并非唯一的态度去面对地域的现实。

被称做“梦幻的童谣诗人”的金子美铃由于不幸的婚姻和疾病，在26岁时选择了自杀。金子美铃的诗歌对这世上存在的所有事物都报以温柔的目光，而且“不是站在以人类为中心的视角上，是更为深厚、温柔的眼光”[①]。金子美铃的诗歌告诉了我们地域研

① 金子美铃:《睫毛的彩虹》,JULA出版局,1995年，第2页所收的矢崎节夫“前言”。

究的视角所应具备的两个重要的观察事物的方法：一个是如《大渔》这首诗中描绘的，立场不同则看法也会随之变化；另一个是在《我和小鸟和铃铛》中写到的那样，对于多样且迥异的存在，我们要按照其本来的样子肯定地去接受。

大　渔[①]

朝霞火烧云，
捕鱼大丰收。
大羽沙丁鱼，
鱼儿装满仓。
海滨如节日，
海里却吊丧。
千万沙丁鱼，
全都在哭丧。

我和小鸟和铃铛[②]

即使我张开双臂，
也无法翱翔天空。
但会飞翔的小鸟，
不如我，
能在地上快速奔跑。

---

① 矢崎节夫编:《金子美铃童谣集　我和小鸟和铃铛》, JULA出版局, 1994年，第16页。

② 矢崎节夫编:《金子美铃童谣集　我和小鸟和铃铛》, JULA出版局, 1994年，第106页。

即使我摇晃全身，
也无法玲玲作响。
但那清脆的铃铛，
不如我会唱许多歌。
铃铛、小鸟、还有我，
全都不同，也都不错。

从地域研究的观点所能学到的第二点是：研究的尺度和基准也应该从各地域的实证性研究中去构建。即便依据现有的理论体系，也必须至少是这个理论体系能经得起各地域实际情况的验证，而不能过于拘泥于理论体系，只去收集那些符合自己的架构且方便有利的数据和事例，再来缝缝补补地去拼凑。与自己的架构相左的数据和同自己的结论不相匹配的事例也要囊括在内进行验证，只有这样才称得上是实证性研究。反过来，也不能过于事无巨细地抓住地域社会的多样性，仅仅停留在单纯罗列庞大的事实关系上。[①] 怎样把跨各领域、多样且复杂的事物现象和数据有机地联系起来，并加以正确的整合定位，也是地域研究学者的功力所在。在此，不可缺少理论体系和地域研究观点之间严格、紧密的联系和相互验证。

柯文（Paul Cohen）在《知识帝国主义》中就已指出，对研究中国历史的美国研究学者来说，最重大的问题是在他们自己的研究中是否存在着源自于以西方为中心的事物观察法所造成的扭

① 立本成文著:《地域研究的问题和方法——社会文化生态力学的尝试》，京都大学学术出版会，1996年，第318~319页；加藤普章编:《新版地域研究入门——地域研究的学习法》，昭和堂，1992年，第8~9页。

曲。而中国人由于是从内部直接与中国历史相关，所以他们构成的中国史画卷应该成为西方人对中国史进行研究的另一种选择。但是，不管这些中国人自己是否是马克思主义者，他们依据从西方借用过来的分析框架构成了中国史画卷。[①] 虽然研究的是中国革命和社会主义中国，但采用西欧的现有理论来论述其特殊性和落后，则是一种西方中心主义性质的研究法。另外，运用对西欧资本主义体制持批判意识的马克思主义来划分中国的发展阶段，或论述中国社会主义已脱离了原来的马克思主义的思维也同样是西方中心主义的看法。

萨义德（Edward Wadie Said）通过提出“东方主义”的概念，揭示出西欧把与己迥异的中东和东方世界视为异质的观点中存在的问题。[②] 萨义德后来不但没有把东方主义的争议限定在中东地区，还将其扩展到近代殖民地宗主国的西方和其海外领土之间的关系上。[③]

将东方视为异质并不一定就是蔑视或歧视东方，相反有时还包含着对东方的憧憬和崇拜。但无论蔑视还是崇拜，把东方看成是与西方异质的世界的东方主义的标准都是站在西方的角度上来看的观点。在这一点上，东方主义依然没有摆脱西方中心主义。而且由于东方主义具有憧憬和崇拜东方的倾向，反而还产生了一种东方向西方世界自愿地传播和宣扬自己文化和社会的异质性、特殊性的扭曲现象。这种对西方的迎合性倾向被称做“自我东方

---

① 柯文著，佐藤慎一译:《知识帝国主义》，平凡社，1998年，第26页。

② 萨义德著，板垣雄三、杉田英明监修，今井纪子译:《东洋主义》(上、下)，平凡社，1993年。

③ 萨义德著，大桥洋一译:《文化和帝国主义》(1、2)，美玲书房，1998年。

主义”或“伪东方主义”。

即使在推动国际合作和国际交流时，也不能按照发达国家的价值观和尺度来衡量各地域的社会和文化的发展阶段，轻易评判其优劣。各地域需要怎样的经济合作和支援，应当在综合理解各个地域的政治经济、社会文化和历史的基础上，根据该地域居民的需要和缜密的实地调查来判断，而不能实施根据发达国家先入为主的观点制定出的项目，或出现向其提供便于消化ODA预算的技术和设备之类的情况。

从地域研究中所能学到的第三点是：要认识到一个国家或地域并不是孤立存在的，国与国、地域与地域之间存在着关联，而且相互影响。粗看第三点，似乎与从地域现实中创造出衡量尺度的第二点自相矛盾，其实不然。从各个国家和地域的立场出发考察同其他国家和地域之间的关联性也是地域研究的一个重要视角。

在文化人类学的思想中，有一种“文化相对主义”的观点，认为在所有的文化中，没有发展阶段和优劣之分等，每种文化都是具有其独特性的一种固有的文化体系。在抵制主张自我文化的优越性，贬低其他文化的自我文化中心主义时，文化相对主义是非常有效的。但另一方面，正如山口博一在《地域研究论》中指出的那样，过度地强调各种文化的独特性、固有性的话，就容易忽略掉各种文化相互影响、相互渗透的关联性。山口对文化相对主义中存在的与欧洲中心主义的相同之处表示了如下的担忧：

如果不是笔者的误解，相对主义，或文化相对主义是指对异文化，也就是按照其本来的原样去理解的立场，并且经常把属于所谓的"未开化社会"的集团从外部割离开来去观察的思想。从这个意义上说，文化相对主义虽看似是对欧洲中心主义的批判，实际上难道就不是极其的欧洲中心式的视角吗？[①]

由于全球化的发展，使世界各国、各地域都被纳入经济合作的圈子里，一个国家或地域是无法孤立于国际社会之外、毫无关联地存在的。在这样的时代里，为实现社会稳定和发展，构筑和平，只有在切实把握国际政治经济的制度和结构的基础上，根据各个地域所处的条件，努力地进行具体的实践。

从地域研究的观点应该学到的以上三点，对实现发展中国家的社会稳定和经济发展，构筑广义和平来说，具有非常重要的意义。丹尼尔·A.耶金（Daniel A.Yergin）和约瑟夫·斯坦尼斯洛（Joseph Stanislaw）通过对世界各国围绕政府和市场的政策及实践的历史性验证，得出了"在政府没有发挥出有效功能的国家里，市场也不会发挥其功效"的结论。[②] 这一结论可以说指出了用于统治国家、全面管理社会的制度和规则有没有好好地发挥功效的"统治"的重要性。但问题是适合各个国家和地域的良好的统治的模式是不一样的。为实现良好的统治，需要灵活运用各发展中国家的政治经济、社会文化、历史所孕育的长处和优点。这样做，发展中国家才能不被动地直接接受国际社会的援助，而是让这些援助与自己的地域社会和地域文化相适应，主动和有选择

① 山口博一:《地域研究丛书Ⅰ 地域研究论》，亚洲经济研究所，1991年，第41页。

② 丹尼尔·A.耶金、约瑟夫·斯坦尼斯洛著，山冈洋一译:《市场对国家》(下)，日本经济新闻社，1998年，第10页。

性地去采纳和吸收有利于自己发展的事物。[①] 这叫做“所有者主权”。国际贡献和国际合作应将着眼点主要放在能让发展中国家今后长期独立发展的制度建设和人才培养上。只有这样，通过国际交流的相互理解才担负了重要的职责。

2. 基于地域视角的和平构筑的实践

以下将运用从地域的实地和实际出发的视角，总结一些从事构筑广义和平活动的人们的宝贵经验。

（1）印尼亚齐和平斡旋的教训

亚齐位于印尼的苏门答腊岛北部。1976年12月，反政府组织——亚齐—苏门答腊民族解放阵线（ASNLF，该组织又称自由亚齐运动，即GAM）宣布亚齐独立，开始武装斗争。之后的GAM和政府军之间持续30年的武装冲突造成1.5万人丧生。苏哈托政府倒台两年后的2000年5月，政府和GAM之间达成停战协定。2003年，由于日本的斡旋，在东京召开了和谈。但和谈破裂，政府军对亚齐当地人的逮捕、拷打、屠杀与性暴力并未停止。根据政府军公布的资料，自2003年5月起大约一年的军事戒严期间的死亡人数是：GAM成员12439人，平民579人，治安部队135人。[②]

2004年12月印度洋海啸突袭东南亚。亚齐严重受灾，16.7万人死亡或失踪。面临如此严峻的事态，停止战争实现和平的愿望日益高涨。2005年1月在赫尔辛基，GAM和印尼政府展开了直接对话。8月在赫尔辛基签署了《和平协议》，成立了亚齐和平监督

① 下村恭民编著：《亚洲的统治》，有斐阁，2006年，第193~194页。

② 佐伯奈津子：《亚齐之声》，COMMONS，2005年，第164页。

团。第二年的2006年12月在亚齐实施地方选举，和平监督团也完成了使命。

在这次实现亚齐和平的进程中，芬兰商人尤哈·克里斯汀森（Juha Christensen）作出了极大的贡献。尤哈曾在1985年作为语言调查员被芬兰政府派遣到印尼东部的马克撒（Makassar），那时他才28岁。后来，尤哈回到芬兰，开始从商。对东京和谈的破裂倍感痛心的尤哈想为实现和平做些什么，于是开始展开行动。

2003年6月，尤哈和流亡瑞典的GAM的最高领导人马利克·马哈茂德（Malik Mahmoud）一行碰了面。此外，尤哈在同年12月成功地同担任印尼政府社会福利部长的尤斯福·卡拉（Jusuf Kalla）的心腹部下——副部长法力德·福赛因进行了会面。卡拉和福赛因都是马克撒人，尤哈的人脉发挥了作用。2004年2月，尤哈邀请福赛因来到斯德哥尔摩，但GAM方面拒绝了会面。在束手无策的关口，尤哈仍未放弃，他又委托芬兰前总统阿赫蒂萨里从中斡旋。斡旋的结果是2005年1月福赛因和GAM的五位领导人在尤哈的私宅中愉快交谈。同年5月，尤哈和阿赫蒂萨里一道飞往雅加达，说服苏希洛总统和政府军领导人，最终实现了和平。

从尤哈为推动亚齐和平的行动中可汲取的教训和经验有两点：第一是尤哈能熟练掌握印尼语，且通晓当地的文化和习俗。另外他作为商人也很有才能，在企划方面的能力也很突出；第二是作为斡旋者要有倾听当地人心声的姿态。芬兰前总统阿赫蒂萨里在进行和平斡旋时，曾说过要特别留意："所有的纷争都有各自的历史。要倾听他们的主张，分析情况。协议要简洁"[①]。从这里

① 《朝日新闻》2007年1月1日。

也可看到通晓当地情况和国际形势的人才从根植于地域社会和文化的视角出发去展开行动是非常重要的。

（2）乡村银行总裁穆罕默德·尤诺斯

穆罕默德·尤诺斯因致力于在其祖国孟加拉国和其他发展中国家削减贫困的功绩，获得2006年度诺贝尔和平奖。尤诺斯留学美国后曾留在美国的一所大学里教授经济学。1972年回国后，他在故乡吉大港大学担任经济学系主任。尤诺斯在大学执教期间，认识到自己在美国所学的经济学对孟加拉国摆脱贫困几乎毫无用处。特别是1974年发生大饥荒时，看到穷人纷纷从农村涌入首都达卡，甚至出现许多人饿死的情况后，尤诺斯的想法改变了。[①]从发达国家高度发展的市场经济中总结出来的经济理论（全球化的单一标准）即使直接用于发展中国家，也对解决眼前的问题无法适用。尤诺斯考察了众多村庄后发觉农村的许多贫困家庭向高利贷借钱，从而陷入了因偿还高额利息而无法摆脱贫困的恶性循环之中。由于没有资金，连做手工艺所需的材料都买不起。特别是农村妇女没有现金收入，处于遭受虐待的地位。

针对这种状况，尤诺斯考虑到的是小额信贷。他从1976年开始尝试向农村妇女进行相当于几美元到二三十美元的小额贷款，为其提供编织竹篮或购买家畜的本钱。这就是以农村小额金融为支柱的乡村银行的开始。截至2007年2月，乡村银行向孟加拉国的701万人进行了贷款，其总额换算成美元达到70亿美元。[②]虽然每年10%的利息绝不算低，但对于只能从高利贷借钱的贫困阶

① 《日本经济新闻》2007年4月18日。

② 《日本经济新闻》2007年4月16日。

层来说已是很大的帮助。据说贷款额的98%如期偿还。此外借款人中有97%为女性，乡村银行在提高农村妇女的地位上也作出了巨大贡献。

（3）旺加里·马塔伊（Wangari Muta Maathai）的绿丝带运动

旺加里·马塔伊因在肯尼亚开展一个叫做绿丝带运动的植树造林活动的功绩，获得2004年诺贝尔和平奖。马塔伊也有留学美国的经历。回国后，她为肯尼亚日益严重的沙漠化而倍感痛心，于是从1974年开始了环境保护和改善居民生活的运动。从当初仅仅种植7棵树的运动开始，现已扩大到种植3000万棵的规模。活动资金来源于向邻近企业、团体销售苗木的钱款，再用这些钱向从事植树造林活动的村民支付报酬。

马塔伊在进行植树造林活动的同时，还开展了推动民主化、保护人权、对妇女普及教育和提供事业资金的运动。因为她深深地明白，在肯尼亚环保运动和推进民主化、人权、提高妇女地位有着密切的关系。马塔伊曾因遭到当时的肯尼亚政府对此运动的镇压而陷入神志不清，导致病危。但通过马塔伊等人百折不挠的运动，努力建立起新政权，2003年她还担任了肯尼亚的环境副部长。

尤诺斯和马塔伊都是从当地的实践中抓住了各自地域的最关键问题，从小项目、小资金出发开展活动。

（4）中村哲在阿富汗的掘井和水利工程建设

事务所位于日本福冈的NGO组织白沙瓦协会从1984年起在阿富汗从事医疗活动的同时，还进行掘井和水利工程建设的活动。其代表是中村哲医生。中村在阿富汗从事医疗活动期间，发觉患者患病的原因在于营养失调和水质污染、缺水。如果不消除致病的根本原因，无论怎么治，都治不完。“比起带一百名医生过来，他们更需要一条水渠”。因此他开始了掘井作业和建设农用水利设施。[①] 2000年夏天的严重干旱致使阿富汗1200万人受灾，400万人面临饥荒，濒临饿死的人口达到100万人。“战乱加上干旱，还有2001年2月启动的‘联合国制裁’也令人感到极其痛心”，中村说道，“在报告里可以轻易地说‘一百万人饿死’，但如果面对实际的惨境，就不那么容易了。而且如果开展治疗活动的地区变成了无人区，也就没有什么医疗活动了”。[②] 因此，中村把最重点的活动放在了抗旱上。

在阿富汗遭到空袭的情况下，白沙瓦协会将1400吨的粮食分发给农民的同时，继续从事着供水的活动。截至2003年6月共掘出1000口水井，修复38处地下水渠，使20多万人放弃了离开村子的打算。从2003年3月起又用四年时间，完成了13公里的农用水利建设。由此，可直接灌溉的耕地又新增了800公顷（相当于170个东京棒球场），加上被弃耕的农田，共可滋润6800公顷的土地。这些农田生产的小麦产量达到2万吨，相当于12万人一年的消费量。在建造水利工程中，十几个日本工作人员和当地的农民累计38万人次参加。总工程费用的9亿日元（按照当时汇率约为900万美元）全靠日本人的捐赠来筹措。据说水利技术参考了遗留在九州的日本江户时代的技术。他们没有采用耗费资金的水泥护岸的方案，在用人力也能建造出经久耐用的水利建设中，日

① 中村哲:《何谓真正的复兴支援——从阿富汗“复兴”的现实来看》，载《世界》2004年6月号。

② 中村哲:《医生挖井—和阿富汗干旱战斗》，石风社，2001年，第11页。

本的传统技术发挥了作用。[1]

白沙瓦协会在建设水利工程的四年间，没有发生遭到当地武装势力袭击等情况，反倒是应当保护当地居民安全的美军相当危险。他们还曾遭到错把施工现场当成敌方阵地的美军直升机的机枪扫射。由于美军的进攻，塔利班政权倒台，通过选举产生了新政府。但中村哲认为，依靠美军实现的自由是“卖淫的自由、暴力的自由、饿死的自由、毒品栽培的自由”。罂粟栽培在塔利班当政下被禁绝了，但现在却恢复到世界产量的七成以上。用武力根本无法带来和平和复兴。这正是中村从基于地域活动的经验中得出的结论。“在文明的名义下，一个国家遭到外国人破坏，并由外国人来建设。难道这其中就没有潜藏着一种傲慢吗？”[2]中村指出的这一点，与地域研究的观点有着共同之处。

阿富汗！褐色的毫不动摇的大地、辛劳获得水源而欣喜不已的村民、那些帮忙掘井的塔利班士兵们的亲切脸庞、带着满脸愁容消逝了的佛像……在无尽的回顾中实实在在的是：尽管当地确实是一片广漠，荒凉，没有水，是个犹如地狱般的战场，但阿富汗却让我看到了毫不动摇的“人”。[3]

这段话表达了中村对阿富汗的土地和人民的深情思念。这是只有扎根在地域，和当地人一起齐心协力完成一项事业的人才能

---

① 《日本经济新闻》2007年4月6日。

② 中村哲、白沙瓦协会：《空袭和“复兴”——阿富汗最前线报告》，石风社，2004年，第48~49页。

③ 《石风》2001年10月号，第3页。

说出的话。有志于从事地域研究的人，也应该有这样的气魄。

（5）联合国儿童基金会（UNICEF）执行主任詹姆斯·格兰特（James P. Grant）的现场主义

国际机构往往想适用全球化标准，很容易陷入官僚主义的运营中。但国际机构里也有许多坚持“现场主义”的人。

联合国儿童基金会第三任执行主任詹姆斯·格兰特（美国人）因实施“儿童生存革命”而知名。1982年，世界儿童的预防接种率仅为40%。格兰特制定了要在20世纪80年代后半期将这一比率提高到80%，每年让1亿儿童接受预防接种的目标，并为实现这一目标展开行动。据说在访问处于军事独裁政权统治下的多米尼加时，他把贴纸粘在穿着正装并挂满将军勋章的总统身上，拜托他说“请您来当儿童生存革命军的将军”。1985年在萨尔瓦多、1987年在黎巴嫩都实现了临时停战。格兰特总是这样发出指示：“停战！这样才能重启预防接种。”

1989年苏丹内战中有100多万儿童面临饿死的危险。格兰特为了把10万吨的粮食送往纷争地带，同政府军和游击队的双方领导人进行了直接交涉。“正因为您是领导人，我才向您提议的……请为了100万的孩子们停战吧！”由于他的劝说，得以实现三个月的停火，并把粮食送到了纷争地带。

格兰特把许多联合国儿童基金会的工作人员派到第一线，并采取了给予现场人员很大裁量权的方针。井上和雄也是在格兰特手下工作的员工。1983年至1995年他担任过联合国儿童基金会驻印度奥里萨邦（Orissa，人口3000万人）的主任。说是主任，其实是只有一个司机和一个秘书的小机构。井上坐在没有空调的吉普车上，在酷热难耐的印度大地上穿行数百公里。当时的保命水是一种叫做“伽罗姆巴尼”的经煮沸消毒了的饮用水。井上在印度实施“儿童生存革命”时，发现下面四项措施和技术非常重要：

第一，对身患营养失调、痢疾的儿童采取补充盐分、葡萄糖、生理盐水的口服补液疗法（ORT）是简便有效的；

第二，持续进行发育观察，即使是每月仅测量一次体重也行；

第三，进行六种预防接种（麻疹、破伤风、百日咳、小儿麻痹症、肺炎、结核）；

第四，普及母乳喂养。

正是由于长年在印度各地来回巡视，井上所发现的援助发展中国家的关键技巧才具有深刻丰富的含义。正所谓“授人以鱼不如授人以渔”。此外，他还倡议与其进行需要庞大援助资金的大型设施建设项目，不如充实同当地居民的需要密切相关的社会资本。

> 比起巨型水库、高速公路之类的大规模土木工程建设项目来，对于农民居住的地区来说，更重要的是好好地完善他们真正需要的并与之相匹配的道路、灌溉设施等的社会资本。[①]

（6）山本敏晴的医疗援助

山本敏晴从2001年起作为“无国界医生组织”（MSF）的一

---

① 井上和雄：《联合国儿童基金会最前线 阻止战争的人性爱》，LIBERTA出版社，2004年。

员，参加了国际性医疗援助活动。西非塞拉利昂的国民平均寿命是世界上最短的，仅为34岁，而婴幼儿和产妇的死亡率又是世界上最高的。山本在塞拉利昂从事疾病治疗过程中，发觉自己能治愈的患者人数终归有限，但如果培养当地的医疗人员，就能治愈更多的患者。于是，山本决定投入到医疗培训、公共卫生教育的发展上。当他把重点放在医疗培训时，又遇到了语言和文化上的壁垒。为实现尊重当地文化的国际合作，山本首先必须学习当地的语言。然而塞拉利昂的语言没有文字，也没有教材和辞典。于是，山本经常去当地工作人员的家里玩，学习语言，最后终于熟练到能用当地语言进行诊治和授课的水平。

山本在参加阿富汗的援助活动中也作出了同样的努力：在北部的国内难民营里设立助产院，在马扎里沙里夫的郊外和边境地区开设诊所；同时还培养当地的医疗人员，这样即使援助人员回国后当地的医疗人员也能开展同等水平的医疗活动。[①] 从中我们可以看出山本为之奋斗的“建立将来可延续的医疗体系”的意义。采取紧急医疗援助对伤病者进行治疗，也仅仅是一时性的。但如果建立起一个以当地人员为主体的医疗体系，就能在继续提供医疗服务的同时，还能再培养出后续人员。为实现长期可持续的和平，建设实现社会稳定和发展的制度才是最重要的。其中也不能欠缺类似山本学习掌握当地语言和文化的扎根地域的精神。

---

① 山本敏晴：《住在阿富汗的她们给你的信——期望的国际合作形式》，白水社，2004年。

在此总结一下前一章和本章的观点：在各个国家和地域，用长期的眼光来构筑广义和平时，希望把政治经济学的理论和地域研究的观点结合起来。为实现社会稳定和经济发展，以环境、福利、教育为基轴的制度经济学的理论体系是有效的。另外，和平构筑的实践还必须考虑各地域的社会和文化背景。构筑和平不一定要靠变革体制和制度之类规模宏大的行动，还有不少的事业项目通过当地实践的智慧和创意也能得以实现。

第十章　反战非战的团结

一、踏上越南战争之路的美国

如前所述，通过战争来维持和平、构筑和平的成功先例是几乎不存在的。一旦爆发战争，在战争的疯狂中根本无法维护正义和秩序。战争无论胜败如何，都会给双方留下巨大的伤痕，带来互相仇恨的连锁反应。阻止战争，实现社会稳定和发展，必须消除成为战争和纷争原因的贫困、差距、压制、歧视等，实现广义和平。为此，世界上的人们要共同拥有构筑和平的强烈意愿，结成反战非战的团结与联合才是构筑和平的原点。在最后一章里，我们通过汲取越南战争的经验教训，回到构筑和平的原点上来考察。

美国的布什政府在2003年3月20日发动了伊拉克战争。4月巴格达沦陷，5月布什总统宣告战斗终结。但是，伊拉克的战火根本就没有熄灭。即使在美国国内，也有许多批评布什政府对伊拉克政策的声音。尽管如此，布什总统从2007年1月至3月增派了3万美军。美国在伊拉克战争中，多次增派军队，重蹈当年深陷泥潭的越南战争的覆辙。

西摩·赫什（Seymour M. Hersh）是一名美国记者。他写的关于1968年3月美军制造的越南“美莱村大屠杀”的报道获得了1970

年的普利策新闻奖。1969年11月4日美国各大报纸争相报道这一美军第11步兵旅团C中队的士兵杀害500多名手无寸铁的平民的惨案。被杀害的村民多为妇女、儿童以及老年男性。杀害方式是从直升机上机枪扫射和近距离枪击，根本无法以误杀等为由来抵赖和推脱，还有强暴女性和拷打，甚至连婴儿和儿童也被射杀。持续数小时的屠杀后，士兵们为了销毁证据而将村庄付之一炬。

报道了美莱村屠杀事件的西摩·赫什还执笔批评伊拉克战争。布什总统说伊拉克战争是向恐怖主义开战，是为推广民主主义的正义战争，然而实际情况恰恰暴露出这是一场与正义战争相去甚远的战争。在此介绍几个西摩·赫什列举的例子：

第一，在位于古巴岛南端的美军关塔那摩基地内的监狱里，采取的是严刑逼供。1898年的美西战争[①]中的战胜国美国作为保护国把古巴纳入自己的统治下。1903年美国同刚从西班牙的属地中独立出来的古巴签订条约，获得关塔那摩基地的永久使用权。1959年取得古巴革命胜利后的卡斯特罗不承认该条约，不断要求归还基地。如今已是连割让给英国的香港岛都已回归中国的时代了。关塔那摩基地是帝国主义时代的遗留问题，等同于非法占领。关押在关塔那摩监狱里的6000名囚犯中的大部分都是美军进攻阿富汗塔利班和讨伐基地组织时的俘虏。2002年年初，白宫和国防部、司法部的法律顾问在"'敌方战斗人员'不受禁止严刑拷打的联邦法律和规定要人道地对待俘虏的《日内瓦公约》的保护"上达成一致。2006年6月10日，关塔那摩监狱里三名俘虏自

---

① 美西战争是1898年，美国为夺取西班牙属地古巴、波多黎各和菲律宾而发动的战争，是列强重新瓜分殖民地的第一次帝国主义战争。——译者注

杀。两日后召开的欧盟外长理事会谴责美国“应该关闭监狱”。但在6月19日，美国让旨在“拒绝给予‘敌方战斗人员’在《日内瓦公约》中规定的权利”的特别军事法庭设置法案生效。这是一项明显违反国际法的决议，可以说是纵容关塔那摩监狱里的严刑逼供。

第二，美国前总统小布什在2001年年末或翌年年初下达了讨伐基地组织的绝密指令。其内容是“（在国外）绑架被判定为基地组织间谍的人员……或有必要时进行暗杀……为此国防部允许组织秘密团队，特别集结特种作战部队队员等人员参加。”美国以前是利用当地人组成亲美组织，让他们对敌作战，但这时已经急躁到组织特殊部队直接下手的地步。

第三，设置在伊拉克巴格达以西的美军阿布格莱布监狱里，发生了针对伊拉克囚犯的虐囚事件。2003年秋，这所监狱关押有包括妇女和十几岁孩子在内的数千名囚犯。这年的10月至12月，美军第372宪兵中队的士兵们和情报机构的人员实施了“暴虐、猥亵的犯罪性虐待”，而且还留有记录这些事实的照片。

折断荧光棒，把发光的液体撒在囚犯身上。往赤裸的囚犯身上泼冷水。用扫帚把、椅子殴打囚犯。恐吓鸡奸男性囚犯。让看守给被摔到监狱墙壁上而受伤的囚犯缝合伤口。往囚犯的肛门里插入发光棒、扫帚把。威胁并恫吓要放军犬撕咬囚犯，实际上也发生了一起囚犯被狗撕咬的事件。①

① 西摩·赫什著，伏见威蕃译：《美国的秘密战争——从9·11到阿布格莱布之路》，日本经济新闻社，2004年，第42~43页。

后来根据塔古巴（Antonio Taguba）少将对此事件所作的调查，完成了调查报告。据说类似的虐囚行为数不胜数。

二、越南战争的教训

越南战争自1960年至1975年持续了15年，是北越及南越民族解放阵线（NLF）一方同美国及南越政府之间的战争。越南方面的死亡人数占绝大多数，达360万人，而美国的死亡人数为5.8万人。在越南投下的炸弹达到1400万吨，远远超过“二战”整个投弹量的640万吨和在日本投下的16.4万吨的数量。越南蒙受的损失总额达3500亿美元。[①] 加布里埃尔·柯尔克（Gabriel Kolko）认为越南战争是“给予代理人（南越政府）多得花不完的资金，并对其进行保护、援助的美国与在阶级基础及意识形态基础上都具有惊人复原能力的革命运动之间的对抗”[②]。

1. 为何没能避免越南战争？

越南战争导致大量越南平民死亡，众多美军士兵也失去了生命，至今仍有战争遗留的伤痕。不仅有许多人因受到战争中美军投放的枯草剂的遗害而致残，而且给环境造成的破坏也相当严重。最终美军战败撤退。这无论是对越南，还是对美国来说，都是一场伤害和损失巨大的战争。那么为什么就没能避免这样一场师出无名且毫无益处的战争呢？我们通过日本广播协会（NHK）

---

① 松冈完：《越南战争：误算和误解的战场》，中公新书，2001年。

② 加布里埃尔·柯尔克著，藤田和子等译：《越南战争史》，社会思想社，2001年，第705页。

播放的记录当年战争期间美国和北越双方领导人对话的纪录片来考察一下。越战期间，罗伯特·麦克纳马拉（Robert Strange McNamara）作为美国国防部长，是美国方面的负责人。麦克纳马拉指出在发动越战之前美国犯了以下三个错误：①

（1）美国无视1945年胡志明送交给美国总统杜鲁门的希望建立友好关系的信函；

（2）整个20世纪50年代，美国不断支持维护法国殖民统治的战争；

（3）美国拒绝在决定在越南全境举行大选的1954年的日内瓦协议上签字。

麦克纳马拉联系上述三点，解释说美国方面并无意颠覆越南共产党政府。他认为当时的肯尼迪政府完全没有这样的考虑，反而觉得是自由主义社会遭到在统一的思想下组织起来的共产主义势力的驱逐。也就是说，影响麦克纳马拉对当时局势判断的是“对多米诺骨牌的恐惧”。

然而，北越方面的负责人——外交部副部长阮基石则指出了越南战争爆发的最根本原因：

> 我认为美国在判断局势上最根本的问题，特别是在50年代和60年代最大的问题在于他们始终认为美国才是世界警察。

北越和美国在1966年迎来一个结束战争的绝好机会。这就是

① 东大作：《我们为何发动战争》，岩波书店，2000年，第54~55页。以下引用的对话节选自同一本书。

从1966年的夏天到当年12月，由意大利大使和波兰大使斡旋推动的代号为“金盏花”的秘密和谈。双方的和谈代表团在1966年12月6日都停留在波兰首都华沙。美国代表团在波兰外交部内的一栋房子里等待了一整天，北越代表团也在北越大使馆里等待了一整天。但没有设定双方围着一张桌子进行直接会谈的环节。

都已到仅差一步之遥的阶段了，为何最终没能达成和谈呢？这是由以下情况造成的：在决定举行和谈后，即使到了12月3日和4日，美军仍未停止对北越的轰炸。对此抱有不信任感的北越外交部向波兰驻河内大使馆通告说“无法响应12月6日的谈判”。波兰驻河内大使馆又将这一通告传达给了波兰外交部，但北越驻波兰华沙大使馆却没有收到来自北越政府方面的联系。因为北越政府对外隐匿了本国与海外的通信渠道。

这次和谈受挫后的代价极其巨大。1967年8月，美国总统约翰逊决定增派美军，允许将人员增加到52.5万人。约翰逊总统虽是继任被暗杀的肯尼迪，但却是开始轰炸北越、增派美军、将越南战争拖入更加悲惨境地的罪魁祸首。约翰逊执政期间，美国虽然进一步加强了军事介入，但结果却不尽如人意。1968年1月，北越和民族解放阵线方面发动了春节攻势，美军方面损失巨大。1968年2月，麦克纳马拉因此引咎辞去国防部长一职。

根据2007年被公开的外交文件，1966年夏，日本的外务省就越南战争问题在马尼拉召开了由相关大使馆和领事馆代表参加的会议。会上虽提出了“如果是一场有胜算的战争的话，为何要增派美军？”“这场战争将成为一场长期的消耗战”的不同意见，但最终根据以下两条理由得出了“战争将在明年内结束”的结论：（1）美军战斗实力处于绝对优势；（2）中国不会参战。在意大利和波兰为了越南和平而不断进行外交谈判的同一时期，日本政府的认识停留在了一种作为旁观者的乐观论上。外务省如果采纳了越南战争将毫无结果的预见的话，日本也许也能朝着结束战争的目标作出相应的外交努力吧。

2. 从越南战争中学到了什么？

战争会给双方留下破坏和仇恨。战争一旦爆发后再想停止战争则极其困难。时任北越外交部对美政策局局长的陈光（音译）就曾根据越南战争中得到的教训这样说道：

> 首先应当事先努力避免战争，而不是爆发战争后再去努力终止。战争拖得越久，越难以终结。

此外，越南人民军总司令武元甲强调了同开展越南反战运动的美国人民团结的意义：

> 到底谁是胜利者，谁又是失败者？当然胜利属于为自由和独立而战的越南人民，这是毋庸置疑的。但同时也是反对越南战争、追求和平的许多美国人的胜利。

对此，麦克纳马拉认为缺乏对对方的理解和高层间的对话是其问题所在：

> 我想说两条我认为最重要的教训：一个是首先要理解敌人。第二个是即使对方是敌人，最高领导人间的对话，也应该必须经

常展开。我们在这点上也懈怠了。

“阻止战争什么最重要？”麦克纳马拉注意到了非常重要的问题点。其关键在于相互理解和对话。但是，麦克纳马拉有着无法克服的自身视野上的局限。麦克纳马拉没有摆脱掉仅靠领导人和官员来进行外交和国际交流的精英意识。阻止战争更重要的是促进国民各界各阶层之间的相互理解和交流。

麦克纳马拉在自己的回忆录中也表示过上面对越南战争的反省之意。记者们对此的批评相当严厉。《纽约时报》这样写道：

从那些年轻人那里，他所夺走的东西是根本无法在30年后的现在，利用在电视的黄金时段内挤出几滴陈腐、道歉的眼泪等就能弥补的。

这篇《纽约时报》的社论颇具感情色彩。即使在日本，一说起中日战争、太平洋战争是意图侵略亚洲各国的错误战争时，就会有人愤慨不已地说：“那么，那些战死的年轻人就白死了。”《纽约时报》社论的展开也与此相同。但所谓“错误战争”是针对事实的一种认识，不是主观上的愿望。能否将卷入这场战争而死去的人们的死变得有意义，是由能否再次防止此类战争的爆发来决定的。

正因为英国不是越南战争的当事国，所以登载在英国报纸《卫报》上的马汀·沃克的文章的观点就比《纽约时报》的论调更加冷静、客观。历史上的事实必须首先将其作为事实去理解和接受。

麦克纳马拉先生说的是，事实上这场战争是毫无意义的。从逻辑上来说，这等于是说（战争中的）反战运动家和逃避兵役的人们才是正确的。反过来也就是说，接受了兵役、效忠国家的美国人服从了基于丑恶目的的命令，结果遭遇了巨大的不幸。[①]

3. 越南反战运动的意义

如果依据上述马汀·沃克的看法，硬要来探究麦克纳马拉回忆录的用意的话，就是反越战运动家、逃避兵役的人是正确的，美国士兵是被错误战争动员而丧了命。越南战争无论是从战争的目的、方法、结果来判断，都不能说是场“正确的战争”。这在现在也已成为国际性的共识。但在当时的美国，反越战运动、逃避兵役被当成是一种反国家、反社会性的行为。

前重量级拳击世界冠军穆罕默德·阿里（原名卡修斯·克莱，转成职业选手后改名）以其蝴蝶飞舞般的步伐、蜜蜂螫刺般华丽精湛的拳击技艺，所向无敌。越南征兵令也送到了他那里。受马尔科姆·埃克斯（Malcolm X）[②]的影响，已成为穆斯林的穆罕默德·阿里断然拒绝服役。与其跑到战场杀害越南人，他宁愿选择进监狱。也许是被长期地禁锢，出狱后的阿里身上再也看不到当年轻快的运动步伐。即使对阿里个人来说，拒服兵役也是伴随着巨大的牺牲。后来在1996年亚特兰大奥运会开幕式上，最后出场并站在圣火台上点燃圣火的就是穆罕默德·阿里本人。罹患疾病的阿里用颤抖的手举起火炬的身姿通过卫星电视的转播

① 生井英考:《战败的记忆——历史中的越南战争》，三省堂，2000年，第57~60页。

② 马尔科姆·埃克斯（1925~1965年），美国民权运动中的重要人物。他的名字伴随着黑人民权运动的一次次浪潮，是与马丁·路德·金齐名的领袖。——译者注

向全世界播放。阿里选择拒服兵役的正确性也最终被美国社会所承认。

在越南土地上杀害众多越南人的是美国，反越战运动开展得最激烈、规模最大的也是美国，而且在美国还有反种族歧视的运动。在非暴力派基督教的马丁·路德·金牧师和猛烈抨击体制的穆斯林马尔科姆·埃克斯之间，存在着黑人解放运动和反战运动在努力方式上的差异。但正如我们后来从马丁·路德·金明确表达了反越战的态度中所知道的一样，作为黑人力量，两人的运动根基是一致的。而且，两人都被暗杀。截至1969年年末，向华盛顿聚集的反战游行队伍的参加人数总共达75万人以上。1970年5月发生了警察部队和国家警卫队向反战游行队伍开枪的事件。四名俄亥俄州肯特大学学生和两名密西西比州州立杰克逊大学学生死亡。全美400所大学罢课进行抗议。1971年8月，参加墨西哥裔美国人反战集会的三人被警察射杀。由此，在洛杉矶东部发生了持续三天的暴动。

约翰逊总统在宣布退任的记者招待会上，做了主旨为“我国青年正在遥远的越南土地上艰苦作战时，国内难道就四分五裂互相争斗吗？”的发言。确实，从约翰逊总统的立场来看，反越战运动的高涨不仅极其令人头疼讨厌，而且还是促使自己提前下台的重要因素。但如果没有反越战运动，越南战争将继续深陷泥潭，还会有更多的人被杀害。在终结错误战争上，扩展到世界范围的反越战运动发挥了巨大的作用。

越南战争最终以北越和南越民族解放阵线一方的胜利而告终，美国战败。越南全境被共产党政权统治。但这一结果对美国或国际社会来说，难道就导致了难以接受的事态了吗？麦克纳马拉国防部长所担心的“多米诺骨牌”的现象也并未发生。不仅如此，越南在共产党政权下，采用了“革新”的经济改革政策，实行市场经济化和对外开放。海外企业对越南的投资也稳步增加，甚至认为越南是仅次于中国的亚洲工业发展基地。美国在越战中，不仅牺牲了许多美国士兵，还夺去了包括平民在内的许多越南人的生命，难道真有必要付出如此惨重的代价来阻止共产主义化吗？关于这一点，以世界体系理论而闻名的沃勒斯坦这样说道：

尽管美军非常强大，但越南、老挝、柬埔寨，还有比这更早的中国也是这样，全都成了共产主义国家。我很想问的是：“这到底又有什么问题呢？”①

三、反战、非战的原点

发动越南战争的虽是美国，但其他西方各国多少也有一定的参与责任。韩国、澳大利亚等国派兵越南。韩国军队的伤亡人数为战死5000人，负伤2万人。日本境内的美军基地成为越南战争的补给据点。1967年，在约翰逊总统和佐藤首相参加的日美首脑会谈上，日本被要求向亚洲开发银行出资5亿美元，目的是为了对南越进行经济援助，“阻止共产化的扩大”。“美国每年在越南战争上投入250亿~300亿美元，还有10万人以上的负伤人员。身处一万英里外的我们为何必须独自承担所有的责任呢？”约翰逊

① 《机》2002年6月号，第3~4页。

这样逼问佐藤。四年后应美国的要求，日本出资了3亿美元。

20世纪60年代后期越南战争激化期间，在世界各地发生了学生、青年的骚乱。虽然这些骚乱多少都与反越战运动和社会主义崇拜有关，但其目的和手段却是多种多样。在激进的组织里还有走上武装斗争路线的。黑豹党（Black Panther Party）[①] 在同种族歧视进行斗争的过程中拿起了枪杆。德国的社会主义学生同盟（SPS）、日本的赤军等为了打倒资本主义，企图武装起义。1967年的法国五月革命[②] 中，在巴黎拉丁区的学生街上开展了激烈的设置路障的街垒斗争。无论怎样呼吁反对战争、消除歧视，现实却丝毫没有改变。这期间，在战场上，包含儿童在内的众多人们死去。我们并不是不理解血气方刚的年轻人想要付诸实际行动的心情。但暴力革命、武装斗争就算能暂时吸引世人关注，也无法长期得到民众的支持。还有实施不加区别、滥杀无辜式的恐怖爆炸等，为了达到目的不择手段的做法也会使这些斗争想要实现的理想本身令人产生怀疑。

和平、非战的运动既然目标是拒绝战争，其方式必然是非暴力的。这正是反战、非战的原点中的第一点。美国的戴林杰

---

① 是一个由非裔美国人所组织的团体，其宗旨主要为促进美国黑人的民权，另外他们也主张黑人应该有更为积极的正当防卫权利，即使使用武力也是合理的。黑豹党在美国的20世纪60年代（也就是民权运动最巅峰的时代）及70年代间非常的活跃。——译者注

② 1968年法国“五月革命”骚乱事件是由巴黎的大学生首先发起。为了表示对政府的不满，学生们发起罢课行动，并占领了大学校园。警方进行了粗暴干预，并引发了和学生们的正面冲突。冲突最终导致1000万法国工人举行全国大罢工。在强大的压力下，时任法国总统的戴高乐不得不宣布解散议会，重新举行选举，并宣布撤掉蓬皮杜的总理职务。在许多法国历史学家看来，“五月风暴”事件是现代法国的一个转折点。——译者注

（David Dellinger）等人领导的反战非暴力的斗争和日本的越平联[1]运动都只是把目标放在反越战上，是一种公民自由参加的“胜手联”[2]性质的运动。从这些运动中看不到新左翼派别或现有左翼政党中存在的那种将维持和扩大组织排在实现理想和个人意愿之前的本末倒置的情况。

反战、非战的原点的第二点是对被战争愚弄的民众的悲痛感同身受。美国歌手皮特·西格（Pete Seeger）是一边弹奏班卓琴，一边用其独特的沙哑嗓音来演唱的。他作为美军士兵参加了太平洋战争，亲身体验了战争的残酷。战后，他开始了演唱活动，演唱的《我们必将获胜》（*We Shall Overcome*）大受欢迎。1955年他卷入麦卡锡主义的剿共中，被非美活动调查委员会[3]传讯调查，因此被贴上了“共产主义者”的标签，还迫不得已停止了音乐活动。1955年由皮特·西格作词作曲的歌曲《花儿都到哪里去了》

---

① 即“把和平带给越南！市民联合”，是日本一个具有代表性的越南战争反战和平运动团体，简称越平联。作为一个运动团体，它既无会规也无会员名册，以某种形式参加和平运动的人或团体叫做“越平联”。——译者注

② 即市民运动胜手联，是独立于其他所有的政党、政治家和活动团体之外的，为实现以政策为中心的政治而开展活动的一个团体。“胜手”在日语中还有随意的含义。——译者注

③ 非美活动调查委员会（House Committee to Investigate Un-American Activities）是1938年至1969年美国国会众议院设立的反共、反民主机构。1938年5月26日，美国国会众议院设立临时性的非美活动调查委员会。以反共著称的得克萨斯州参议员M.戴斯担任主席，故又称戴斯委员会。参加调查的委员绝大多数都是右翼反共分子。它名义上是调查法西斯主义、共产主义及其他组织“违反美国利益”的“非美国的”活动，实际上是反共、反民主，迫害共产党、进步工会和团体及其他进步人士的工具。它还抨击F.D.罗斯福新政措施是“搞共产主义的”，为“非美主义”所渗透。1969年2月18日该委员会改名为国内安全委员会，限于调查国内共产主义活动。由于它30多年来臭名昭著的反民主历史，1975年1月被迫撤销。——译者注

（*Where Have All the Flowers Gone*）的歌词讲述了这样一个故事：

（1）花儿都到哪里去了？
它们被女孩摘走了。
（2）女孩都到哪里去了？
她们被男人娶走了。
（3）男人都到哪里去了？
他们当兵打仗去了。
（4）士兵都到哪里去了？
他们埋在坟墓里了。
（5）坟墓都到哪里去了？
它们被花儿覆盖了。

这首歌为什么同“对民众的悲痛感同身受”产生了联系呢？首先是因为它超越了年龄，其歌词和旋律深受大家喜爱。在笔者的学生时代，这首歌作为彼得、保罗和玛丽三重唱（Peter, Paul & Mary）的拿手歌曲，要比作为皮特·西格自己写的歌更加脍炙人口。这首歌，皮特·西格原本只写到第（4）段的士兵部分。到了20世纪70年代，一个研究生添加了第（5）段的坟墓部分，让这首歌可以反复地演唱。尤其在反战集会等场合演唱的话，效果会更好。

其次，这首歌中饱含的悲痛超越了国境和民族，为大家所共有。笔者也是在数年前看过NHK播放的节目后才了解到皮特·西格创作这首歌的灵感来自于米哈伊尔·肖洛霍夫的《静静的顿河》中的哥萨克摇篮曲：

芦苇的叶子都到哪里去了？都被姑娘们砍掉了。姑娘们都到哪里去了？姑娘们都出嫁了。嫁给了怎样的男人？嫁给了顿河的哥萨克。那些哥萨克们都到哪里去了？他们都上战场了。

肖洛霍夫的《静静的顿河》是以俄国革命期间卷入内战的哥萨克地区的农村为舞台的作品。哥萨克士兵因骁勇善战而闻名，无论是白军还是红军都将之视为至宝。青年们被迫上了战场，同村人分成敌我两派互相厮杀。战争结束后，许多青年失去生命，村庄尽毁，家破人亡。无论是美国，还是俄罗斯，人们都体验了战争带来的惨痛经历，都能共同拥有反战、非战的意愿。

曾是英国著名摇滚乐队“披头士”乐队主唱的约翰·列侬（John Winston Lennon）的《想象》（*Imagine*）也经常在祈祷和平的集会上被演唱。据说这首梦想没有金钱和宗教斗争的和平世界的歌词是他和妻子小野洋子共同创作的。洋子在遇到列侬前创作的诗成为这首歌的脚本。这首诗写的是在遭受美军轰炸的日本，当时才12岁的洋子给饥饿的弟弟想象各种菜谱的情景。这不由得让人想起野坂昭如的《萤火虫之墓》[①]。

日本尾道市的佐藤富士子（当时73岁）在给报纸的投稿中这

---

① 这部小说描写了这样一个故事：在神户大空袭中，母亲身亡，参军的父亲又杳无音信的14岁少年清太和4岁的妹妹节子不得不去远房亲戚家寄居。阿姨待他们很不好，忍无可忍的清太于是带着节子离家出走，两人在郊区的防空洞里栖身。战况不断恶化，兄妹俩失去了生活来源。因为营养失调，节子越来越瘦，清太竭尽全力地守护妹妹。1945年8月15日，日本投降，战争结束了，但成为孤儿的清太和节子的生命之火也犹如萤火虫的微光即将熄灭。最后节子由于长时间的营养不足在一个萤火虫飞满天的夜里离开了他。不久清太也死了。黑暗中节子拉着哥哥的手，快乐地吃着糖果，满天的萤火虫欢快地飞舞，仿佛在祝贺他们终于找到了幸福。——译者注

样写道：

我读了在阿富汗等地从事医疗活动的中村哲先生的《嘲笑并认为和平之声是非现实论的风潮令人战栗》这篇文章后，非常高兴。真想问问那些嘴里轻率说出"和平傻子"的人。你们亲身经历过燃烧弹一颗接一颗地从天而降的那种危险境况吗？一夜之间化为焦土的街道，瞬间夺走几十万人生命和财产的原子弹爆炸，还有飞到近得可以看清坐在里面的美军士兵，戏弄似的朝民宅区的主妇一阵机枪扫射后扬长而去的飞机影子。[①]

对于没有体验过战争的人们，也能有共同体验的方法。这就是从文学、史料记载中去体会人们当时的悲痛。出生于日本三重县的竹内浩三（1921~1945年）是个心地善良而又较为拙笨的青年。他被送到菲律宾战场后就去世了。他的死和他自己生前写的诗一模一样：[②]

战死沙场啊，多么悲伤。
士兵的死啊，多么悲痛。
在遥远他国，忽然死去。
默默地，在无人之处，
忽然死去。
故乡的和风啊，

① 《朝日新闻》2001年11月7日。

② 《竹内浩三作品全集：看不见日本 全一卷》，藤原书店，2001年，第20~22页。

恋人的眼眸啊，

全都忽然消失。

（出自《白骨吟歌》）

反战、非战的第三个原点是即使是一个人也要有矢志不渝的决心。要“追求团结、不畏孤立”。即使被视为异端，即使孤零零的一个人也无所谓。

永井隆还是长崎大学医学部教授时，遇上了长崎原子弹爆炸。他因此失去了同样信奉基督教的妻子阿绿。同时，他一边忍受着原子弹爆炸后遗症的痛苦，一边献身于对原子弹爆炸后遗症患者的治疗当中。他在卧床不起后仍继续执笔写作，祈求和平，最终留下两个幼子撒手人寰。①这种悲痛在电影《长崎钟声》中也有表现。永井隆说过为了维护和平需要相应的决心：

为了在贬低、毁损文化和威胁和平的人的手下保护这座国际文化城市，如果没有即使被暴徒践踏成碎片也绝不后悔的决心，和平之塔将一座也建不成。②

还有为了和平即使是一个人也要战斗到底的大学生。哥斯达黎加是南美的一个小国（人口约400万人），和美国在经济文化上的联系相当紧密。哥斯达黎加在1983年制定了不拥有军队的宪法，并且宣告成为永久中立的国家。将这两条列为国策的国家

① 保罗·格林（Paulo Green）著，大和幸子等译：《长崎之歌》，玛莉斯特教会，1989年。

② 永井隆：《和平塔》，ARUBA文库，2001年，第41页。

在世界上也只有哥斯达黎加。哥斯达黎加还致力于环境保护，将国土面积的24%指定为保护地区。但在2003年4月，哥斯达黎加政府违反国策，对美国进攻阿富汗表示了支持。大学生罗贝鲁托·萨莫拉（Roberto Zamora）于是上诉至最高法院，要求认定哥斯达黎加政府表明支持美国的行为违反了宪法，并要求取消战争支持。最高法院在2004年9月下达了全面认可罗贝鲁托·萨莫拉的上诉的判决。一个大学生把国家作为指控对象并且胜诉。最终哥斯达黎加的国名从美国白宫主页上登载的支持进攻阿富汗的国家名单中被删除。

四、对反战和平矢志不渝的人们

珍妮特·兰金（Jeannette Pickering Rankin）是美国历史上第一位女国会议员。她也是一位反对任何形式的战争、坚持"绝对和平主义"立场的人。1917年，在她成为议员后不久的37岁之时，对德宣战的议案被呈交上来。在几乎所有的议员都表示赞成的情况下，这位新任女议员投了反对票。"小姑娘，别这么干！"面对资深男议员的奚落，她也毫不畏惧。1941年日本偷袭珍珠港后，对日宣战的决议又提交到了议会，这种情况下仍然只有兰金一人投了反对票。[1] 在仇恨日本的舆论甚嚣尘上的局势中，只有她一个人持反对意见，这是需要多么大的勇气啊！

继兰金之后，肩负起美国战后反战运动重任的代表人物是大

① 汉娜·约瑟夫森（Hannah Jasephson）著，小林勇译：《绝对和平的生涯——美国第一位女国会议员珍妮特·兰金》，藤原书店，1997年。

卫·戴林杰。1945年，在得知广岛和长崎被投掷原子弹后，戴林杰立刻创刊了《直接行动》这本小册子，明确反对美国投掷原子弹的行为。1951年，戴林杰36岁时，在纽约时代广场的街头集会上被人殴打，后来右眼因此失明。在越南战争最激烈的1966年，他访问了越南，同胡志明会面，并就美军俘虏问题进行了交涉，使部分俘虏获得了释放。1968年8月28日，发生了芝加哥警察暴动[①]事件。这天，警察袭击了在芝加哥的格兰特公园进行越南反战集会的参加人员。戴林杰等主办此次集会的七人遭到逮捕，并被起诉。在1973年的终审判决中，芝加哥七君子（Chicago Seven）没有因此事件被问罪，却被判了“侮辱法庭罪”这样莫须有的有罪判决。[②]像戴林杰这样坚持为反战和非暴力主义而活着，要比依靠暴力手段去行动更加需要勇气和忍耐力。从戴林杰的身上，可以看出美国社会的良心。

日本战争期间也有许多矢志不渝地坚持反战的人。来自兵库县的众议院议员、民政党代表斋藤隆夫就是其中的一位。1940年2月2日，斋藤在帝国议会上进行了质疑演说。针对打着“圣战”的美名，发动“9·18”事变、卢沟桥事变，扩大对中国的侵略战争的政府和军方，严厉谴责他们的无谋和无道义。整个会场骚动起来，虽然也有人鼓掌表示支持，但斋藤的声音最终淹没在奚落

---

① 1968年8月28日，上万人集中在芝加哥的格兰特公园抗议推选总统候选人的民主党全国代表大会。由于这是在宣布要从越南撤军的民主党总统候选人罗伯特·肯尼迪遭到暗杀之后，所以参加者的反战和反抗权力的意识高涨。市长理查德·戴利（Richard Daley）警告他们不要闹事，并拒绝批准他们游行，但他们反战情绪激烈，不理会警告，结果发生警民冲突，大量警察高喊“杀杀杀”冲向他们，后来有人将此次事件称为“警察暴动”。——译者注

② D.戴林杰著，吉川勇一译：《“美国”所不知的美国》，藤原书店，1997年。

和怒吼声中。作为对斋藤的这一反军方演讲的惩罚，帝国议会以多票赞成通过了剥夺斋藤议员职位的除名决定。斋藤早已料到会有此事发生，所以在那次演说的最后，他用这样的话作为结束语：

我的话即万人之声，褒贬毁誉任由世间评判，只愿在百年青史上再看此事，其正邪曲直自会分明。

在进一步的军国主义化过程中，1942年4月30日举行了众议院议员选举。这是一次由旨在一国一党政治的翼赞政治会[①]推举的候选人占92%的翼赞选举。在鹿儿岛两区的六名候选人中，翼赞候选人占了四名。非推荐候选人[②]的富吉荣二多次被特高、翼赞青年团、妇女会、壮年会妨碍演讲。落选后的富吉提起了因选举被妨碍而要求认定选举无效的诉讼。受理此上诉的大审院[③]的审判长吉田久哉在1943年来到鹿儿岛进行了实地调查。当时，吉田写下“即使我死了也不在乎，审判官进行案件调查而被杀乃是我的夙愿”。他抱着必死的决心，去履行自己的职责。1945年3月，吉田认定妨碍选举的事实，作出选举无效的判决。

贺川丰彦（1888~1960年）是个基督教传教士，也是一位社会活动家。他一边在神户的神学院学习，一边住进贫民窟从事救

---

① 翼赞政治会是1942年在首相东条英机的倡导下结成的以“一国一党”为目标的政治结社。所谓“翼赞”，就是“帮助天皇”的意思。该社成员是于1942年4月在东条内阁下召开的第21届总选举（“翼赞选举”）中当选的众议院各派别全体成员和贵族院的大部分议员，以及各界实力派人士。1945年3月解散。——译者注

② 非推荐候选人是指未被东条英机内阁组织的翼赞政治体制协议会推荐的独立候选人，他们受到了警察和宪兵对选举的强大干涉。——译者注

③ 明治宪法下的最高司法裁判所。1875年设置，1947年废止。——译者注

助贫民的活动。留学美国归国后，他领导了神户造船所的罢工。他还呼吁禁酒、废娼，并推动了麻风病救助运动。作为社会运动的一环，他创立了“生协”这一生活合作社，为此后神户的“生协”长期保持日本全国第一的加入率打下了坚实的基础。

五、以国际交流与和平为目的的团结

虽然需要具备即使一个人也要矢志不渝地坚持反战、非战的决心，但如果同世界各国的许多人一起团结起来，就能发挥更大的力量。为此，必须推进国际交流和对话。

2000年8月3日播放的NHK特别纪录片中，公开了北约轰炸南联盟时，生活在贝尔格莱德的英语专科学校学生卡特琳娜和美国阿拉巴马的小学教师安之间的往来邮件。片中同时也介绍了美国人对此的反应。其中就有诸如“如果看了你（卡特琳娜）的邮件，我就不会轻易地赞成轰炸了”，或“生活在希特勒时代里的德国人就该全部被杀吗”之类对轰炸持怀疑态度的许多看法。同时也有“（卡特琳娜的邮件中）没有科索沃难民的影子。也没提到屠杀、强奸的情况”之类批评只看到卡特琳娜作为受害者一面的意见。但她们两人仅凭邮件往来，相互理解不断加深，也能让大家了解到在战火之中无处可逃的人们的境遇。

阿兰达蒂·洛伊（Arundhati Roy）是一位住在新德里的印度女作家。她针对美国高调维护“正义和自由”的言论，严厉地审视美国的“正义和自由”究竟是如何成立的，并说了下面一段话：

宣告空袭阿富汗时，小布什总统曾说过“我们是和平国家”，还说过“这是上天对一个世界上最自由的国家，一个崇尚不允许憎恶、不允许暴力、不允许杀人、不允许邪恶的价值观的国家——美利坚合众国下的命令。而且我们永不倦怠”。

说起美利坚帝国的建国基础就令人毛骨悚然。大量屠杀土著居民，掠夺他们的土地，又从非洲掳掠了数百万的黑人作为奴隶，让他们在这片土地上劳作。而且其中的数千人，像牲口一样被塞进轮船里而丧命。“从非洲被偷运到美国”——鲍勃·马利（Bob Marley）在歌曲《野牛士兵》中真实再现了一个无法描述的悲惨世界。这首歌曲描写的是：尊严的丧失、荒野的丧失、自由的丧失，还有被击得粉碎的骄傲和自豪。把大量屠杀和奴隶制作为社会和经济基础的国家，正是这个崇尚不允许憎恶、杀人和邪恶的价值观的国家。①

Buffalo Soldier, Dreadlock Rasta: There was a Buffalo Soldier in the heart of America, Stolen from Africa ,brought to America, Fighting on arrival, fighting for survival.（野牛士兵，梳着长辫的拉斯特法里派信徒：美国的心脏里有个野牛士兵，从非洲被偷运到美国，到达美国后随即开始为生存而战的生活。）

（出自鲍勃·马利《野牛士兵》）

拉斯特法理派教义②是黑人移民和其子孙在精神上回归非洲

① 阿兰达蒂·洛伊著，加藤洋子译：《自豪与抵抗——踏上埋葬权力政治之路》，集英社，2004年，第73~74页。

② 来自牙买加黑人运动拉斯特法里。该运动以海尔·塞拉西（Haile Selassie）为宗教领袖，其参与者相信加勒比海的住民有朝一日要回归非洲大陆。——译者注

的运动。南北战争后，有许多黑人成为开拓西部的骑兵部队的士兵。由于他们十分勇猛，所以土著人非常惧怕他们，把他们称作“野牛士兵”。对黑人来说是为生存而战，但从土著人来看黑人骑兵部队就是侵略者的尖兵。就像穆罕默德·阿里拒服兵役所象征的那样，美国国内开始明确意识到这种黑人的身份定位具有双重性，不也是在越南战争之后吗？牙买加的雷盖摇摆乐歌手——鲍勃·马利的歌曲超越民族和国家，紧紧吸引住了阿兰达蒂·洛伊这位印度作家的心。为实现国际和平团结的纽带通过这首歌曲被连接起来。

2000年召开冲绳八国首脑峰会时，美国市民团体利用《冲绳时报》的一个整版刊登了一则广告。广告上大写着“No to US Bases!”（对美军基地说不！）表明了要“和冲绳、长崎、广岛、神户团结起来”的意愿。和冲绳、长崎、广岛的团结，这点是能够理解的，但这里为何又加上了神户呢？神户是日本第一个发表“不拥有、不引进、不使用核武器”的神户式无核宣言的城市。这也可以说是日本市民和美国市民之间面向和平而团结的实践运动之一。

松田道雄举出了市民运动的三个特征：（1）自发性原则；（2）业余时间的运动；（3）没有特定的最终目标。它是为了改变革命组织和反体制运动中如同宿命般纠葛的疑心生暗鬼和“为了目的不择手段”式的特质，最重要的是从作为既是职业人又是生活人的市民的这一原点出发。

作为反越战运动的一环，越平联开展了藏匿美军逃兵，帮助其逃往北欧各国的活动。当时从事这样的活动比参加反战游行等更具实践性效果。所以因违法而被捕，从而在社会上无法立足的危险性也很高。当笔者还是个仅仅在头脑里批判越南战争，偶尔参加反战游行，就认为自己已经表达了抗议意愿的学生时，就已有类似“援助反战逃脱美军士兵日本技术委员会”（JATEC）的活动在进行。笔者那时还不知道这类活动是秘密进行的。越平联领导人之一小田实曾说过学生把作为学生能做的事、市民把作为市民能做的事做好就够了。

虽然说是和第三世界团结，但我们如果是生活在第三世界的话，就不可能做到了。我们去了也没有办法住下来。在日本，因为现在连一般人的家里都有了外国人，所以以前的那种藏匿从越战中脱逃的美军士兵的行为只是这一运动的前奏。正如久野先生所说的，因为（我们）已经变得稍微富裕起来。有件事很重要，这就是在同样是市民、老百姓的阶层中做一些并非空想空论的事是很重要的。现在，我都会对大学生说，去了外国就去那边的大学，在学生食堂里吃饭。还会对他们说，你们不要说要到贫民窟去生活之类的大话，这是做不到的。作家和作家交往就行了，只做和自身相符、力所能及的事就足够了。①

越平联的小田实、“无声之声协会”②的小林富是日本人中少

---

① 关谷滋、坂本良江：《身边有脱逃士兵的时代——JYATIIKU、某市民运动的记录》，同时代社，2003年。

② 1960年在反对强行通过《日美安全保障条约》的学生和市民运动高涨之时，执政的自民党发表了“存在着一种指示通过安保条约的无声之声”这一批判反安保运动的言论。以小林富为首反对这一言论的市民团体于是成立了“无声之声协会”，在以下原则下开展反战和平的运动：第一，独立于现有政党和组织之外；第二，以个人名义参加，入退会自由；第三，不依靠武力和暴力等。——译者注

有的不把意识形态的信仰和对组织的服从强加于人的和平运动家。[①] 像小田、小林那样的和平运动的实践，虽并不是谁都能做到的，但是在国内外，和同样有着反战、非战志向的同学伙伴、同事同行之间建立友谊之类的事却是我们能够做到的。

数年之前，笔者时隔25年有机会再次参观广岛和平纪念资料馆。在参观路径最后的角落里，放置了一本给来馆参观者的留言本。随手翻阅时，下面一段英文留言跃入笔者眼帘。从西班牙、瑞典、英国、加拿大来到广岛的人们也都表示了赞同。看着这些留言，让我更坚定了反战、非战的国际性团结绝非虚无缥缈之谈的信念。

It seems the Japanese have learned from this painful past. But have the Americans learned anything? They are the ones who need to learn from this museum. The world will be a safer place once the USA stops enforcing their will by force.

12/25-2002 C. V. Spain

Yes, I do agree this ,Spain

Sweden, Agree!!

CMB London, England

Right on! Canada

（日本人好像已经从这惨痛的过去中醒悟了，但是美国人又学到了什么吗？他们才应该来这个和平纪念资料馆好好地学习。

① 小林富著，岩垂弘编：《问询“无声之声”》，同时代社，2003年。

如果美国停止用武力把自己的意志强加于人的话，这个世界将会变得更加安全。

12/25-2002 C. V. 西班牙

是的！我也赞同。西班牙

瑞典，同意！！

CMB 伦敦，英国

说得好极了！加拿大）

构筑和平的原点是对和平坚定不移的意志，也是反战、非战的团结。我们必须深刻认识到能被称为“正义战争”的战争几乎不存在，而且通过战争无法根本解决问题的这一历史现实。占据世界军费半壁江山的军事超级大国美国都成为恐怖主义的攻击目标，甚至连自己国民的安全都无法得到保障。此外，即使向阿富汗和伊拉克等国海外派兵，也只会使这些国家的人们陷入更加危险和混乱的境地。无论怎样增强军事实力，也无法实现和平。与其在军备扩张和军事技术的研发上耗费众多的资金和人力，不如通过相互理解和促进国际交流、国际合作，保障教育机会公平等，完善福利和社会保障，保护自然环境和生态系统，继承和创造文化等方式，在实现区域发展和社会稳定上投入更多的资金和人力更具有建设性。为了阻止战争和恐怖主义，实现和平，我们能做些什么呢？无论是在工作单位，还是在社区，或是在学校，如果每个人从自己的岗位和立场上集中智慧，就一定能开拓出道路来。

后 记

笔者从20世纪70年代初开始立志研究中国的经济课题。但笔者那时偏重理论性的研究，对中国经济的现实情况关注得还不够。当时给予笔者殷切教导的是小岛丽逸老师，也是他亲切地告诉我什么是实证研究。尚未报答老师的谆谆教诲之恩，谨以本书中文版的出版，再次向小岛丽逸老师表示衷心的感谢。

本书的日文版得以付诸出版，全部仰仗众多人士直接或间接的支持和帮助。在恳请横山良、中村觉、安冈正晴、林建朗、菊池周平各位阅读初稿后，得到了他们宝贵的启发和意见。借此机会一并表示感谢。就各位指出的笔者应对不周之处，以及本书中可能出现的错误，责任全在笔者。

本书中包含不少笔者十多年来教授的《文化交流概论》（本科）、《经济文化交流论》（研究生院）的讲座和专门研究课程的讲义内容，以及同广岛大学的仓地晓美研究室（JSN）的联合研讨会的研究内容。对出席敝讲座，鼓舞笔者，并让我有机会倾听他们的感想和新见识的各位学生、研究生、留学生深表谢意。如果没有他们，本书无法完成。

如果两位还健在的话，笔者特别想把此书呈献给这两位，并听取他们的感想。一位是历任日本亚洲经济研究所、税制调查会、粮食和农业政策研究中心会长的小仓武一先生。他是一位对笔者多有得罪的言辞总是饶有兴趣听取意见的宽宏大量的人。还有一位是日本亚洲经济研究所非洲组的研究员，调任北海学园大学后，倒在研究室的细见真也先生。他是一位温厚笃实的师兄。现在，“世事照旧”。

本书的读者以对现代战争和恐怖主义的爆发深感痛心、强烈希望和平的人们为主，特别是目睹了从美国“9·11”恐怖袭击到攻打阿富汗和伊拉克全过程的年轻人；对社会主义阵营的消失和全球化的发展抱有期待和不安的冷战时期的一代人；和反日美安保斗争、反越战运动一起历经青春挫折的1960年安保以及全共斗①的一代人；还有用饱尝战争辛酸之体肩负起日本战后经济复兴和高速增长重任的一代人。以各种各样的形式直面战争和和平问题的各个时代的人们在阅读此书后，会有怎样的见解和想法呢？如有机会，我愿俯首倾听。

樱花与枫叶，终归是一谢。
人生有别离，希望在明天。
纵隔千万里，壮志永不渝。

---

① 1968年到1969年的日本全国性学生斗争运动组织，全称“全学共斗会议”。“全共斗”学生运动波及全国，影响重大，虽然最终失败，但仍然堪称“国际共运史”上光辉的一页。——译者注

译者说明

因本书内容中有许多涉及作品、事件、人物、学说、文化和经济等方面的词汇，为使中国的普通读者能顺利理解文中内容，译者对中国读者或许会略感生疏的相关词汇做了简要的注释说明。在添加注释时，译者在参考各类中、外文书籍，资料，论文，报纸和杂志，以及中、日文网络信息的基础上，进行了一定的整理和综合。由于说明过于繁杂，在此请恕不一一标明资料来源。

此外，需要说明的是，作者在书中阐述的某些新观点，系作者个人研究所得，可能并非为我们所公认。还请各位读者朋友加以注意与明鉴。

由于译者学识所限，错误在所难免，恳请各位读者指正。